Kirchliche Zeitgeschichte_evangelisch

Christentum und Zeitgeschichte (CuZ)

Band 9

Im Auftrag der Evangelischen Arbeitsgemeinschaft
für Kirchliche Zeitgeschichte
herausgegeben von Siegfried Hermle und Harry Oelke

Siegfried Hermle | Harry Oelke (Hrsg.)

Kirchliche Zeitgeschichte_ evangelisch

Band 3: Protestantismus in der Nachkriegszeit
(1945–1961)

EVANGELISCHE VERLAGSANSTALT
Leipzig

Bibliographische Information der Deutschen Nationalbibliothek
Die Deutsche Nationalbibliothek verzeichnet diese Publikation in
der Deutschen Nationalbibliographie; detaillierte bibliographische
Daten sind im Internet über http://dnb.de abrufbar.

© 2021 by Evangelische Verlagsanstalt GmbH · Leipzig
Printed in Germany

Das Werk einschließlich aller seiner Teile ist urheberrechtlich
geschützt. Jede Verwertung außerhalb der Grenzen des Urheber-
rechtsgesetzes ist ohne Zustimmung des Verlags unzulässig und
strafbar. Das gilt insbesondere für Vervielfältigungen, Über-
setzungen, Mikroverfilmungen und die Einspeicherung und
Verarbeitung in elektronischen Systemen.

Das Buch wurde auf alterungsbeständigem Papier gedruckt.

Cover: Kai-Michael Gustmann, Leipzig
Titelbild: © Ev. Kirchengemeinde Alt-Duisburg
Satz: Steffi Glauche, Leipzig
Druck und Binden: CPI books GmbH

ISBN 978-3-374-06891-3 // eISBN (PDF) 978-3-374-06892-0
www.eva-leipzig.de

Inhalt

Zur Einführung. 7

I.	Gesamtschau: Protestantismus in der Nachkriegszeit *(Harry Oelke)*.	11
II.	Protestantismus und Politik *(Claudia Lepp)*.	34
III.	Gesellschaftliche Herausforderungen *(Andreas Gestrich)*.	56
IV.	Kirchliche Ordnung und Strukturen *(Karl-Heinz Fix)*.	78
V.	Christliche Milieus und Gruppen *(Klaus Fitschen)*.	101
VI.	Theologische Signatur *(Arnulf von Scheliha)*.	123
VII.	A. Bildung *(Antje Roggenkamp)*.	144
	B. Kultur *(Maike Schult)*.	154
VIII.	Ökumene *(Thomas Martin Schneider)*.	165
IX.	Diakonie *(Norbert Friedrich)*.	188
X.	Christen und Juden *(Siegfried Hermle)*.	209

Literaturverzeichnis. 231
Personenregister. 243

Zur Einführung

Die Geschichte von Kirche und Christentum seit dem Ende des Ersten Weltkrieges ist als Kirchliche Zeitgeschichte Bestandteil des akademischen und öffentlichen Geschichtsinteresses. Denn religionsbezogene, gesellschaftliche und kulturelle Entwicklungen der Gegenwart haben vielfach kirchliche oder religiöse Wurzeln, die in ihrer Genese weit ins 20. Jahrhundert zurückreichen. Eine differenzierte Gegenwartsdeutung bedarf somit auch des Wissens um die vorausgehende kirchliche Zeitgeschichte. Die kirchen- und allgemeinhistorische Forschung ist seit geraumer Zeit erfreulich aktiv. Somit ist es nunmehr möglich, sich auf der Grundlage der Detailstudien und partieller kirchenhistorischer Überblicksdarstellungen an eine umfassende Darstellung zu wagen.

Der vorliegende dritte Band der Reihe *Kirchliche Zeitgeschichte_evangelisch* wendet sich der Rolle des Protestantismus in der Zeit nach dem Ende des Zweiten Weltkrieges zu und zeichnet den einerseits vom Erbe der NS-Zeit und den Kriegsfolgen belasteten, andererseits von den westlichen Alliierten zunächst privilegierten Neuanfang der evangelischen Kirche in Deutschland nach. In den Blick gerät die »eine« evangelische Kirche im Zeichen der deutschen Doppelstaatlichkeit seit 1949. Der Bau der Mauer 1961 markiert schließlich nicht nur eine politische Zäsur, sondern setzt mit seinen weitreichenden Wirkungen auch für den Protestantismus in Ost- und Westdeutschland eine Wendemarke, die das Ende der Nachkriegszeit kennzeichnet.

Diese Publikation ist Teil einer insgesamt vierbändigen handbuchartigen Gesamtdarstellung der Kirchlichen Zeitgeschichte des 20. Jahrhunderts aus evangelischer Perspektive: Erschienen sind bereits Protestantismus und Weimarer Republik (I) sowie Protestantismus und Nationalsozialismus (II); in absehbarer Zeit folgt der letzte Band der Reihe, der die Jahre der gesellschaftlichen Umbrüche vom Mauerbau bis 1991 (IV) umfasst.

Alle Bände sind identisch gegliedert. Somit bietet jeder der vier Bände für sich genommen eine abgeschlossene Darstellung zu einer Teilepoche der Kirchlichen Zeitgeschichte. Zusammen offerieren sie einen systematischen Zugang zu einzelnen Themenfeldern im historischen Längsschnitt. Jedes Kapitel ist in etwa gleichgewichtig und hat einen annähernd gleichen Umfang.

Für die *Nutzung* bieten die Bände verschiedene Möglichkeiten der Orientierung und eines interessengeleiteten Zugriffs. Innerhalb der Einzelbeiträge erlauben Zwischenüberschriften eine schnelle Orientierung. Wichtige Institutionen werden bei der Erstnennung ausgeschrieben und sind, sofern sie im weiteren Verlauf abgekürzt genutzt werden, in entsprechender Kurzform in Klammern ausgewiesen. Die Literaturangaben am Ende jedes Kapitels sind auf wenige grundlegende Hinweise beschränkt. Ein Gesamtliteraturverzeichnis am Ende des Bandes führt neben dieser Literatur auch noch andere themenspezifische Titel auf. Zitate lassen sich über die ausgewählten Literaturangaben am Ende der jeweiligen Kapitel oder, wenn dort Titel nicht aufgeführt werden, über das Gesamtliteraturverzeichnis verifizieren. Das anschließende Personenregister, das durch Lebensdaten ergänzt wird, ermöglicht einen personenbezogenen Zugang.

Für die einzelnen Kapitel zeichnet jeweils eine *Autorin* bzw. ein *Autor* verantwortlich, nur in Kapitel sieben waren zwei Autorinnen tätig, was dem komplexen Themenfeld geschuldet ist. Für die zehn Kapitel haben sich die namentlich ausgewiesenen Expertinnen und Experten aus der Evangelischen Arbeitsgemeinschaft für Kirchliche Zeitgeschichte und darüber hinaus zur Mitarbeit gewinnen lassen. Sie haben sich die konzeptionellen Vorgaben des Bandes in professioneller Weise zu eigen gemacht und auf die publizistischen Erfordernisse abgestimmte Beiträge beigesteuert. Dafür und für die angenehme Zusammenarbeit gilt ihnen ebenso der nachhaltige Dank der beiden Herausgeber wie der studentischen Hilfskraft am Lehrstuhl für Kirchengeschichte der Universität zu Köln, Frau Johanna Herbst, für die sorgsame Erarbeitung des Personenregisters.

Siegfried Hermle *Harry Oelke*
Köln/München, im Juli 2021

I. Gesamtschau: Protestantismus in der Nachkriegszeit

1. Zusammenbruch als Zäsur

Als der Zweite Weltkrieg am 8. Mai 1945 mit der Unterzeichnung der Kapitulationsurkunde durch die deutsche Wehrmacht im Hauptquartier der Roten Armee in Berlin-Karlshorst zu Ende ging, markierte das eine tiefe Zäsur auch in der Kirchengeschichte des 20. Jahrhunderts. Nun zeigten sich die Folgen des Zweiten Weltkriegs in ihrer ganzen Dramatik: Trümmerlandschaften rauchten allerorten, menschliche Verluste schmerzten und die deutschen Kriegsverbrechen in ihrer grausamen Gesamtheit, die Wirklichkeit der Konzentrationslager sowie ihre Vernichtungsmaschinerie wurden der deutschen und der Weltöffentlichkeit vor Augen geführt. Beiden großen Kirchen in Deutschland war klar, dass man in dieser historischen Situation nicht einfach zur Tagesordnung übergehen konnte. Schwere geschichtliche Hypotheken aus der NS-Zeit belasteten auch den anstehenden Wiederaufbau der Kirchen. Es gab 1945 keine Option auf einen Neustart, ohne die Vergangenheit miteinzubeziehen.

Die Kirchen hatten in den zwölf Jahren der NS-Herrschaft eine gravierende Schwäche darin gezeigt, die vom christlichen Glauben gebotene Wächterfunktion (Apg 5,29) für das öffentliche Leben nicht wahrgenommen zu haben. Dieses Wegsehen und Ausblenden des gesellschaftlichen Raumes aus der christlichen Wahrnehmung hatte nicht nur, aber insbesondere in der Frage nach dem Verhältnis zu den Jüdinnen und Juden zu einer schuldhaften Verstrickung beider Kirchen mit dem Nationalsozialismus (NS) geführt. Die ein klares Bekenntnis verlangende Mitschuld der Kirche an diesen Verbrechen, insbesondere am Völkermord an den Jüdinnen und Juden, wog nach 1945 schwer – bis auf die Ebene persönlicher Schuld. Der konkrete Umgang mit diesen Problemen der Vergangenheit war die Herausforderung für ein auf die Zukunft ausgerichtetes kirchliches Handeln nach Kriegsende.

Zunächst einmal war akute Hilfe dringend notwendig: Die deutsche »Zusammenbruchgesellschaft« (Christoph Kleßmann) mit ihrem kriegsbedingten Elend machte für beide Großkirchen ein entschiedenes Vorgehen notwendig. Die Kirchen waren in dieser bedrängenden Gesamtlage gefordert, die Erwartungen, auch von politischer Seite, waren groß.

2. Privilegierter Neubeginn

Jedes kirchliche Handeln war nach Kriegsende von dem Umstand bestimmt, dass Deutschland den NS nicht selbst überwunden hatte, sondern von außen befreit worden war. Da beide Großkirchen sich aus Sicht der vier Alliierten (England, Frankreich, USA, Sowjetunion) von der NS-Herrschaft z. T. nicht hatten vereinnahmen lassen, hatten sie sich bei den Besatzungsmächten zumindest ein gewisses Maß an Glaubwürdigkeit bewahrt. Infolgedessen wurde ihnen – auch mangels Alternativen – eine bevorzugte Behandlung zuteil. Gleichwohl war das Machtgefälle zwischen beiden Seiten zu Ungunsten der Kirchen evident.

Ansatzpunkt für das kirchliche Handeln in der Notlage bei Kriegsende war die seit der Reformation bewährte landeskirchliche Struktur. Die 28 evangelischen Landeskirchen verteilten sich auf die vier Besatzungszonen und waren den jeweiligen Militärregierungen unterstellt, mit denen man sich beim Neuaufbau zu arrangieren hatte. Dabei machte man höchst unterschiedliche Erfahrungen, denn die Alliierten orientierten sich an den jeweiligen religionskulturellen Traditionen ihres Landes. Während Engländer und Amerikaner von einem starken menschlichen Veränderungsoptimismus getragen vor allem »umerziehen« wollten, griffen die auf Sicherheit bedachten Franzosen in die einzige ihnen unterstellte Landeskirche, die pfälzische, unmittelbar verändernd ein. Die auf marxistisch-leninistischer Grundlage agierende sowjetische Besatzungsmacht hingegen erwies sich tendenziell als eher antikirchlich und -christlich.

Die vier Militärregierungen hatten sich untereinander frühzeitig über einen vergleichsweise moderaten Umgang mit den deutschen Kirchen verständigt. Sie räumten beiden Großkirchen mehr als allen anderen gesellschaftlichen Institutionen grundlegende Privilegien und Rechte ein, vor allem hinsichtlich des Aufbaus der kirchlichen Sozialwerke, der Religionsausübung, des schulischen Religionsunterrichts und der kirchlichen Pressearbeit. Selbst die Entnazifizierung des Pfarrpersonals sollten sie in Eigenregie durchführen, lediglich eine indirekte Kontrolle wurde dafür von alliierter Seite ins Auge gefasst. Die Kirchen nutzten diese Freiräume für ihre Angelegenheiten. Die führenden Kirchenvertreter avancierten zu wichtigen Gesprächspartnern der Militärregierungen. Allerdings hielt diese recht einvernehmliche Phase zwischen Alliierten und Kirchen nicht lange an. Die jeweiligen Eigeninteressen zwischen Siegern und Besiegten rückten auseinander und sorgten zunehmend für Spannungen. Gleichwohl nutzten die Kirchen den zugestandenen Freiraum nach innen, um kirchliche Strukturen zu schaffen, und nach außen, um das neu entstehende Sozial- und Staatswesen mitzugestalten.

3. Verantwortung im öffentlichen Raum

Der Neuaufbau der evangelischen Kirche war von Anfang an klar erkennbar von einem innerkirchlichen Einstellungswandel bestimmt. »Verantwortung für das öffentliche Leben« lautete der Titel der ersten Kundgebung des in der Kirchenkonferenz in Treysa im August 1945 konstituierten vorläufigen Rates der EKD. Im Gegensatz zur vormaligen stummen Duldung des Aufstiegs der Nationalsozialisten zur Herrschaft und ihres fatalen Missbrauchs wurde jetzt als Aufgabe der Kirche herausgestellt, das Leben im öffentlich-politischen Raum verantwortungsvoll zu begleiten und nunmehr eine Wächterfunktion einzunehmen, die in der Öffentlichkeit wahrnehmbar sein sollte.

Weniger Einmütigkeit herrschte in Treysa über den einzuschlagenden Kurs beim inneren Wiederaufbau der evangelischen Kirche. Die Last des kontrovers gestalteten Kirchenkampfes war greifbar, als in scharfer Gegensätzlichkeit über die kirchenorganisatorische Zukunft der evangelischen Kirche gestritten wurde. Auch wenn in diesen frühen Jahren des Neubeginns die evangelische Kirche sich als eine »Konfliktgemeinschaft« (Wolf-Dieter Hauschild) erwies, kam es nach intensiven Beratungen 1948 in Eisenach zur Annahme der Grundordnung der EKD, bevor im Jahr darauf die deutsche Doppelstaatlichkeit eintrat. Die in Ost und West gleichermaßen gültige Grundordnung berührte und verband das seit 1949 politisch in zwei deutsche Staaten getrennte Land. Bis dahin hatten die evangelischen Kirchenvertreter als »Sprecher und Fürsprecher des deutschen Volkes« [Lepp 2001, 67] gegenüber den Alliierten für die politische Einheit Deutschlands votiert. Die doppelte Staatsgründung sahen die Protestanten kritisch; ihre Vorbehalte waren vor allem in der 1870 zementierten protestantischen Verwurzelung im Nationalstaat begründet. Auch der Umstand, dass die Kernländer der Reformation in der sowjetischen Besatzungszone lagen, sensibilisierte sie notgedrungen von Anfang an für die nationale Frage.

Die doppelte Verfassungsrealität schuf für die evangelischen Kirchen unterschiedliche Rahmenbedingungen. Während sich im Westen eine auf das Grundgesetz gestützte EKD in kooperierender Weise in der jungen Bundesrepublik mehr oder weniger erfolgreich mit dem demokratischen Staat arrangierte, entwickelte sich in der DDR ein eher spannungsvolles, konfliktreiches Verhältnis zum sozialistischen Staat. Durch ihre institutionelle gesamtdeutsche Präsenz wirkten die Kirchen in Ost und West in die beiden unterschiedlichen Gesellschaftsformationen hinein. Dabei waren die protestantischen Kirchen beidseits der Grenze von Anfang an ein Politikum. Bis zur Gründung des Bundes der Evangelischen Kirchen in der DDR 1969 übernahm die EKD die Rolle des geistig-kulturellen Verbindungsglieds zwischen den getrennten Deutschen in Ost und West.

Die parteipolitischen Präferenzen der EKD tendierten in der Bundesrepublik ungeachtet einzelner protestantischer Vorbehalte gegenüber der von Bundeskanzler Konrad Adenauer (CDU) zielstrebig betriebenen Westeinbindung der Bundesrepublik zunächst zu den Zielen der CDU/CSU. Vor allem die Durchsetzung christlicher Werte und Normen bei der Gestaltung des Grundgesetzes fand evangelische Sympathien. Erst als die SPD sich 1959 im Godesberger Programm von der sozialistischen Arbeiterpartei zur Volkspartei wandelte, setzte ein Orientierungswechsel bei evangelischen Christinnen und Christen hin zur SPD ein. In der DDR war die Situation der Christenmenschen und Kirchen ungleich schwieriger, denn ungeachtet gelegentlicher Lockerungen blieb die SED grundsätzlich an der Zurückdrängung von Kirchen und Christentum aus der gesellschaftlichen Mitte des sozialistischen Staats orientiert.

4. Politische und gesellschaftliche Herausforderungen

Mit dem Konzept der Wahrnehmung öffentlicher Verantwortung fiel der evangelischen Kirche bei der Umsetzung in der Nachkriegszeit eine exponierte Rolle zu, die weit über den kirchlichen Handlungsbereich hinauswies. Während Kirchen in gewöhnlichen Zeiten meist nur auf gesellschaftliche Wandlungsprozesse reagieren, waren sie in dieser Zeit »Akteure des Wandels« [Pollack, 265], auch wenn sie dabei bis an die Grenze des Machbaren herausgefordert waren – bisweilen wurde die Grenze notgedrungen überschritten. Das Aufgabenfeld war weit abgesteckt: von der millionenfachen Integration der Vertriebenen aus den Ostgebieten über die Gründung des Kirchlichen Hilfswerks sowie die Wahrnehmung politischer Ämter durch Pfarrer und Theologen und der seelsorgerlichen Betreuung von Kriegsgefangenen bis hin zur Übernahme der Anwaltsrolle für die Mehrheit der Deutschen gegenüber den Alliierten und die Stärkung der nationalen Identität.

Dabei stand jedes kirchliche Engagement unter zwei Vorzeichen: Da war erstens die einzugestehende Mitschuld an der Shoa. Dieser vorrangig gebotene Vorgang war im Protestantismus einerseits durch das Spannungsfeld von kollektiver Vergegenwärtigung und Erinnerung an das Geschehene, andererseits von einer latenten Erinnerungsabwehr gekennzeichnet. Die Synode der EKD in Berlin-Weißensee 1950 sprach von »mitschuldig« und setzte mit Blick auf die Shoa einen Anfangspunkt. Es folgte noch ein langer Lernprozess, in dem es die Kirche erst allmählich verstand, ihre Schuld an diesen Verbrechen in ihrem dramatischen Ausmaß klar zu benennen und sensible Umgangsformen damit zu entwickeln. Der zweite herausragende leitthematische Zusammenhang, der seit dem ausgehenden 19. Jahrhundert erkannt worden war und von dem die Kirchen sich jetzt massiv herausgefordert sahen, war die ungeachtet aller zeitbedingten Schwankungen in Ost und West präsente und stetig anwachsende Entkirchlichung. Verstanden als kollektiver Abfall von Gott diente das sogenannte Säkularisierungsparadigma nach 1945 den Großkirchen als vorrangiges Erklärungsmuster für die Ermöglichung des NS und seiner Verbrechen. Die von beiden Kirchen nach Kriegsende intendierte europäische »Rechristianisierung« wurde von ihnen intensiv betrieben. Das Problem indes erwies sich als ein langfristiges und bleibt bis in die Gegenwart hinein ein Signum evangelischer und katholischer Kirchlichkeit. Während in der Bundesrepublik die Rechristianisierung zum kirchlichen und politischen Programm gemacht wurde, ging es in der DDR um das Gegenteil: Der sozialistische Staat agierte auch religionspolitisch fest auf marxistisch-leninistischer Grundlage und strebte in Fortsetzung der sowjetischen Besatzungspolitik eine fortdauernde Dechristianisierung seiner Gesellschaft an.

Die wirtschaftliche Situation der Nachkriegszeit markierte einen wichtigen Rahmenfaktor für das kirchliche Leben. Man befand sich in der Bundesrepublik auf einem Weg aus der Mangelwirtschaft zum »Kleinen Wohlstand« (Michael Wildt), der zu nicht geringen Teilen den wirtschaftspolitischen Weichenstellungen des Jahres 1948 geschuldet war, insbesondere dem von beiden großen Kirchen geförderten Konzept der Sozialen Marktwirtschaft. In den 1950er Jahren erlaubten »Wirtschaftswunder« und »Konsumwelten« breiten gesellschaftlichen Kreisen die Erfahrung eines »Konsumglücks«. Die Schwelle zur »Massenkonsumgesellschaft« war dann mit dem Beginn der 1960er Jahre überschritten. In der DDR war der Staat in der Nachkriegszeit bis zum Ende der 1950er Jahre um die Deckung der grundlegenden Bedürfnisse bemüht (»Bedarfsdeckungsgesellschaft« [Merkel, 290]). Die staatliche Enteignungspolitik und die Herstellung sozialistischer Eigentumsverhältnisse in Verbindung mit einer Politik, die auf die Autarkie des sozialistischen Staates abhob, stellte die Kirche vor andere Herausforderungen als im konsumorientierten Westen Deutschlands.

Für den Aufbau einer christlichen Gesellschaft hatten beide Großkirchen die Stärkung des Familienlebens auf christlicher Basis vor Augen. Die vielen männlichen Kriegstoten hatten allein in Westdeutschland 1,7 Millionen Witwen zurückgelassen. Millionen von Halb- und Vollwaisen könnten, so befürchtete man auf kirchlicher Seite, das traditionelle Familienmodell weiter auflösen. Beide Kirchen entwickelten sich unter diesen Vorzeichen zu starken Verteidigerinnen der christlichen Ehe.

Das seit der Nachkriegszeit gesteigerte Konsumverhalten in der Bundesrepublik stand in einer unmittelbaren Beziehung zur zunehmenden Freizeit: zunehmend disponible Zeitkontingente und die Steigerung finanzieller Ressourcen bedingten die Zunahme an Freizeitmöglichkeiten. Da dafür insbesondere das Wochenende als ausbaufähige Zeitressource entdeckt wurde, waren insbesondere die Kirchen als traditionelle Verwalterinnen der Sonntagszeit von dem veränderten Freizeitverhalten herausgefordert.

Neben diesen Aspekten der persönlichen Lebensführung waren es gesellschaftliche Belange, die die Kirchen bei der Wahrnehmung des selbst vorgegebenen Öffentlichkeitsauftrags zu bedenken hatten. Insbesondere die nationale Frage berührte die protestantische Identität. Damit verbanden sich zwei frühe Schübe der Politisierung des Protestantismus:

Begleitet von dem 1950 ausbrechenden Koreakrieg, der den Deutschen vor Augen führte, welche Folgen die Teilung des Landes im Konfliktfall nach sich ziehen konnte, entwickelten sich Aversionen gegen die Wiederbewaffnung der BRD. Den Protestanten war klar, dass die im Westen installierten Waffensysteme sich im Ernstfall gegen die »Brüder und Schwestern« im Osten richten würden und umgekehrt. Evangelische Christinnen und Christen beteiligten sich zunächst noch vereinzelt, bald zahlenmäßig zunehmend und engagierter an dieser Debatte.

Die sich seit 1957 anschließende Diskussion über die atomare Bewaffnung der BRD setzte ein weiteres Protestpotential in evangelischen Kreisen frei. Die Initiative »Kampf dem Atomtod« und die Ostermarschbewegung waren die frühen Profilierungen einer Protestkultur, die auch von Teilen des Protestantismus mitgetragen wurde. Mit diesen Anfängen einer protestantischen Politisierung in den 1950er Jahren war der Entstehungszusammenhang und die Grundlegung für einen der wirkmächtigsten Transformationsprozesse in der Geschichte des Protestantismus im 20. Jahrhundert vorgegeben: die Auflösung eines mental vergleichsweise übergreifend präsenten, traditionellen Nationalkonservatismus zu einem politischen Pluralismus, in dem auch ein Linksprotestantismus seinen festen Platz hatte. Die Lage der Kirchen in der DDR stellte sich erneut völlig abweichend von der Situation in Westdeutschland dar: Der von der EKD unterzeichnete Militärseelsorgevertrag von 1957 bot der DDR-Regierung den Anlass, die ostdeutschen Landeskirchen weiter von der EKD, die als »Nato-Kirche« tituliert wurde, zu entfernen.

5. Protestantische Handlungsfelder: Milieus und Gruppen

Bei der Gestaltung der Nachkriegsgesellschaft fiel protestantisch gesinnten Milieus und Gruppen innerhalb und außerhalb der Kirche eine nicht geringe Bedeutung zu. Der kirchliche Verbandsprotestantismus markierte spätestens seit dem 19. Jahrhundert ein wichtiges Handlungsfeld des Protestantismus. Seine maßgeblichen Institutionen hatten durch die politischen Restriktionen der NS-Zeit und dem daraus resultierenden Spannungsfeld mit den politischen Gegebenheiten und dem Beschreiten eines eigenen Weges auf jeden Fall eine schwere Last zu tragen, die einen Neustart erschwerte. Dazu kam ein weiteres Problem: ob Gustav-Adolf-Verein, Martin-Luther-Bund oder auch der Evangelische Bund – die deutsche Doppelstaatlichkeit machte diesen gesamtdeutsch ausgerichteten und arbeitenden Einrichtungen zu schaffen, da eine grenzüberschreitende, koordinierte Organisation kaum möglich war. Gleichwohl wurde die Chance des Neuanfangs punktuell mit Verve wahrgenommen.

Der Protestantismus hatte seit dem Aufkommen der Kirchenpresse im 19. Jahrhundert eine enge Beziehung zur Publizistik kultiviert. Daher war nach den Jahren unter dem totalitären NS-Regime mit seiner gelenkten Presse und dem verbreiteten Ausfall des Zeitungswesens in der Kriegszeit nunmehr der Wunsch groß »nach einer Presse, die endlich an Stelle des Hasses und der Lüge Gerechtigkeit, Versöhnung und strenge Wahrhaftigkeit auch im öffentlichen Leben predigt«, wie man auf der Kirchenversammlung in Treysa befand [Greschat/Krumwiede, 186]. Die Entwicklung der 1950er Jahre brachte eine Erfolgsgeschichte der evangelischen Presse. Sie avancierte zum »Leitmedium evangelischer Publizistik« [Rosenstock, 215–281]. Diese exponierte Stellung behielt die Kirchenpresse bei, solange die Kirchen in Westdeutschland noch als Repräsentantinnen einer von der Mehrheit der Bevölkerung akzeptierten christlichen Leitkultur galten, also bis in die zweite Hälfte der 1960er Jahre.

Auch die Gründung der evangelischen Akademien ist dem kirchlichen Nachkriegsimpuls zur Übernahme öffentlicher Verantwortung geschuldet. Der ersten Gründung im Herbst 1945 in Bad Boll folgten eine größere Zahl weiterer Akademieeröffnungen in Ost und West. Für evangelische Laiinnen und Laien sowie für Funktionsträgerinnen und Funktionsträger boten die Akademien wichtige Foren zum Austausch über berufs- und gesellschaftsbezogene Fragen. Durch die Themen im Grenzbereich von Kirche und Gesellschaft bzw. Theologie und Politik leisteten die Tagungshäuser auch einen frühen Beitrag zur Etablierung der Demokratie in der Bundesrepublik. Die Akademien auf dem Gebiet der SBZ/DDR hatten sich unter ungleich schwierigeren politischen Bedingungen zu bewähren, denn der Monopolanspruch des DDR-Staats hatte kein Interesse, nur schwer zu kontrollierende Gesprächsforen unter den Dächern kirchlicher Akademien im eigenen Land gewähren zu lassen.

Außerhalb des Kernbereichs traditioneller evangelischer Kirchlichkeit kam es in der Nachkriegszeit ebenfalls zu Neuaufbrüchen. Ein prominentes Beispiel sind die Kirchentage der 1950er Jahre, sie verkörpern den seit Treysa erkennbaren kirchlichen Transformationsprozess zu einer gesellschaftszugewandten Übernahme von Verantwortung par excellence. Der maßgebliche Mitbegründer der Bewegung, Reinold von Thadden-Trieglaff, hatte bei diesen Treffen das Ziel vor Augen, explizit die gesellschaftspolitische Verantwortung des laikalen evangelischen Christentums zu stärken. Die Kirchentage verbanden anfangs pietistische und ökumenische Ansätze und wollten den drückenden Kriegsfolgen als »volkskirchlich-missionarische Kirchentage« (Helmut Simon) ein Zeichen christlicher Hoffnung und geistlicher Zurüstung entgegenstellen. Sie verstanden sich auch als äußere Demonstration des Willens zur nationalen Einheit durch praktizierte Ost-West-Gemeinschaft, die bei zunehmenden politischen Erschwernissen durch DDR-Behörden das »Wunschbild einer Gesellschaft ohne Widersprüche« [Henkys] entwickelte.

Neue Institutionen erwuchsen aus traditionellen evangelischen Arbeitsfeldern, so etwa, wenn die vormalige »Apologetische Zentrale« in der »Evangelischen Zentralstelle für Weltanschauungsfragen« eine Fortsetzung unter modernen Vorzeichen fand.

Die Praxis auf den kirchlichen Handlungsfeldern im gesellschaftlichen Raum wurde überwiegend von Männern ausgeübt, die Gestaltung durch Frauen – auch in den Verbänden – war die Ausnahme. In dem von der Kirche in der Nachkriegszeit propagierten konservativen Leitbild, das die Frau vornehmlich dem Mann nachgeordnet einen Platz in der Familie zuwies, waren die Nachwirkungen entsprechend idealisierter Vorstellungen deutlich erkennbar, die zuletzt in der NS-Zeit verstärkt worden waren. Die restriktiven Ansichten korrespondierten mit einer entsprechenden kirchenrechtlichen Praxis. Der Anteil von Frauen im Theologiestudium war mangels fehlender Berufsperspektiven gering. Diejenigen, die den akademischen Weg beschritten, trafen häufig auf eine ablehnende Haltung der Gemeinden. Der Weg zur Einführung der Frauenordination war beschwerlich und gestaltete sich seit 1950 (Hessen-Nassau) in den einzelnen Gliedkirchen zeitlich und dienstrechtlich unterschiedlich.

6. Reflexionen und Reaktionen in Theologie und Kultur

Auch die Wiederaufnahme der akademischen *Theologie* war nach Kriegsende durch die zurückliegende zwölfjährige NS-Herrschaft bestimmt. Allerdings kam es nicht zu einer grundsätzlichen Neuorientierung, wie das nach dem Ersten Weltkrieg als »Theologie der Krisis« eine »theologische Aufbruchsbewegung mit dem entsprechenden Kairos-Bewusstsein« [Fischer 1983, 364] gekennzeichnet hatte. Zu den Ausgangsbedingungen gehörte allerdings eine gewisse Defizitanzeige: Trotz der diversen theologischen Entwürfe in der NS-Zeit hatte sich keiner von ihnen als tauglich erwiesen, zwischen Offenbarung und Geschichte so zu vermitteln, dass daraus eine wachsame, kritische Begleitung des öffentlichen Raumes für die evangelische Seite begründbar und realisierbar gewesen wäre. Die nun neu einsetzende theologische Arbeit reagierte durch eine dezidierte Zuwendung zu den weltlich vorgegebenen modernen Lebensbedingungen zumindest implizit auf die Versäumnisse der Vergangenheit, nicht selten auch durch eine explizit ethische Ausrichtung.

Die theologischen Fakultäten fügten sich in das staatlicherseits angestrebte und von den Landeskirchen naturgemäß mitgetragene Rechristianisierungskonzept. Sie wurden in ihrem Bestand keineswegs hinterfragt – im Gegenteil, ein halbes Dutzend kirchlicher Hochschulen kamen neu hinzu bzw. wurden wieder eröffnet.

Im Zeichen der Kontinuität standen die vor 1945 begonnen großen systematischen Entwürfe, die jetzt zu Ende geführt wurden. Allen voran schrieb Karl Barth seine Kirchliche Dogmatik mit stupendem Fleiß fort, blieb dabei aber dem einmal eingeschlagenen geschichtsfernen Weg treu. Erst die nachrückende Generation der von ihm geprägten Theologen, insbesondere Hans-Joachim Iwand, Walter Kreck, Karl Gerhard Steck und Helmut Gollwitzer, bezog die politischen Nachkriegsprobleme in die theologische Reflexion mit ein und nahm damit z. T. Einfluss auf den kirchenpolitischen Diskurs in West- und auch in Ostdeutschland.

Nach den ideologiegeleiteten und manipulativen Einflussnahmen des NS auch auf die Wissenschaftspraxis setzte Gerhard Ebeling den Fokus auf die Bibel und ermöglichte mit der von ihm propagierten hermeneutischen Praxis eine kontrollierte und intersubjektiv überprüfbare Verfahrensweise mit der

Bibel, die Willkür ausschloss und deren Bezug auf die Wirklichkeit des Menschen sprachlich vermittelt blieb.

So unterschiedlich denkende Theologen wie Paul Althaus, Paul Tillich und Rudolf Bultmann mit abweichenden theologischen Entwürfen zeigten in der Nachkriegszeit das übereinstimmende Bemühen, ihr theologisches Denken inhaltlich (über Luther bei Althaus) oder methodisch (die Korrelationsmethode bei Tillich) mit einem starken Gegenwartsbezug an der Wirklichkeitserfahrung des Menschen in der modernen Lebenswelt auszurichten. Die vehemente Kritik an Bultmanns Versuch, das Neue Testament von unnötigem mythologischen Ballast zu entschlacken, machte dabei deutlich, wie ungewohnt diese theologische Ausrichtung für viele noch war. Die lautstarken Reaktionen dienten vor allem in den 1960er Jahren als Projektionsfläche für Irritationen und Verunsicherungen, die die modernen Lebensverhältnisse auf ein traditionsbewusstes Christentum auszulösen vermochten.

Der 1945 im KZ Flossenbürg ermordete Dietrich Bonhoeffer wirkte mit der aus der Gefängnishaft entwickelten Vorstellung einer »nicht-religiösen Interpretation biblischer Begriffe«, aber auch mit seinen ethischen Darlegungen (Ethik, postum 1948) anlässlich der politischen Umstände in West- und Ostdeutschland, allerdings mit abweichenden Rezeptionen.

Durch die relative Wertschätzung, die die Kirchen von Seiten der Alliierten nach Kriegsende genossen, wurde ihnen auch die Rolle einer kulturtragenden Institution beigemessen, mit der die Besatzungsmächte eine erzieherische Wirkung verbanden. Die von der Kirche in Treysa selbst übernommene Aufgabe in Bezug auf die Wahrnehmung öffentlicher Verantwortung wurde zumindest teilweise auf den Bereich der *Kultur* ausgedehnt.

Beispielsweise gestaltete sich der Bereich des Kirchbaus zunächst vor allem als Wiederaufbau der rund 2.300 zerstörten evangelischen Kirchen. Die frühesten Neubauten markierten die Kirchen auf dem Gelände ehemaliger KZ-Lager – zuerst Dachau 1945 –, die nun zu KZ-Gedenkstätten umfunktioniert wurden. Not machte erfinderisch: Trümmersteinrelikte wurden wegen Materialknappheit, aber auch in der Absicht verbaut, die Spuren der Zerstörung sichtbar werden zu lassen, gewissermaßen als »Erinnerung aus Stein« (Kai Kappel). Große Bedeutung in der frühen Phase des Wiederaufbaus erhielt das Notkirchenprogramm von Otto Bartning. Seit der zweiten Hälfte der 1950er Jahre kam es zu einem erhöhten Aufkommen im Kirchbau.

Die vielen Aktionsfelder der Kirchen machten eine dichte und verlässliche Kommunikation notwendig. Leitendes Kommunikationsmedium wurde in der Nachkriegszeit schon früh das Radio. Inspiriert durch die Briten und die Programme der BBC fanden Morgenandachten und kirchliche Formate wie Vorträge und Nachrichten schon seit Mai 1945 einen Platz in deutschen Radioprogrammen. Das Medium Film wurde von den Alliierten im Unterhaltungsort Kino bewusst durch Dokumentarfilme und die Wochenschauen zur politischen Aufklärung und Umerziehung funktionalisiert. Die kirchliche Filmarbeit begleitete das Medium erzieherisch auf publizistischem Weg.

In der DDR profitierte die Kulturarbeit der Kirche in Ansätzen zunächst davon, dass die sowjetische Militäradministration die Kirche in den »antifaschistisch-demokratischen Aufbau« des Landes partiell einbezogen hatte. Kirchliche Rundfunksendungen und Publizistik waren daher ansatzweise möglich. Die Evangelische Verlagsanstalt unterhielt Buchliteratur und wissenschaftliche Fachzeitschriften, die in einem Netz von 80 konfessionellen Buchhandlungen vertrieben werden konnten. Die Kirchen in der DDR waren aus der staatlichen Kulturpolitik ausgegliedert. Gleichwohl gab es noch Möglichkeiten, die christliche Tradition durch Kunst und die in Mitteldeutschland hoch geschätzte Kirchenmusik zu beleben. Mit dem Mauerbau 1961 erschwerten sich auch die Bedingungen für den kirchlichen Kulturbetrieb.

7. Kirchliche Gestaltungsräume: Bildung, Diakonie und Ökumene

Die traditionell wichtigen protestantischen Handlungsfelder evangelische Bildungsarbeit, diakonisches Handeln und ökumenische Beziehungspflege hatten allesamt in der NS-Zeit, insbesondere durch politische Restriktionen und die Zerstörungen des Zweiten Weltkrieges, erheblichen Schaden genommen. Das Kriegsende und die sich allmählich stabilisierenden politischen Rahmenbedingungen eröffneten neue Perspektiven.

Der *Bildungssektor* als Instanz der Werte- und Normenvermittlung der Gesellschaft obliegt gewöhnlich der erhöhten Aufmerksamkeit des Staates. Durch ihre Mitwirkung am Religionsunterricht (RU) in der Schule und durch ihre religionspädagogischen Angebote stand die Kirche in der NS-Zeit unter dem besonderen Druck der innenpolitischen Behörden. Das änderte sich nach dem Ende des NS-Staats zumindest im Bereich der BRD, wo der RU in den meisten Bundesländern den Status eines ordentlichen Lehrfaches (GG Art. 7,3) erhielt, während in der »demokratischen Einheitsschule« der DDR der RU aus dem Stundenplan weichen musste.

In dem zunächst Anwendung findenden religionspädagogischen Konzept prägte das in der Bedrängnis der NS-Zeit als Ersatz für den RU entwickelte Modell der »Evangelischen Unterweisung« in der Version Helmuth Kittels (1947) den katechetischen Neuaufbau. Spätestens Ende der 1950er Jahre stieß die Vorstellung einer Reproduktion kirchlicher Katechese im schulischen Gewand (»Kirche in der Schule«) an ihr Ende. Martin Stallmann lieferte nunmehr eine schulpädagogische Begründung des RU. Er kritisierte eine allzu enge Bibelorientierung und lehnte die Funktionalisierung des RU zur Ausbildung von Religiosität ab. Er warb für einen RU, der das Christentum als »geschichtliche und gegenwärtige Wirklichkeit« [Steck, 158] verstand und sich in Bezug auf die Lebensbedingungen der modernen Welt als dialogfähig zu erweisen hatte.

In der DDR wurde der RU in den Bereich der Gemeindekatechese verdrängt, wo er in Anknüpfung an bekenntniskirchliche Traditionen als »Christenlehre« in einem auf die Kirche hinführenden Unterricht mit einer Priorität christlicher Inhalte vor Methodenfragen gestaltet wurde.

Auf der kirchlichen Agenda der nach Kriegsende notwendigen Hilfsmaßnahmen standen diejenigen zur Linderung der materiellen und sozialen Notlage ganz oben. Die vier Alliierten gewährten vor diesem Hintergrund den evangelischen Kirchen Freiheiten zum Ausbau eines »Kirchlichen Hilfswerks«, das bereits auf der Kirchenversammlung in Treysa 1945 gegründet wurde. Die Etablierung des Hilfswerks markierte eine tiefe Zäsur, denn erstmals in der weit ins 19. Jahrhundert zurückreichenden Geschichte des sozialen Protestantismus wurde eine ihrer Einrichtungen explizit der Kirche zugeordnet. Zusammen mit dem Centralausschuss der Inneren Mission (IM) bildete sich eine duale Struktur. Trotz aller Rivalität verstanden sich Hilfswerk und IM – wie die EKD – als gesamtdeutsche Einrichtung. Die Prägung der sozialen Arbeit durch die diakonischen Einrichtungen nach 1949 gelang mit einem hohen Maß an Pragmatik. Die politische Situation in der DDR mit dem politischen Alleinvertretungsanspruch der SED bedingte eine stärkere schützende Orientierung der *Diakonie* an den Landeskirchen der DDR als das im Westen der Fall war.

1957 kam es im Zuge von Reformen auf dem sozialen Sektor zur Vereinigung von IM und Hilfswerk zum »Diakonischen Werk der EKD«, womit sich nominell der kirchliche Anteil der Diakonie durchgesetzt hatte. Zwei Jahre später wurde der Idee einer »ökumenischen Diakonie« durch die Gründung von »Brot für die Welt« Ausdruck verliehen. Die schon in der Weimarer Republik vorhandenen Tendenzen zur Internationalisierung diakonischer Arbeit wurden aufgegriffen und nunmehr intensiviert. Für die starke gesellschaftliche Akzeptanz der diakonischen Arbeit war das eine wichtige Voraussetzung.

Auch die moderne *ökumenische Bewegung*, wie sie sich seit der Weltmissionskonferenz 1910 in Edinburgh herausgebildet hatte, litt erheblich unter den Folgen des Krieges. Nach dessen Ende nahm analog zu politischen Gremien – wo die Idee, die grundlegenden Fragen des menschlichen Zusammenlebens auf der internationalen Ebene gemeinsam zu lösen, jetzt schnell populär wurde – auch die ökumenische Bewegung Fahrt auf. In der EKD stellte man sich schon früh, bedingt auch durch entsprechende Signale aus der Ökumene, die Frage nach dem Umgang mit der Schuld. Die Stuttgarter Schulderklärung des zwölfköpfigen Rates der EKD vom Oktober 1945 setzte ein deutliches Zeichen. Von ökumenischer Seite zeigte man sich dankbar dafür. Die deutsche evangelische Kirche galt, wenige

Monate nach Kriegsende, fortan weitgehend als rehabilitiert. Innerhalb der deutschen evangelischen Christenheit indes löste die Erklärung wegen ihrer unklaren Semantik und den nicht eindeutig dargelegten Absichten Irritation und auch entschiedene Ablehnung aus.

Die Ökumenische Bewegung selbst erhielt einen wesentlichen Impuls durch die Gründung des Ökumenischen Rates der Kirchen (ÖRK) auf der Vollversammlung 1948 in Amsterdam. Die erschütternden Folgen des Krieges führten zu dessen Delegitimierung, es hieß in Amsterdam: »Krieg soll nach Gottes Willen nicht sein« [Lüpsen 1948, 64]. Dieses Friedensziel war unbestritten, der Weg zum Frieden indes war in den Folgejahren angesichts des Kalten Krieges auch in der Ökumene nicht immer eindeutig. Die folgenden Vollversammlungen und die Weltkonferenzen der einzelnen Kommissionen – 1954 in Evanston und 1961 in Neu Delhi – entwickelten sich zu wichtigen Organen, die der Ökumenischen Bewegung weltweit immer wieder eine erhebliche Aufmerksamkeit verschafften.

Bereits ein Jahr zuvor hatte die ökumenische Aufbruchsstimmung auch die lutherischen Kirchen ergriffen, als in Lund deren weltweiter Zusammenschluss zum Lutherischen Weltbund erfolgte. Neben den besonderen zeitgenössischen Impulsen der Nachkriegszeit kam darin ein im Luthertum angelegtes »bekenntnisbegründetes kirchliches Vereinigungsstreben« [Oelke 1999, 71] zum Tragen. Für die deutschen Lutheraner aus Ost- und Westdeutschland erwies sich der Lutherische Weltbund als wichtige Klammer für eine kirchliche Zusammengehörigkeit.

Ein unübersehbares Kennzeichen der modernen ökumenischen Bewegung war die resolut ablehnende Haltung der katholischen Seite. Insbesondere die Pius-Päpste XI. und XII. untermauerten den Exklusivitätsanspruch der römisch-katholischen Kirche und hielten die Tür zur Ökumene verschlossen. Erst mit Papst Johannes XXIII. kam Bewegung in die evangelisch-katholischen Beziehungen, die eine spürbare Verbesserung der ökumenischen Beziehungen nach sich zog und sich wenige Jahre später im Ökumenismus-Dekret »Unitatis redintegratio« (1964) des Zweiten Vatikanischen Konzils niederschlug.

8. Fazit

Der Blick auf den kirchlichen Neubeginn nach 1945 auf evangelischer Seite hat ein Doppeltes gezeigt: Einmal ist erkennbar, wie der kirchliche Wiederaufbau an die unmittelbar zurückliegende Geschichte gebunden war. Die Altlasten aus der NS-Zeit wogen in den Kirchen aller Besatzungszonen schwer. Gleichzeitig ist erkennbar, wie daraus neue Einsichten und Entwicklungen erwuchsen und strukturprägend wirkten. Die Hinwendung zur Übernahme öffentlicher Verantwortung im gesellschaftspolitischen Raum ist einer der bedeutendsten Transformationsprozesse der Kirche im Übergang von der Diktatur zur Demokratie.

Freilich war die dafür vorgebrachte Begründung mit dem Säkularisierungsparadigma weder neu noch überzeugend – im Gegenteil. Der Öffentlichkeitsauftrag wurde inhaltlich mit dem Bezug zum evangelischen Glauben höchst allgemein gefasst, seine Grundlagen und Ziele wurden nicht sozialethisch reflektiert, der Begriff bleibt noch »normativ blind« [Albrecht/Anselm 2019, 346]. Gleichwohl wohnte etlichen neuen kirchlichen Maßnahmen der Nachkriegszeit eine innovative Kraft inne, wie das exemplarisch im Bereich der evangelischen Medien, speziell an der Presse, und den Akademien wahrgenommen werden konnte. Die Grundordnung der EKD von 1948 etablierte Einrichtungen, die der Kirche von innen heraus eine gesellschaftsgestalterische Kraft vermitteln konnten, sofern die Bereitschaft dazu gegeben war.

In diesen Prozess der Wandlung war die gesamte evangelische Kirche in Ost und West involviert. Staatsnahe kirchliche Handlungsfelder wie die Bildung ließen den Kirchen in der SBZ/DDR noch weniger Spielraum als ihnen gewöhnlich zur Verfügung stand.

Mit den ausklingenden 1950er Jahren war für die westdeutsche Gesellschaft die Schwelle zu einer neuen Entwicklung erreicht: Mit dem Beginn der 1960er Jahre setzte auf der Grundlage des zwischenzeitlich vollzogenen Wiederaufbaus ein umfassender Prozess der Modernisierung ein. Zusammen mit dem Bau der Mauer 1961 und seinen Folgen für die Kirchen in beiden deutschen Staaten markiert das Jahr auch aus kirchengeschichtlicher Sicht eine Zäsur. Die in der Nachkriegszeit noch nicht zustande gekommenen Reflexionen über sozialethische Begründungen für ein gesellschaftspolitisches Engagement der Kirche wurden erst seit den späten 1960er Jahren geführt. Die Vehemenz, mit der diese Diskussionen über die Kirche damals hereinbrachen, macht deutlich, welche Versäumnisse es in den Jahren zuvor diesbezüglich gegeben hatte.

Albrecht, Christian / Anselm, Rainer (Hg.): Aus Verantwortung. Der Protestantismus in den Arenen des Politischen (RBRD 3). Tübingen 2019.

Greschat, Martin: Die evangelische Christenheit und die deutsche Geschichte nach 1945. Weichenstellungen in der Nachkriegszeit. Stuttgart 2002.

Lepp, Claudia / Nowak, Kurt (Hg.): Evangelische Kirche im geteilten Deutschland (1945-1989). Göttingen 2001.

Oelke, Harry: Der äußere und der innere Wiederaufbau der evangelischen Kirche nach 1945, in: Arie Nabrings (Hg.): Reformation und Politik – Bruchstellen deutscher Geschichte im Blick des Protestantismus (SVRKG 186). Bonn 2015, 267-288.

Harry Oelke

II. Protestantismus und Politik

Im Verhältnis zwischen Protestantismus und Politik gab es 1945 keine ›Stunde Null‹. Viele alte Deutungs-, Einstellungs- und Verhaltensmuster wurden mit in die Nachkriegszeit hineingenommen. Der Mehrheitsprotestantismus brachte ein ganzes Bündel davon aus dem 19. und frühen 20. Jahrhundert mit: eine starke nationale Orientierung, eine ausgeprägte Staatsfixierung, gesellschaftliche Homogenitätsvorstellungen, eine Aversion gegen politische Parteien und die liberal-parlamentarische Demokratie sowie antikapitalistische Ressentiments. Doch zeichneten sich in der Nachkriegszeit bald auch Transformationen im politischen Selbstverständnis ab.

1. Die evangelische Kirche als (Für-)Sprecherin des deutschen Volkes

Die Kirchen und Religionsgemeinschaften in Deutschland erfuhren nach Kriegsende von den Militärverwaltungen eine wohlwollende Behandlung. Sie galten als weitgehend unbelastet und man nutzte ihre vorhandenen personellen und organisatorischen Strukturen. Das galt prinzipiell auch für die Sowjetische Militäradministration in Deutschland (SMAD), obgleich es neben Belegen entgegenkommender Hilfe auch solche für eine restriktive Praxis gibt. Zu vereinzelten Spannungen und Konflikten kam es jedoch auch mit den anderen Besatzungsmächten.

So waren es die Kirchen, die sich im zerstörten und besetzten Deutschland – dank ihrer halbwegs noch funktionsfähigen Organisation und der Privilegierung durch alle Besatzungsmächte – auch der sozialen, wirtschaftlichen sowie politischen Probleme annahmen. Angesichts der Kirchenzugehörigkeit des Großteils der Bevölkerung war es ihnen möglich, gegenüber den Besatzungsmächten im Namen des deutschen Volkes zu sprechen und eine Art politische Stellvertreterrolle wahrzunehmen.

Das Vakuum der politischen Selbstverwaltung, die Erwartungshaltung der Besatzungsmächte, die Erfahrungen des NS-Unrechtsregimes, die identitäre Bezugnahme auf die Bekennende Kirche sowie Einflüsse aus der internationalen Ökumene: All dies zusammen führte dazu, dass die evangelische Kirche nach Kriegsende über Differenzen zwischen theologischen Schulen und kirchenpolitischen Gruppen hinweg zu einer neuen Anerkennung ihres ›Öffentlichkeitsauftrages‹ fand. Überwiegend berief man sich dabei auf die Barmer Theologische Erklärung (These 2 und 5), die den Anspruch Jesu Christi auf alle Lebensbereiche proklamierte und der Kirche die Aufgabe zuwies, »an Gottes Reich, an Gottes Gebot und Gerechtigkeit und damit an die Verantwortung der Regierenden und Regierten« zu erinnern [Barmer Theologische Erklärung, These 5]. Ein Öffentlichkeitsmandat wurde bereits in dem »Wort zur Verantwortung der Kirche für das öffentliche Leben« reklamiert, das im August 1945 der zonenübergreifenden Kirchenversammlung in Treysa vorgelegt worden war. Die in dem Wort formulierte und fortan in allen Besatzungszonen auch im Handeln umgesetzte Bereitschaft der Kirche und insbesondere der Laiinnen und Laien, sich von einem rein innerlich-individualistischen Heilsverständnis abzukehren und sich aktiv politisch zu engagieren, zählte zu den fundamentalsten Wandlungen im protestantischen Selbstverständnis nach 1945. Das neue politische Zusammengehen beider Konfessionen auf dem Boden der zu dieser Zeit an vielen Orten in ganz Deutschland gegründeten, interkonfessionellen Christlich-Demokratischen Union (CDU) wurde nachdrücklich unterstützt. Bruderrätliche Kreise begannen hingegen früh mit scharfen Angriffen auf die sich selbst als ›christlich‹ bezeichnende Partei, da sie den historischen Konnex zwischen deutsch, protestantisch und bürgerlich-konservativ zugunsten eines Zusammenwirkens von deutschem Protestantismus und deutscher Sozialdemokratie aufbrechen wollten.

In der von ihr übernommenen Rolle eines Anwalts des deutschen Volkes kritisierte und unterlief die evangelische Kirche die Entnazifizierungsprogramme der Alliierten. Pfarrer stellten zahllose Entlastungszeugnisse, sogenannte »Persilscheine«, aus. Der Rat der neu gegründeten Evangelischen Kirche in Deutschland (EKD) protestierte im Mai 1946 öffentlich gegen die Entnazifizierungsmaßnahmen. Jede kollektivistische Bestrafungspolitik wurde abgelehnt und auf dem Nachweis individueller Schuld im strafrechtlichen Sinne beharrt. Dabei verkannte man, dass die Durchführung der Entnazifizierung als politische Säuberung vor allem eine Frage politischer Zweckmäßigkeit und Moral war. In der Ökumene stieß die Verteidigung ehemaliger Nationalsozialisten auf Kosten der Nazigegner und -opfer und damit der Tunnelblick des Rates der EKD auf die eigene Klientel auf blankes Entsetzen. Unter der deutschen Bevölkerung registrierte die EKD hingegen Zustimmung zu ihrem Protest gegen die Entnazifizierungsmaßnahmen. Vereinzelt gab es aber auch kirchliche Stimmen, die sich gegen die Positionierungen des Rates zur Entnazifizierung wandten, wie etwa die württembergische Kirchlich-Theologische Sozietät. Doch solange der Entnazifizierungsprozess andauerte, kamen aus dem kirchlichen Raum Stellungnahmen gegen ihn. Dabei wurde selbst im Endstadium des Säuberungsprozesses von den Kirchen nicht wahrgenommen, dass die Spruchkammern in ihrer großzügigen Rehabilitierungspraxis fast alle Mitglieder der NSDAP und anderer NS-Organisationen mit dem folgenlosen Mitläuferprädikat rehabilitierten.

Im eigenen Bereich erreichten es die Kirchen, versehen mit dem Nimbus des ›Kirchenkampfes‹, dass ihnen die Entnazifizierung der Pfarrer und kirchlichen Angestellten in allen vier Besatzungszonen weitgehend selbst überlassen wurde. Besonders eklatante Fälle belasteter Kirchenvertreter wurden dabei ohne viel Lärm durch Rücktritt oder Amtsenthebung bereits nach der Besetzung geregelt. Als entscheidendes Kriterium für die Beurteilung von Pfarrern bei der kirchlichen ›Selbstreinigung‹ galt die bekenntnistreue Verwaltung des geistlichen Amtes, nicht die politische Einstellung. Mitunter wurde auch die Ansicht vertreten, die Entnazifizierung der evangelischen Kirche sei bereits während des ›Kirchenkampfes‹ vollzogen worden. Obgleich sich unter den Pfarrern ein hoher Anteil von NSDAP-Mitgliedern befand, blieb im Ganzen die Zahl der von kirchlichen Gremien disziplinierten Pfarrer weit hinter dem Prozentsatz der unter der deutschen Bevölkerung von den Militärregierungen bzw. Spruchkammern Verurteilten zurück. Diese relativ milde Durchführung der Entnazifizierung führte dazu, dass es unter Pfarrern und anderen kirchlichen Mitarbeitenden eine sehr hohe personelle Kontinuität gab, auch in der SBZ/DDR.

Von der Entnazifizierung ist die strafrechtliche Ahndung der NS- und Kriegsverbrechen zu unterscheiden, da es sich dabei um die Bestrafung individuell nachweisbarer Schuld handelt. Diese erfolgte im Hauptprozess vor dem Internationalen Militärgerichtshof in Nürnberg, in den zwölf Nürnberger Nachfolgeprozessen unter amerikanischer Verantwortung und zahlreichen Verfahren vor anderen Militär- und Sondergerichten der Siegermächte, aber auch durch deutsche Spruchgerichtsverfahren in der britischen Zone und später durch bundesdeutsche Justizbehörden. Schon früh äußerten evangelische Kirchenvertreter ihre Vorbehalte gegenüber diesen Prozessen und verwiesen dabei auf die ›Schuld der Anderen‹. Vor allem die Bischöfe Theophil Wurm, Hans Meiser und Otto Dibelius machten sich in den Folgejahren zu Fürsprechern einzelner Angeklagter bzw. Verurteilter, darunter vor allem Vertreter der alten, nationalkonservativen Machteliten aus Diplomatie, Justiz, Wirtschaft und Militär. Daneben ging auch die generelle kirchliche Kritik an der Rechtsgrundlage der Prozesse und an Verfahrensfehlern weiter. Sehr berechtigte rechtsstaatliche Einwände vermischten sich dabei mit entlastenden Aufrechnungsstrategien in Abwehr vermeintlicher oder tatsächlicher Kollektivschuldvorwürfe und nationaler Demütigung. Ab 1949 verlagerten die Kirchenvertreter ihre Bemühungen vor allem auf Begnadigungen. Problematisch war die kirchliche Kritik an einer ›Siegerjustiz‹ wie auch an den Entnazifizierungsmaßnahmen vor allem deswegen, weil sie die weitverbreitete Schlussstrichmentalität verstärkte und es kein gleichzeitiges, effizientes kirchliches Eintreten für die Opfer des Nationalsozialismus und ihre Ansprüche auf Sühne sowie Wiedergutmachung des erlittenen Unrechts gab.

Weniger fragwürdig war die Anwaltschaft der Kirche für die deutschen Kriegsgefangenen. Der Rat der EKD setzte sich Ende Januar 1946 für eine menschenwürdige Behandlung der Gefangenen ein. Vom 29. September bis 5. Oktober fand dann im gesamten Gebiet der EKD eine Gebetswoche für die Kriegsgefangenen statt. In der britischen und amerikanischen Zone wurde am 1. und 2. Weihnachtsfeiertag 1946 in den Kirchen eine öffentliche Unterschriftenaktion für die Freilassung der Gefangenen durchgeführt, die in der Bevölkerung auf große Resonanz stieß.

Der kleindeutsche Nationalstaat, mit dem sich der Mehrheitsprotestantismus seit den Tagen der Reichsgründung in wachsendem Maße identifiziert hatte, blieb für die deutschen Protestanten, gleich welcher theologischer oder politischer Ausrichtung, auch nach dem Zusammenbruch des Deutschen Reiches ordnungspolitische Leitgröße. Angesichts der fortschreitenden Teilung Deutschlands drängten insbesondere die Kirchenleitungen in der sowjetischen Zone die EKD zu eigenständigen kirchlichen Stellungnahmen in der Deutschlandfrage. Sie selbst standen unter dem Druck von SMAD und SED, deren Deutschlandpolitik zu unterstützen. Vornehmlich den westlichen Kirchenführern lag aber daran, jegliche Instrumentalisierung der Kirche zugunsten der sowjetzonalen Einheitspolitik zu verhindern; auch deshalb enthielten die gesamtkirchlichen Äußerungen zumeist eine implizite Kritik an den Zuständen in der Ostzone. In ihren deutschlandpolitischen Worten votierte die evangelische Kirche gegenüber den Siegermächten mit friedenspolitischen, wirtschaftlich-sozialen und moralischen Argumenten für die politische Einheit Deutschlands. Hinsichtlich der territorialen Vorstellungen blieben die Worte der EKD aber weitgehend unbestimmt; nur indirekt wurde um eine Rückgabe von Ostgebieten gebeten. Jedem hypertrophen und militanten Wiedervereinigungsnationalismus erteilte die EKD eine deutliche Absage. Entschieden bekannte sie sich nach den verheerenden Erfahrungen des Zweiten Weltkrieges zum Frieden. Dieses Bekenntnis markierte einen ersten deutlichen Einschnitt in einer langen Tradition protestantischer Kriegs- und Friedensethik und stand im Einklang mit neuen friedensethischen Ansätzen auf ökumenischer Ebene.

Ebenfalls unter ökumenischem Einfluss versuchte die evangelische Kirche in Deutschland, sich aus dem ideologischen Kampf der Weltmächte, durch den die deutsche Frage überlagert und die territoriale Neugliederung Deutschlands hochgradig ideologisiert wurden, herauszuhalten. Unter den deutschsprachigen Theologen war es vor allem Karl Barth, der sich seit Kriegsende dafür aussprach, die europäische Christenheit einen ›dritten Weg‹ zwischen den Machtblöcken und zwischen Kommunismus und Kapitalismus gehen zu lassen. Seinen Gedanken folgten in Deutschland vornehmlich die Bruderräte. Ihre Hauptkritik galt einer christlichen Abendlandkonzeption, welche den Christinnen und Christen eine ausschließliche Option für den Westen abverlangte.

2. Eine Kirche und zwei deutsche Staaten

Mit ihrem gesamtdeutschen Zusammenschluss hatten sich die evangelischen Kirchen über die politischen Realitäten des beginnenden Kalten Krieges und einer sich abzeichnenden Zweistaatlichkeit hinweggesetzt, was von vielen Deutschen als Beginn der Wiedervereinigung Deutschlands gedeutet wurde. Entsprechend reserviert reagierte die EKD auf die doppelte Staatsgründung. Nach der Konstituierung der beiden nichtsouveränen deutschen Staaten bemühte sie sich um eine formale Äquidistanz zu ihnen. Trotz der Kritik an ihrem Zustandekommen wurde auch die DDR von der EKD als staatliche Obrigkeit anerkannt. Gleichzeitig und gleichrangig ernannte der Rat je einen Bevollmächtigten an den beiden Regierungssitzen. Die EKD betonte aber den Provisoriumscharakter der zwei Teilstaaten und rief beide Regierungen dazu auf, die Wiedervereinigung herbeizuführen. Die deutsche Teilung wurde politisch als Folge der Uneinigkeit unter den Besatzungsmächten gewertet. Geschichtstheologisch gesehen enthüllte sich für den Rat aber in der teilungsbedingten Not das Gericht Gottes über die Deutschen. Diese Not könne nur durch eine Rechristianisierung überwunden werden. Damit wurde der Teilung und ihrer Überwindung religiöser Sinn verliehen, die Situation erträglich gemacht und doch auf ihre Veränderung gedrängt.

Eine zunehmend kirchenfeindliche Politik in der DDR mit ihrer mehrheitlich protestantischen Bevölkerung und der Verlust ihrer Position als Leitkonfession in der Bundesrepublik ließen die evangelische Kirche allein schon aus kirchen- und konfessionspolitischen Gründen am Ziel eines geeinten Deutschlands festhalten. Insbesondere Martin Niemöller und Otto Dibelius betonten die nachteiligen Auswirkungen des Verlusts von Schlesien, Ostpreußen und Ostpommern sowie der deutschen Teilung für den Protestantismus. Niemöller schreckte die Aussicht auf ein katholisch majorisiertes Europa und einen katholisch-kapitalistischen Weststaat. Denn konfessionelle Spannungen spielten in der politischen Kultur der jungen Bundesrepublik durchaus noch eine Rolle. Das vordringlichste Motiv von Niemöllers deutschlandpolitischem Engagement war jedoch ein friedensethisches: Solange das deutsche Volk auf zwei Teilstaaten aufgeteilt war, die antagonistischen Machtblöcken angehörten, konnte es keinen Frieden mit und in Deutschland geben. In dieser Einschätzung waren sich linksnationale und nationalkonservative Protestanten prinzipiell einig, nicht aber über deren politische Konsequenzen.

Während des Prozesses der Blockintegration der beiden deutschen Staaten zielten die kirchlichen Stellungnahmen darauf, mit einem Minimum an deutschlandpolitischen Konkretisierungen die Hoffnung auf Wiedervereinigung wach zu halten und gesamtdeutscher Resignation entgegenzuwirken. Trotz ihrer Wiedervereinigungshoffnungen konnten evangelische Kirche sowie Christinnen und Christen aber nicht umhin, sich mit den zwei neuen deutschen Verfassungs-, Parteien- und Staatswirklichkeiten auseinanderzusetzen.

3. Das kooperative Staat-Kirche-Verhältnis in der Bundesrepublik

Das am 23. Mai 1949 verkündete Grundgesetz der Bundesrepublik Deutschland gewährleistete den Kirchen eine starke Stellung in der jungen Bundesrepublik, es machte aus dieser aber keinen klerikalen Staat. Protestanten und Katholiken hatten im Dezember 1948 den Politikern aller Parteien im Parlamentarischen Rat, mit Ausnahme der Kommunistischen Partei Deutschlands (KPD), ihre Vorstellungen erläutert. Insgesamt hatten sich jedoch die Katholiken, die den jungen Weststaat, in dem nun konfessionelle Parität herrschte, von Beginn an als ihre Heimat verstanden, bei den Verhandlungen über das Grundgesetz sehr viel stärker für die Durchsetzung ihrer kulturpolitischen Ziele engagiert. Durch die Übernahme der Kirchenartikel der Weimarer Verfassung ins Grundgesetz blieben die Religionsgemeinschaften Körperschaften des öffentlichen

Rechts und konnten auf der Grundlage der bürgerlichen Steuerlisten Kirchensteuern erheben. Die Staatsleistungen, Rechte und Besitzverhältnisse der Kirchen galten ebenso weiter wie der Schutz der Sonn- und Feiertage. Durch all dies wurden volkskirchliche Strukturen staatlich gestützt.

Die beiden Großkirchen waren in der sich modernisierenden westdeutschen Wiederaufbaugesellschaft der 1950er Jahre mit ihrer noch hohen Kirchlichkeit angesehene und einflussreiche Institutionen mit verantwortlicher Präsenz in allen Lebensbereichen der Gesellschaft. Sie waren präsent im Bildungs- und Erziehungsbereich, im Sozial- und Gesundheitsbereich, im Strafvollzug, bei Rundfunk, Film und Fernsehen und später auch in der Bundeswehr. Die Diakonie wurde zu einem zentralen Pfeiler des sozialstaatlichen Systems. Die evangelischen Landeskirchen schlossen seit Mitte der 1950er Jahre mit den Bundesländern partnerschaftlich ausgestaltete Staatskirchenverträge ab. Diese bewahrten ihre im Grundgesetz und in den Landesverfassungen abgesicherte privilegierte Stellung und regelten Art und Umfang ihres ›Öffentlichkeitsauftrages‹. Dem veränderten Bewusstsein über die eigene Rolle in der Öffentlichkeit trug die evangelische Kirche in einem konstruktiven Dialog mit Staat und Gesellschaft Rechnung. Er wurde in neuen Formen und auf vielfältige Weise geführt: Durch ihren Bevollmächtigten am Sitz der Bundesregierung und dessen Büro in Bonn war die evangelische Kirche im politischen Entscheidungszentrum präsent. Von hier wurden die Kontakte zu den Ministerien, Parteien und gesellschaftlichen Verbänden auf Bundesebene gepflegt. Keine andere Organisation »erhielt auf vergleichbar breiter Ebene einen solch privilegierten und vor allem frühzeitigen Zugang zu politisch relevanten Informationen und Entscheidungsträgern« [Buchna, 527] wie die beiden Großkirchen. Kirchenrepräsentanten führten regelmäßig Gespräche mit den Parteien. In Kammern und Ausschüssen setzten sich evangelische Laiinnen und Laien sowie Theologen mit sozialethischen Fragen auseinander und berieten die kirchlichen Leitungsgremien, die sich wiederum an Staatsvertreter und die Öffentlichkeit wandten. Kirchenvertreter und Politiker begegneten sich auf den Massenveranstaltungen des Deutschen Evangelischen Kirchentages oder in den Evangelischen Akademien und gaben sich wechselseitig Impulse. Kurzum: Die Kirchen nahmen am demokratischen Meinungsbildungsprozess teil.

In der ›Schule der Demokratie‹ machte der westdeutsche Protestantismus bereits während der 1950er Jahre Fortschritte. Zwar lehnten die westdeutschen Kirchen nach den Schreckenserfahrungen in einem totalitären System und angesichts des Demokratisierungsdrucks der westlichen Besatzungsmächte die Etablierung einer parlamentarischen Demokratie 1945 nicht mehr wie noch 1918 offen ab, sondern sie arbeiteten praktisch in ihr mit. Doch überwog unter den Kirchenvertretern zunächst ein innerer Vorbehalt gegenüber den demokratischen Machtordnungsverhältnissen und eine Orientierung am Leitbild des starken Staates und nicht-pluralistischer Gesellschaftsmodelle. Andere Teile der evangelischen Kirche wiederum hofften auf eine grundlegende Neuordnung des politischen Lebens jenseits aller bisherigen Systeme. Mit dem politischen und wirtschaftlichen Erfolg der Bundesrepublik begann seit den 1950er Jahren in Westdeutschland jedoch die protestantische Distanz zur Demokratie allmählich abzunehmen. Viele Protestanten fühlten sich von der Regierung Konrad Adenauers mit ihrer wertkonservativen Politik und ihrem ausgeprägten Antikommunismus zunehmend gut vertreten. Der

Prozentsatz der evangelischen CDU-Wählerinnen und Wähler stieg von 26 Prozent bei der Bundestagwahl 1949 auf 41 Prozent bei der Bundestagswahl 1957. Die Union bemühte sich auch aktiv um die Integration der protestantischen Bevölkerung in ihre Wähler- und Mitgliedschaft. Dazu gehörte das Streben der Partei nach einem personellen Konfessionsproporz. Eine innerparteiliche konfessionelle Personalpolitik betrieb insbesondere der 1952 gegründete Evangelische Arbeitskreis in der CDU. Mit den CDU-Politikern Hermann Ehlers und Eugen Gerstenmaier hatten während der 1950er Jahre zwei prononcierte Protestanten das Amt des Bundestagspräsidenten inne. Die beiden konservativen evangelischen Politiker Ehlers und Gerstenmaier trugen auch viel dazu bei, den kirchlichen Protestantismus an die parlamentarische Demokratie heranzuführen.

Ausdruck eines zunehmend liberal-demokratischen Staatsverständnisses einschließlich eines weltanschaulichen Pluralismus war dann seit Ende der 1950er Jahre die Tatsache, dass kirchennahe evangelische Wähler zunehmend auch für die SPD votierten. Zuvor hatte ein kleiner Kreis führender Protestanten, darunter Heinrich Albertz, die Verständigung mit der Sozialdemokratie vorangetrieben, während sich umgekehrt die Partei in ihrem Godesberger Programm vom November 1959 den Kirchen angenähert hatte. Das Programm markierte die Abkehr der SPD von einer geschlossenen marxistischen Weltanschauung hin zu einem grundwerteorientierten, pluralistischen Sozialismusverständnis. Es betonte die Bereitschaft zur Zusammenarbeit mit Kirchen- und Religionsgemeinschaften und hob hervor, dass Sozialismus nicht als Religionsersatz zu verstehen sei. Im Bundestagswahlkampf von 1961 votierten dann etliche Geistliche öffentlich für die SPD. Im selben Jahr wurde der SPD-nahe Berliner Bischof Kurt Scharf zum Vorsitzenden des Rates der EKD gewählt. Die 1952 vom zurückgetretenen CDU-Bundesinnenminister Gustav Heinemann gegründete, vornehmlich (links-) protestantisch geprägte bürgerliche Gesamtdeutsche Volkspartei, die auf legislativem Wege eine außen- und deutschlandpolitische Alternative zum Kurs Adenauers durchsetzen wollte, hatte sich bereits 1957 mangels Erfolg wieder aufgelöst. Ihre Vertreter waren anschließend zumeist in die SPD gewechselt, darunter Johannes Rau, Erhard Eppler und Jürgen Schmude. Insbesondere Heinemann führte evangelische Adenauerkritiker an die SPD und damit auch an die parlamentarische Demokratie heran. Ein Teil der Mitglieder der Bruderräte fand indes seine politische Heimat in der Deutschen Friedensunion (DFU).

Die 1950er Jahre waren im westdeutschen Protestantismus vor allem ein Jahrzehnt der großen deutschland- und friedenspolitischen Debatten. Sie kreisten um die Wiederbewaffnung, die Westintegration sowie die Atombewaffnung der Bundesrepublik (s. Kap. 3). Diese Diskurse waren zugleich Auseinandersetzungen um Gestalt und Grenzen einer ›Politisierung‹ der Kirche, um theologische Interpretationen des Verhältnisses von Politik und Christentum und um die religiöse Qualifizierung politischer Fragen als Glaubensfragen.

Heftig umstritten war auch der Abschluss des Militärseelsorgevertrags. Doch trotz innerprotestantischer Bedenken, der Vertrag mit der Bundesrepublik könne sich ungünstig auf die Situation der ostdeutschen Gliedkirchen auswirken, fand am 22. Februar 1957 seine Unterzeichnung durch Bundeskanzler Adenauer, Verteidigungsminister Franz Josef Strauß, den EKD-Ratsvorsitzenden Dibelius sowie den Leiter der EKD-Kirchenkanzlei Heinz Brunotte statt. Dem Vertrag zufolge wurde der

Seelsorgebereich zukünftig vom Staat finanziert und unterstand dem Kirchenamt für die Bundeswehr, das wiederum dem Verteidigungsministerium nachgeordnet war. Mit der Ratifizierung des Militärseelsorgevertrags, der eine enge Kooperation von Staat und Kirche dokumentierte und damit die Stellung der evangelischen Kirche im politischen System der Bundesrepublik stabilisierte, hatten sich die CDU-nahen Gruppen im Protestantismus durchgesetzt. Eine deutliche Zweidrittelmehrheit der EKD-Synodalen hatte dem Vertrag zugestimmt, darunter auch nahezu alle Synodalen aus der DDR. Letztere begründeten ihr Votum geistlich: Die EKD sei keine Arbeitsgemeinschaft, sondern eine Kirche. Sie müsse als Gesamtkirche tätig werden, gleichgültig, ob es sich um Aufgaben und Schwierigkeiten in der Bundesrepublik oder in der DDR handele. Gültigkeit hatte der Vertrag allerdings nur für die westdeutschen Gliedkirchen.

Bereits seit 1950 hatte sich die EKD auch für einen prinzipiellen Schutz von Kriegsdienstverweigerern ausgesprochen. Unter dem unmittelbaren Eindruck der Vorbereitungen des Wehrdienstgesetzes legte der Rat der EKD im Dezember 1955 den zuständigen staatlichen Stellen einen Ratschlag zur gesetzlichen Regelung des Schutzes der Kriegsdienstverweigerer vor. Darin bat er den Staat, für eine zureichende Gesetzgebung zum Schutz derjenigen Sorge zu tragen, die aus Gewissensgründen den Kriegs- und Waffendienst verweigerten. Bei der theologischen und politischen Bewertung der Wehrdienstverweigerung gab es innerhalb des Protestantismus jedoch sehr gegensätzliche Positionen (s. Kapitel 3).

4. Das konfrontative Verhältnis zwischen Staat und Kirche in der DDR

Die DDR-Verfassung von 1949 hatte sich in ihren staatskirchenrechtlichen Bestimmungen eng an die Weimarer Reichsverfassung von 1919 angelehnt und den Kirchen ein hohes Maß an Privilegien und institutioneller Autonomie garantiert. Aufgrund des dynamischen Verfassungsverständnisses der SED sah die Verfassungswirklichkeit für die Kirchen jedoch schon bald anders aus. Hoffnungen auf Rechtssicherheit sowie auf Mitverantwortung der Kirche in den öffentlichen Angelegenheiten wurden zunehmend enttäuscht. Die kirchliche Aufmerksamkeit dieser Jahre galt somit dem Einsatz für die eigenen Korporationsrechte, aber auch für generelle Rechtssicherheit in der DDR. In der frühen Nachkriegszeit bezogen die acht ostdeutschen Landes- und Provinzialkirchen dezidiert antitotalitäre und auch demokratisch-freiheitliche Positionen. Der Nimbus der Widerständigkeit gegen den Nationalsozialismus schien sie zur Kritik am totalitären Charakter der sich etablierenden sozialistischen Diktatur geradezu zu verpflichten. Auch besaßen sie noch den Rückhalt der Bevölkerung, von der 80 Prozent den evangelischen Kirchen angehörte. Selbstbewusst sprachen die Kirchenleitungen in den ersten Jahren der SED-Herrschaft Themen wie z. B. juristische Willkür, Meinungsfreiheit, konfessionelle Schulen sowie politische Gefangene an.

Das Verhältnis zwischen Staat und Kirche gestaltete sich in dem Maße konfrontativ, in dem die SED das Monopol der marxistisch-leninistischen Weltanschauung durchzusetzen versuchte. Von 1949 bis 1952 verschärfte sich die Lage schrittweise, auch wenn der Konfrontationskurs phasenweise aus deutschlandpolitischer Rücksichtnahme unterbrochen wurde. Im Zuge des planmäßigen Aufbaus des Sozialismus wurde Mitte 1952 zum offenen Angriff auf die Kirchen geblasen, um den Prozess des Absterbens von Religion im Sozialismus zu beschleunigen. Mit administrativen und repressiven Maßnahmen versuchte die SED, die Kirche als gesellschaftspolitische Kraft auszuschalten und sie auf den kultischen Bereich zu beschränken. Ziel der Unterdrückungsmaßnahmen war vornehmlich die kirchliche Jugendarbeit. Die Junge Gemeinde erlitt während dieser repressiven Phase einen Aderlass, der zahlenmäßig nie mehr aufgeholt wurde. Zugleich führte die forcierte Zwangssäkularisierung zu einer Verkirchlichung der Jugendarbeit. Die Kirchen kennzeichneten die Ereignisse der Jahre 1952/53 als ›Kirchenkampf‹ in bewusster Analogie zu den Auseinandersetzungen mit dem NS-Staat. Für sie ging es um ihre institutionelle Autonomie, ihre prinzipielle geistliche Selbständigkeit und ihren Öffentlichkeitsauftrag. Selbsterhaltung und Begrenzung der SED-Diktatur korrespondierten miteinander.

Eine Intervention der nach Stalins Tod eingesetzten neuen Führung der Kommunistischen Partei der Sowjetunion bei der SED-Spitze verschaffte den ostdeutschen Landeskirchen ab Sommer 1953 eine Atempause. In dieser Zeit entwickelte die SED ihre neue kirchenpolitische Strategie der ›Differenzierung‹ und ›Unterwanderung‹, um die noch relativ geschlossene Abwehrfront der evangelischen Kirchen in der DDR aufzubrechen. Sie kombinierte selektive Integrationsangebote gegenüber ›fortschrittlichen‹ Christinnen und Christen mit gezielten Repressionen gegen ›reaktionäre‹ Kirchenglieder. Auf diese Weise wollte man Bündnispartner gewinnen, die die kirchlichen Institutionen unterwandern und dadurch für die SED von innen heraus beherrschbar und politisch instrumentalisierbar machen sollten.

Versuche der SED, die wenigen ihr öffentlich nahestehenden Pfarrer zu fördern, schlugen indes fehl. Die kirchlichen Dienstaufsichtsbehörden verstanden zusammen mit den Pfarrkonventen, solche Pfarrer erfolgreich auszugrenzen. Auch konnte die Pfarrerschaft ihre Berufsautonomie und Handlungsspielräume weitgehend wahren, da die SED aufgrund der deutschlandpolitischen Erwägungen Moskaus nicht so repressiv vorgehen konnte, wie es in anderen osteuropäischen Staaten der Fall war. Im Unterschied zu diesen verschaffte sich die SED auch keine Aufsichts- und Eingriffsrechte zur Mitsprache bei der Gestaltung der kirchlichen Personalpolitik. Es blieb bei einer vom Staat unabhängigen kirchlichen Dienstaufsicht und Disziplinargewalt. Die SED bemühte sich hingegen, die Pfarrer durch den Verweis auf deren DDR-Staatsangehörigkeit politisch und gesellschaftlich in den Dienst zu nehmen und unliebsame Pfarrer durch den Druck der ›öffentlichen Meinung‹ einzuschüchtern. Zudem wurde die Handlungsfreiheit der Pfarrer durch An- und Verordnungen zumindest potenziell eingeschränkt. Dennoch blieben die ostdeutschen Pfarrhäuser überwiegend Orte des Freiraums, in denen Dinge gesagt und gelebt wurden, die anderswo so nicht möglich waren. Und sie bildeten die Kernzellen des protestantischen Residualmilieus.

Für ihre neue Kirchenpolitik schuf sich die Partei- und Staatsspitze der DDR zwischen 1954 und 1957 ein breites Instrumentarium. In dem neuen kirchenpolitischen Apparat hatte die 1954/55 eingerichtete Arbeitsgruppe »Kirchenfragen« im Zentralkomitee (ZK) der SED die Aufgabe der übergeordneten parteilichen ›Anleitung und Kontrolle‹, das im März 1957 gegründete Amt für Kirchenfragen – später »Dienststelle des Staatssekretärs für Kirchenfragen« genannt – übernahm die Aufgaben der zentralen staatlichen Administration und die Kirchenabteilung der Staatssicherheit die Überwachung und Information.

Langfristiges und übergeordnetes Ziel der SED blieb dabei die systematische Verdrängung von Christentum und Kirche samt ihrer kulturellen Prägekraft aus der Mitte der Gesellschaft. So wurde zwischen 1954 und 1958 die staatliche Jugendweihe als Ersatzritus für die Konfirmation mit allen Mitteln flächendeckend durchgesetzt (s. Kap. 3). Im Jahre 1956 nahm der Staat den Kirchen dann die Möglichkeit, weiterhin die Kirchensteuern mittels staatlicher Gerichte einzufordern. 1958 wurde der Religionsunterricht per Erlass aus der Schule verdrängt. Eine völlige Enteignung des kirchlichen Grundbesitzes blieb hingegen aus, auch konnte die Diakonie weiterarbeiten und die Theologischen Fakultäten blieben an den Universitäten erhalten. Letzteres erfolgte vornehmlich, um Einfluss auf die staatspolitische Haltung der künftigen Pfarrer nehmen zu können. Denn die SED sah in den Theologischen Fakultäten und den Studentengemeinden die ›reaktionären‹ Zentren der Universitäten schlechthin. Ihr Ziel war es, die Studierendenschaft und damit die zukünftigen ›Leitungskader‹ ›bürgerlichen‹ und christlichen Einflüssen zu entziehen. In den Jahren 1957/58 kam es zu Strafprozessen gegen Studentenpfarrer, zu Entlassungen von kirchlich engagierten Professoren und zahlreichen Exmatrikulationen von Mitgliedern der Studentengemeinden. Bis 1961 flüchteten im Zuge der Durchsetzung der ›sozialistischen Hochschule‹ circa 2.000 Hochschullehrer aus der DDR, dazu circa 35.000 Studierende und am Studium gehinderte Abiturienten. Dieser Exodus der christlich-bürgerlichen Elite hatte langfristige Auswirkungen für die ostdeutsche Gesellschaft.

Seit der zweiten Hälfte der 1950er Jahre betrieb die ostdeutsche Staats- und Parteispitze zunehmend die Trennung der östlichen Landeskirchen von der als ›NATO-Kirche‹ diffamierten EKD. Der Militärseelsorgevertrag bot ihr 1957 hierfür den willkommenen propagandistisch verwertbaren Anlass. Die DDR-Führung verweigerte fortan das Gespräch mit westlichen EKD-Vertretern und brach am 17. Mai 1958 auch offiziell die Verbindung zur EKD und ihrem Bevollmächtigten bei der Regierung der DDR, Propst Heinrich Grüber, ab.

Nach mehrfachen Verhandlungen zwischen ostdeutschen Staats- und Kirchenvertretern wurde in einem weitgehend von der SED diktierten Kommuniqué vom 21. Juli 1958 das Ende des offenen Weltanschauungskampfes bekundet. Mit dem Kommuniqué errang die SED-Führung einen wichtigen Teilerfolg: Die EKD verlor mit ihm faktisch ihren gesamtkirchlichen Vertretungsanspruch gegenüber der DDR-Regierung. Und zumindest indirekt hatten die ostdeutschen Kirchen ihre Loyalität gegenüber der gesellschaftlichen Entwicklung in der DDR erklärt und sich damit deklaratorisch von der Orientierung der EKD an der Bundesrepublik und der westlichen Wertewelt gelöst. Die SED behandelte das Kommuniqué im Folgejahrzehnt als Dokument einer Neudefinition des Staat-Kirche-Verhältnisses und berief sich in Kirchenfragen fortan auf diesen Text und nicht mehr auf die Verfassung. Innerkirchlich reichten die Reaktionen auf das Kommuniqué von scharfer Kritik bis zu verständnisvoller Zustimmung, es überwog jedoch die Ablehnung. Das Kommuniqué, in dem erstmals eine gewisse Akzentverlagerung in der offiziellen Haltung der Kirchen spürbar wurde, ist in seinem historischen Kontext zu sehen: Der

Staat forderte nachhaltig eine kirchliche Loyalitätserklärung, was im Grunde eine Anerkennung seiner staatspolitischen Ziele meinte, die Aussicht auf ein baldiges Ende des SED-Regimes war im Schwinden, der Rückhalt des kirchlichen Konfrontationskurses in den Gemeinden hatte sich als zu schwach erwiesen und der Entkirchlichungsprozess schritt dramatisch voran. Die repressive Kirchenpolitik des SED-Regimes bewirkte während der 1950er Jahre einen starken Rückgang der Kirchlichkeit. Mit der Abwanderung großer Teile des Bildungs- und des Besitzbürgertums in den Westen sowie der Zwangskollektivierung der Landwirtschaft wurde dem Protestantismus zudem ein bedeutender Teil seines sozial-strukturellen Rückhalts genommen. Die wichtigste Ressource kirchlicher Autonomie, die breite Verankerung in der Bevölkerung, hatte drastisch abgenommen.

Dieser Schrumpfungsprozess sowie die sinkende Aussicht auf eine Wiedervereinigung brachten seit Mitte der 1950er Jahre zunächst einzelne Theologen in der DDR dazu, über neue Wege kirchlicher Arbeit in einer atheistischen Umwelt nachzudenken. Bereits auf der EKD-Synode von 1956 empfahl der Cottbuser Generalsuperintendent Günter Jacob unter dem Stichwort vom ›Ende des konstantinischen Zeitalters‹ der Kirche in Ost- und Westdeutschland, ungeachtet der unterschiedlichen Ursachen für die Säkularisierung, die Minoritätenrolle des Christentums in der Gesellschaft sowie die Entflechtung von Kirche und Staat zu akzeptieren. Ohne Bindung an eine bestimmte Gesellschaftsordnung sollte sich die Kirche, so riet ihr Jacob, auf das Evangelium und seinen Auftrag besinnen. In seinen theologischen Ausführungen nivellierte Jacob somit die gesellschaftliche Situation der Kirche in den beiden deutschen Staaten.

Auch und gerade nach dem Kommuniqué von 1958 ging die kirchlich-theologische Positionssuche in der DDR weiter. In diesem Reflexionsprozess bildete sich ein weites Spektrum theologischer und kirchenpolitischer Positionen aus, das von staatsloyalen Opportunisten über Theologen, die sich um eine konstruktiv-kritische Haltung bemühten, und westlich orientierten, kritischen Pragmatikern bis hin zu wirklichen Staatsgegnern reichte. Das ganze Spektrum der divergierenden Positionen gegenüber dem SED-Staat offenbarte sich im ›Obrigkeitsstreit‹ der Jahre 1959/60, in dem um den ›Obrigkeits‹-Charakter des demokratisch nicht legitimierten, mehrfach rechtsbrüchigen und atheistischen SED-Staates gerungen wurde. Das theologisch begründete Eintreten des Berliner Bischofs Dibelius für die – von ihm keineswegs geliebte – parlamentarische Demokratie und gegen das östliche Staatssystem löste in Ost- und Westdeutschland eine heftige Auseinandersetzung um die richtige Stellung zum Staatswesen der DDR aus.

Buchna, Kristian: Ein klerikales Jahrzehnt? Kirche, Konfession und Politik in der Bundesrepublik während der 1950er Jahre. Baden-Baden 2014.

Greschat, Martin: Die evangelische Christenheit und die deutsche Geschichte nach 1945. Weichenstellungen in der Nachkriegszeit. Stuttgart 2002.

Halbrock, Christian: Evangelische Pfarrer der Kirche Berlin-Brandenburg 1945–1961. Amtsautonomie im vormundschaftlichen Staat? Berlin 2004.

Lepp, Claudia: Hat die Kirche einen Öffentlichkeitsauftrag? Evangelische Kirche und Politik seit 1945, in: Christoph Landmesser / Enno Edzard Popkes (Hg.): Kirche und Gesellschaft. Kommunikation Institution Organisation. Leipzig 2016, 107–130.

Lepp, Claudia: Entwicklungsetappen der Evangelischen Kirche, in: Dies. / Kurt Nowak (Hg.): Evangelische Kirche im geteilten Deutschland (1949–1989). Göttingen 2001, 46–93.

Barmer Theologische Erklärung: https://www.ekd.de/Barmer-Theologische-Erklarung-Thesen-11296.htm (Stand: 13.04.2021).

Claudia Lepp

III. Gesellschaftliche Herausforderungen

Am Kriegsende stellten die Kirchen fast die einzigen Institutionen dar, mit denen die Alliierten sich eine Zusammenarbeit bei der notdürftigen Versorgung und ersten Reorganisation des Landes vorstellen konnten. Dass sich die evangelischen Landeskirchen dieser »Verantwortung für das öffentliche Leben« stellen würden, machten ihre führenden Vertreter bereits im August 1945 bei ihrem ersten Nachkriegstreffen in Treysa deutlich. Aber wie konnten und wollten sie den Wiederaufbau des Landes prägen? Wie wollte man eine neue Gesellschaft auf christlichem Fundament organisieren, wie es schon dem christlichen Widerstand während des Krieges vorgeschwebt hatte?

Im Gegensatz zur katholischen Kirche waren die evangelischen Landeskirchen aus dem Nationalsozialismus und dem Kirchenkampf deutlich gespalten hervorgegangen. Der bald in der Evangelische Kirche Deutschlands (EKD) dominante Mainstream stand der CDU nahe und reihte sich rasch in die für die Adenauerzeit charakteristische »Modernisierung unter ›konservativen Auspizien«« (Kleßmann) ein. Andere Strömungen, besonders der bruderrätliche Flügel in der EKD, bezog in vielen zentralen politischen und gesellschaftlichen Fragen Gegenposition, näherte sich tendenziell der SPD an und stellte die kirchliche Einheit vor harte Zerreißproben.

1. »Mentale Entnazifizierung« und materielle Not

Die größte Herausforderung am Kriegsende war die Konfrontation mit den Verbrechen des Nationalsozialismus. Die meisten Deutschen beklagten am Kriegsende jedoch den nationalen Zusammenbruch und nicht das Leid, das Deutschland über Europa und die Welt gebracht hatte. Selbst viele Protestanten, die sich aus religiösen Gründen dem Nationalsozialismus widersetzt hatten, machten hier keine Ausnahme. Ohne ein Bekenntnis gerade der Kirchen zu der Schuld, die Deutschland auf sich geladen hatte, war jedoch weder internationale Solidarität kirchlicher Organisationen noch die Rückkehr in die ökumenische Gemeinschaft zu erwarten. Das wurde deutschen Theologen schon in den letzten Kriegsjahren deutlich mitgeteilt. Der im August 1945 eingesetzte vorläufige Rat der EKD gab daher auf einer Sitzung im Oktober 1945 in Stuttgart gegenüber anwesenden Vertretern internationaler Kirchen eine »Schulderklärung« für die evangelischen Christen und Kirchen in Deutschland ab. Wie weit eine solche Erklärung gehen solle oder müsse, war ein heikles Thema. Vorgeprescht war bei dem Treffen in Stuttgart Martin Niemöller, der in einer Predigt bekannte: »Wir sind schuldig an Millionen und Abermillionen von Umgebrachten, Hingemordeten, Zerbrochenen, ins Elend und in die Fremde gejagten, armen Menschenkindern, Brüdern und Schwestern in allen Ländern Europas und über Europa hinaus.« Die abschließende Erklärung des Rats fiel jedoch deutlich schwächer aus. Es wurde lediglich gesagt, dass durch Deutschland »unendliches Leid über viele Völker und Länder gebracht worden« sei und dass die protestantischen Kirchen »in einer Solidarität der Schuld« mit dem ganzen Volk ständen. Der Mord an den europäischen Jüdinnen und Juden wurde nicht erwähnt [Boyens, 374].

Im Ausland löste diese Erklärung dennoch Zustimmung und Erleichterung aus. Sie trug dazu bei, dass den Kirchen im Rahmen der alliierten Besatzungspolitik rasch eine Sonderstellung eingeräumt wurde. In Deutschland dagegen reagierten viele, selbst leitende Kirchenmitglieder, empört. Sie billigten dem Rat der EKD eine solche politische Erklärung nicht zu und verwiesen auf die Gewalttaten der Alliierten und die Härte ihrer Besatzungsregimes. Nur vier Landeskirchen nahmen die Stuttgarter Schulderklärung nach ihrer Veröffentlichung dezidiert für sich an.

Manchen ging die Stuttgarter Schulderklärung allerdings nicht weit genug. Theologen wie Martin Niemöller, Hans Joachim Iwand oder Karl Barth formulierten deshalb im August 1947 ein zweites Schuldbekenntnis, das »Darmstädter Wort zum politischen Weg unseres Volkes". Es benannte konkreter die »Irrwege«, die die protestantischen Kirchen nur zu willig mitgegangen seien. Das enge »Bündnis der Kirche mit den das Alte und Herkömmliche konservierenden Mächten« habe sich schwer an der Kirche gerächt. Man habe nach dem Ersten Weltkrieg »das Recht auf Revolution« verneint, die Weimarer Demokratie abgelehnt, aber zugleich »die Entwicklung zur absoluten Diktatur geduldet und gutgeheißen« [Darmstädter Wort].

Die Kritiker aus dem Rat der EKD fielen über das Darmstädter Wort her wie einst die protestantische Öffentlichkeit über die Stuttgarter Schulderklärung. Hans Asmussen, einer der Initiatoren der Stuttgarter Erklärung, bezeichnete es als eine »theologische Entgleisung«. Es sei eine politische Theologie wie die der Deutschen Christen in der Zeit des Nationalsozialismus, nur mit umgekehrten Vorzeichen.

Die Abwehrhaltung der EKD gegenüber einer weitergehenden Auseinandersetzung mit der Rolle der Kirchen im Nationalsozialismus hatte weitreichende Auswirkungen für den Umgang mit der Entnazifizierung in Kirche und Gesellschaft. Den Landeskirchen war – selbst in der sowjetischen Besatzungszone – das Recht auf ›Selbstreinigung‹ eingeräumt worden. Es kam aber kaum zu Konsequenzen selbst für Pfarrer, die als belastet eingestuft waren. Die Kirchen übten zunehmend Kritik am Besatzungsregime und der Entnazifizierungspolitik der Alliierten. Pfarrer wurden zu den eifrigsten Produzenten von ›Persilscheinen‹ und kirchliche Organisationen boten zahlreichen teilweise schwer belasteten Nationalsozialisten Beschäftigung und Unterschlupf. In den Augen der Besatzungsmächte wurden die evangelischen Kirchen immer weniger zu verlässlichen Stützen der Demokratisierung der deutschen Gesellschaft und Politik. Der amerikanische General General George Bryan Conrad klassifizierte einen erheblichen Teil der evangelischen Pfarrerschaft als »extremely reactionary and strong[ly] nationalist, although not necessarily Nazi« [Vollnhals 1989, 59]. In der sowjetischen Besatzungszone gingen die Landeskirchen ähnlich zögerlich mit der Entnazifizierung der Pfarrerschaft um. Belastete Pfarrer wurden nicht automatisch entlassen, sondern teilweise auf Zeit suspendiert oder auch in andere Landeskirchen versetzt. Insgesamt kann man auch für die Landeskirchen der DDR von einer »innerkirchlichen Tendenz zur Milde« und einer hohen personellen »Kontinuität zwischen Drittem Reich und DDR« ausgehen [Kleßmann, 35].

Die evangelische Kirche hat diese erste Herausforderung nach dem Krieg sicher nicht mit Bravour bewältigt. Es sollte noch Jahrzehnte dauern, bis die evangelischen Landeskirchen eine gemeinsame und eindeutige Stellung zu den nationalsozialistischen Verbrechen und zur Rolle der Kirchen in dieser Zeit beziehen konnten.

Deutlich erfolgreicher als bei der »mentalen Entnazifizierung« (Münkler) des Landes waren die Kirchen in ihren Bemühungen, die materielle Not der Bevölkerung in der Nachkriegszeit zu lindern. Seit im Dezember 1945 das alliierte Verbot, Spenden nach Deutschland zu senden, aufgehoben wurde, waren die deutschen Kirchen die wichtigsten Partner der Alliierten bei der Verteilung von Hilfsgütern. Bereits im August 1945 war für die Koordination der Hilfe der evangelischen Kirchen auf Initiative Eugen Gerstenmaiers das Evangelische Hilfswerk der EKD gegründet worden. Es war eine gesamtdeutsche Organisation, die zumindest in den ersten Nachkriegsjahren auch noch Hilfe für die Menschen in der sowjetischen Besatzungszone leisten konnte. Es mobilisierte über 90.000 freiwillige Helfer und war vermutlich die effizienteste Hilfsorganisation im Nachkriegsdeutschland.

2. Rechristianisierung als politisches Programm

Die Nachkriegsnot war nicht nur materiell. Die deutsche Bevölkerung war nach dem Zusammenbruch des Nationalsozialismus innerlich verunsichert und suchte nach Orientierung und Stabilität. Bei allen Differenzen gegenüber der Vergangenheit waren sich alle kirchlichen Kreise und Lager nach dem Krieg darin einig, dass der Nationalsozialismus (wie der Sozialismus) ein Produkt des seit dem 19. Jahrhundert in den europäischen Gesellschaften um sich greifenden »Säkularismus« war. Das »Volk der Reformation« sei im Nationalsozialismus »vor aller Welt ein Beispiel der Entchristlichung und ein unheimlicher Ort des Antichristentums und der Gegenmission geworden« [Spandauer Synode, 9]. Ein wirklicher Neuanfang in Deutschland könne daher nur auf der Basis einer grundlegenden Rechristianisierung der Gesellschaft, einer »Bekehrung der Strukturen" (Eberhard Müller) und nicht nur der Individuen, erfolgen. Die Alternative »Säkularismus« und »Rechristianisierung« geht auf die Kritik protestantischer Theologen des 19. Jahrhunderts an der Moderne zurück. Nach 1945 gab sie »Theologen und Kirchenführern ein Interpretationsmodell an die Hand, mit dem sie sowohl die gegenwärtige Situation in Deutschland als auch die zentrale Bedeutung der Kirche und ihrer Botschaft in diesem Kontext verständlich machen konnten« [Greschat 2003, 311]. Sie waren überzeugt, dass die Kirchen eine Aufgabe im Wiederaufbau der deutschen Gesellschaft nach dem Krieg hätten, die nur sie adäquat wahrnehmen könnten.

Im Westen Deutschlands standen die Chancen für eine solche Rechristianisierung zunächst gut. Viele Menschen wandten sich in den direkten Nachkriegsjahren wieder den Kirchen zu. Noch bis Ende der 1960er Jahre gehörten über 95 % der Bevölkerung einer der christlichen Kirchen an. Es hat in der Bundesrepublik im 20. Jahrhundert keine andere Phase »sinkender und geringer Austrittshäufigkeit gegeben wie in den Jahren zwischen 1950 und 1967« [Gabriel, 47]. Die Gottesdienste waren entsprechend gut besucht. Die »Stunde der Kirche« (Asmussen) schien gekommen.

In der DDR war die Problemlage von Anfang an komplizierter. Es ging nicht um Rechristianisierung, sondern um die Abwehr des Gegenteils. Trotz einer anfänglich relativ liberalen Haltung der Sowjetischen Militäradministration standen die

Kirchen von Anfang an in einem Spannungsverhältnis zur Besatzungsmacht bzw. zum neuen Staat. Sie lehnten dessen immer kirchenfeindlichere Politik ab und sahen sich erneut im Widerstand. Seit dem Mauerbau 1961 versuchten sich die Landeskirchen jedoch zunehmend in der DDR als »Kirche im Sozialismus« zu arrangieren.

Für die Aktivierung des Engagements christlicher Laiinnen und Laien wurden seit 1949 die Deutschen Evangelischen Kirchentage wieder ins Leben gerufen. Sie waren bis zum Mauerbau gesamtdeutsche Veranstaltungen und entwickelten sich rasch nicht nur zu einer Demonstration evangelischen Glaubens in West- und Ostdeutschland, sondern auch zu einem wichtigen Forum des Austauschs zwischen Kirche und Gesellschaft. Die dort verhandelten Themen geben einen guten Einblick in die Probleme und Herausforderungen, mit denen sich die Evangelische Kirche jeweils auseinandersetzte.

3. »Rettet den Menschen – und seine Familie«

Die Basis für den Aufbau einer christlichen Gesellschaft sahen die katholische wie die evangelische Kirche in der Stabilisierung eines Familienlebens auf christlicher Basis. Familie war daher Thema auf fast allen Kirchentagen der Nachkriegszeit. In Essen galt 1950 eine der Sektionen dem Thema »Rettet den Menschen – und seine Familie«. Nach vielen kirchlichen Einschätzungen war die Familie von einer für die Gesamtgesellschaft bedrohlichen Krise gekennzeichnet. Dieser Diagnose lagen verschiedene Beobachtungen zugrunde: Der Krieg hatte in Deutschland 1,7 Millionen Witwen, beinahe 2,5 Millionen Halbwaisen und etwa 200.000 Vollwaisen hinterlassen. Kriegsbedingte Vaterlosigkeit betraf etwa ein Viertel der Kinder und Jugendlichen in Deutschland. Zugleich hatte direkt nach dem Krieg die Zahl der durch den Krieg zerrütteten Ehen und die Zahl der Ehescheidungen zugenommen, ebenso die der unehelichen Kinder. Die Verwitwung vieler Frauen im Krieg, die bei Wiederverheiratung ihre Rentenansprüche aus ihrer ersten Ehe verloren hätten, führten in den Nachkriegsjahren zur einer Zunahme von sogenannten ›Onkelehen‹ oder ›Rentenkonkubinaten‹. Der Rat der EKD folgerte daraus 1952, »dass ein Auflösungsprozess von Ehe und Familie im Gange sei« [Buske, 226]. Die »wilden Ehen« hätten bereits ein »erschreckendes Ausmaß« angenommen. Aus kirchlicher Sicht waren Ehe und Familie aber »eine bewahrende Ordnung Gottes« und eine »von Gott gebotene Form des Zusammenlebens von Mann und Frau innerhalb der menschlichen Gemeinschaft« [Dombois/Schumann, 9 u. 68]. Die Rechristianisierung der Gesellschaft musste hier ansetzen.

Vor diesem Hintergrund wurde das Thema Familie in den späten 1940er und in den 1950er Jahren zu einem Dauerthema der protestantischen – und katholischen – kirchlichen Publizistik und Moralpolitik. In zahllosen kirchlichen Verlautbarungen, in einer rasch anwachsenden, kirchlich inspirierten Ratgeberliteratur, aber auch im Rahmen familienpolitischer Arbeitsgruppen evangelischer Verbände und Familienberatungsstellen in West- und Ostdeutschland wurde die christliche Ehe und Kindererziehung ebenso verteidigt wie die traditionelle Geschlechterordnung. Umfragen zur Einstellung der Bevölkerung zu Ehe und Familie aus den frühen 1950er Jahren zeigten allerdings, dass die Kirchen die Krise der Familie deutlich überdramatisierten. Zwar gab es Anzeichen, dass sich die Einstellungen zu Sexualität und Geburtenkontrolle und auch zu außerehelichen Lebenspartnerschaften in der Bevölkerung in der Tat deutlich gelockert hatten, aber Ehe und Familie besaßen weiterhin einen sehr hohen Stellenwert in der Lebensplanung der Menschen und die 1950er Jahre wurden rasch zum »golden age of marriage«.

Besondere familienpolitische Diskussionsgegenstände, in die die Kirchen sich einschalteten, waren nach dem Krieg die Frage der Gleichberechtigung von Mann und Frau in der Ehe und die Berufstätigkeit der Frauen. Das bundesdeutsche Familienrecht hatte anfänglich die traditionelle Vorrangstellung und Entscheidungsbefugnis des Mannes trotz der grundsätzlichen Gleichstellung von Mann und Frau im Grundgesetz beibehalten. Vor dem Hintergrund der vielfachen Spannungen, die in Familien durch den Autoritätsanspruch der aus dem Krieg zurückgekehrten Väter ausgelöst wurden, kam diesem Thema in der frühen Bundesrepublik eine besondere Bedeutung zu. Die Evangelische Kirche verteidigte die hierarchische Familienstruktur als Teil der göttlichen Ordnung. In den Debatten der frühen 1950er Jahre um die Reform des Eherechts mahnte die EKD, dass die durch den Krieg erschütterte väterliche Autorität auch gesetzlich verteidigt werden müsse, denn »die Familie ist die Geburtsstätte der Autorität und damit der Freiheit« [Dombois/Schumann, 21]. Sie setzte sich damit allerdings nicht durch. Der Gesetzgeber erkannte in mehreren Schritten die übergeordnete Geltung des Gleichstellungsparagraphen des Grundgesetzes für alle Lebensbereiche an und eilte der Modernisierung der Eheauffassung der Kirchen – nicht unbedingt ihrer Frauenverbände – deutlich voraus. Auch die Berufstätigkeit der verheirateten Frau und Mutter wurde seitens der Kirchen bis in die 1960er Jahre hinein abgelehnt. Evangelische und katholische Familienverbände handelten hier vielfach gemeinsam, zum Beispiel im Rahmen von Plakataktionen gegen die Berufsarbeit der Mütter und die sogenannten »Schlüsselkinder«.

Die stark restaurative Familienarbeit und -politik der evangelischen Kirchen der Westzonen bzw. der Bundesrepublik war eingelassen in die Systemkonkurrenz des Kalten Krieges. Mit dem 1950 erlassenen Gesetz zum Mutter- und Kinderschutz und den Rechten der Frau führte die DDR nicht nur die volle Gleichberechtigung der Frau in Ehe, Familie und Arbeitswelt ein, sondern versprach auch unehelichen Kindern und ihren Müttern die besondere Unterstützung des Staates (z. B. Vorrang bei Kindergartenplätzen). In § 17 des DDR-Gesetzes wurde lapidar festgestellt: »Die nichteheliche Geburt ist kein Makel«. Gegen derart weitgehende Vorstellungen von ehelicher Gleichberechtigung und Anerkennung außerehelicher Verbindungen arbeiteten die evangelischen Kirchen und Verbände noch lange an. Erst im Laufe der 1960er Jahre fassten in der evangelischen Familienauffassung liberalere Grundsätze Fuß.

4. Jugend – das »Mutationspotential der Gesellschaft«?

Der Nationalsozialismus hatte auf das Emanzipationsstreben der Jugend gesetzt und über seine Jugendorganisationen die Jugendlichen beiderlei Geschlechts dem Einfluss der Familien und auch der Kirchen zu entziehen versucht. Die Aufwertung, die den Jugendlichen im Rahmen des nationalsozialistischen Jugendkults zugewachsen war, bildete den Hintergrund für die große Aufmerksamkeit, die nicht nur die Alliierten, sondern auch die deutsche Politik und die Kirchen ihnen nach dem

Krieg schenkten. Hinzu kam die Furcht, dass der politische, wirtschaftliche und oft auch familiäre Zusammenbruch zum Verfall von Werten bei einer Jugend führen würde, die »frühzeitig die Aufgaben von Erwachsenen in Kriegsdienst und Verteidigung übernommen hatte und nun ohne Zukunftserwartungen und -hoffnungen zu sein schien« [Willenbacher, 595].

Wie die alliierten Besatzungsmächte, die ein umfangreiches Re-education Programm auflegten, reagierten auch die Kirchen mit intensiver Jugendarbeit, die, wie Hanns Lilje formulierte, die »wichtigste unter allen kirchlichen Aufgaben« wurde, denn es sei »nicht einfach so, dass wir nun den Teufel losgeworden wären und in einer Welt ohne Versuchung lebten« [Sauer, 68]. Organisatorisch konnte kirchliche Jugendarbeit vielfach an ihre Strukturen vor der Gleichschaltung der Jugendverbände durch den Nationalsozialismus anknüpfen, vielfach entstanden aber auch neue Organisationen und Dachverbände, die zur Professionalisierung kirchlicher Jugendarbeit beitrugen.

In den westlichen Besatzungszonen waren die kirchlichen Jugendorganisationen die ersten, die bereits 1945 eine Wiederzulassung durch die Alliierten erhielten. Die Kirchen konnten nach dem Krieg zudem auf die Unterstützung durch internationale Jugendverbände rechnen. Manche jungen Männer hatten bereits in den Kriegsgefangenenlagern die Hilfe des internationalen CVJM erfahren. Die nationalen Gruppen organisierten »Heimkehrerdienste« für jugendliche Soldaten und entlassene Kriegsgefangene mit Seelsorgeangeboten, Informationsdiensten oder der Organisation von Erholungsaufenthalten. Das von dem evangelischen Pfarrer Christopher Dannemann nach dem Krieg ins Leben gerufene Christlichen Jugenddorfwerk Deutschland (CJD) gab verwaisten oder aus der Bahn geworfenen Jugendlichen nicht nur ein Dach über dem Kopf und eine Ausbildungsperspektive, sondern auch eine neue Gemeinschaft bzw. ›Ersatzfamilie‹. Von den evangelischen Jugendwerken und der Inneren Mission organisierte »Jugendgilden« leisteten Jugendlichen, die aus der DDR in die Bundesrepublik geflohen waren, Hilfe, organisierten Ausbildungsplätze, Arbeit und Unterkünfte. Aus der Jugendarbeit der Bekennenden Kirche überlebten die Bibelkreise, evangelische Schülergruppen, die im Bund Deutscher Schülerkreise zusammengeschlossen waren und aus denen zahlreiche der evangelischen Kirche nahestehende Politiker hervorgingen (Ehlers, Heinemann, Rau), die die frühe Bundesrepublik prägten.

Die Frage, ob und wie viele Jugendliche über solche kirchlichen Unterstützungsangebote und Vereine auch für eine weitergehende und dauerhafte Bindung an die evangelische Religion und Kirchen erreicht werden konnten, blieb für die Kirchen der Nachkriegszeit jedoch immer ein Punkt der Beunruhigung. Denn die anfängliche große Bereitschaft, sich in kirchlichen Jugendorganisationen zu engagieren, wich relativ rasch einem eher durchschnittlichen Einfluss der Kirchen auf die Jugend. Nach der ersten EMNID-Jugendstudie aus dem Jahr 1953 waren jeweils sechs Prozent der 15- bis 24-jährigen Befragten in einer katholischen oder evangelischen kirchlichen Jugendorganisation, deutlich weniger als in Sportvereinen. Im Laufe der 1950er Jahre ging zudem die Frequenz des Kirchenbesuches von Jugendlichen in den evangelischen Kirchen deutlich schneller zurück als in der katholischen. Ab Ende der 1950er Jahre wurde die Kirchlichkeit und Religiosität der evangelischen Jugend dann auch zu einem eigenen sozialwissenschaftlichen Beobachtungsfeld der Kirchen. Der Hamburger Jugendpfarrer Hans-Otto Wölber führte die erste kircheneigene empirische Religionsstudie zur Religiosität von Jugendlichen durch. Sie zeigte, dass das Ansehen der Kirche bei den Jugendlichen zwar weiterhin hoch war - mehr als Dreiviertel der Befragten hielten die Kirchen für notwendig und positiv -, dass aber die Zustimmung zu wichtigen Basissätzen des Glaubens deutlich niedriger war und lediglich 39 Prozent »im Christentum den einzigen Weg zu Gott« sahen [Janssen, 221].

Die evangelischen Kirchen interpretierten die zunehmende Entfremdung der Jugend im Laufe der 1950er Jahre vor allem als Auswirkungen der neuen Konsumkultur der Wirtschaftswunderjahre und der zunehmenden Bedeutung von Freizeit und Unterhaltung in jugendeigenen, kontrollfreien Bereichen. Allerdings hatte das Misstrauen gegen säkulare Vergnügungen der Jugend bereits direkt nach Kriegsende eingesetzt. Jugendliche Sexualität wurde als größte Bedrohung für die christlichen Bemühungen um eine neue Gesellschaft wahrgenommen. Es gab, so die Historikerin Dagmar Herzog, in den Kirchen eine Verlagerung des moralischen Fokus weg von der Frage der Schuld in der Zeit des Nationalsozialismus hin zur fast obsessiven Beschäftigung mit der moralischen Gefährdung der Jugend.

Die Probleme der kirchlichen Jugendarbeit in der sowjetischen Besatzungszone bzw. der DDR waren deutlich andere. Direkt nach dem Krieg erhielt dort die aus antifaschistischen Jugendkomitees hervorgegangene Freie Deutsche Jugend (FDJ) von der sowjetischen Militäradministration das Monopol auf Jugendarbeit. Andere Jugendorganisationen wurden verboten. Eigenständige christlich-kirchliche Jugendverbände wie der CVJM oder andere Organisationen konnten sich hier daher nicht etablieren. Stattdessen bildeten sich Jugendgruppen innerhalb der einzelnen Kirchengemeinden, die sich als »Junge

Gemeinde« bezeichneten. Im Zuge der forcierten Stalinisierung der DDR in den frühen 1950er Jahren schlug die anfängliche Toleranz der FDJ und des Staates gegenüber diesen kirchlichen Gruppen in Versuche zu ihrer Unterdrückung und Kriminalisierung um und mehrere tausend Schüler und Schülerinnen, die sich weiterhin zu ihren Jungen Gemeinden bekannten, wurden von den Oberschulen relegiert. Nach einem SED-Beschluss von 1953 sollte die Junge Gemeinde gezielt als »Tarnorganisation für Kriegshetze, Sabotage und Spionage, die von westdeutschen und amerikanischen imperialistischen Kräften dirigiert wird«, entlarvt werden [Wentker, 111].

Nach Stalins Tod wurde diese Politik gegenüber den Jungen Gemeinden auf Druck der neuen sowjetischen Regierung zurückgenommen. Allerdings wurde in Moskau ein neues Instrument zur Gewinnung der Jugend vorgeschlagen, die Jugendweihen. Sie waren seit dem 19. Jahrhundert in Freidenkerkreisen, teilweise auch in sozialistischen Kreisen und in Deutschland dann vor allem im Nationalsozialismus verbreitet gewesen. In der DDR wurden nun seit 1955 die ersten Jugendweihen durchgeführt. Sie sollten gezielt die Bedeutung der kirchlichen Konfirmation bzw. Kommunion angreifen und die Jugendlichen für den sozialistischen Staat gewinnen. Die Schüler der 8. Klasse wurden, wie es im Jugendgesetz der DDR heißt, in Kursen »auf das Leben und die Arbeit in der sozialistischen Gesellschaft« vorbereitet, der sie sich dann in der Jugendweihe verpflichten mussten. Wer sich zu entziehen suchte, hatte mit einschneidenden Nachteilen zu rechnen. Anfang der 1960er Jahre lag die Teilnahme an der Jugendweihe daher bei über 90% der Jugendlichen. Die Zahl der kirchlichen Konfirmationen ging deutlich zurück. Allerdings bedeutete dies nicht das Ende der Jungen Gemeinden. Sie boten weiterhin einen Freiraum für nicht angepasste Jugendliche in der DDR.

5. »Wem gehört der Betrieb?« Wirtschaftsordnung in Debatten der evangelischen Kirchen

Die deutsche Wirtschaft war tief in den Nationalsozialismus und dessen Verbrechen verstrickt. Ihre Kontrolle und Demokratisierung gehörten daher zu den von den Alliierten im Potsdamer Abkommen beschlossene Maßnahmen zur Neuordnung Deutschlands. Auch der deutsche Widerstand hatte sich im Rahmen seiner Zukunftsplanungen mit den Fragen einer zukünftigen Wirtschaftsordnung beschäftigt. Im Zentrum standen die sogenannten Freiburger Kreise, die sich vor allem aus Professoren unterschiedlicher Fachrichtungen zusammensetzten, die mehr oder weniger direkt mit dem Widerstand der Bekennenden Kirche bzw. auch der katholischen Kirche verbunden waren. 1942 bat Dietrich Bonhoeffer den Freiburger Wirtschaftswissenschaftler Constantin von Dietze und den Rechtswissenschaftler Erik Wolf, ihm zur Weitergabe an die Alliierten einen Entwurf für eine Nachkriegsordnung zukommen zu lassen. Als Teil dieses Entwurfs wurden auch die Grundsätze einer Wirtschaftsordnung auf ethischer Grundlage ausgebreitet. Sie gelten als Schlüsseldokument für die dann als »Soziale Marktwirtschaft« bezeichnete Wirtschaftsordnung der Bundesrepublik und stellen wohl einen der wichtigsten Beiträge einer protestantisch geprägten Sozialethik zur gesellschaftlichen Neuordnung dar.

Sowohl die Wirtschaftsordnung als auch die Probleme der Arbeitnehmerschaft waren Themen auf fast allen frühen Kirchentagen. Bereits der zweite Kirchentag wurde 1950 bewusst im Ruhrgebiet, in Essen, veranstaltet und Kirchentagspräsident Reinold von Thadden hob in seiner Eröffnungsansprache hervor, dass dem Kirchentag neben der Not der Vertriebenen vor allem die der Industriearbeiterschaft am Herzen läge. Neben der Arbeitslosigkeit beschäftigte man sich mit wirtschafts- und sozialethischen Fragestellungen wie dem Arbeitsbegriff, dem Problem von Wirtschaftsordnungen und Fragen der Wirtschaftsdemokratie bzw. Mitbestimmung. In Stuttgart stand 1952 eine Kirchentagssektion unter dem Titel »Wem gehört der Betrieb«, in Hamburg 1953 ging es um die Frage »Was sollen Christen im Betrieb?«. Hintergrund dafür war die breite Debatte um das Montanmitbestimmungsgesetz von 1951 und das Betriebsverfassungsgesetz von 1952, die die Mitwirkungsrechte der Arbeiterinnen und Arbeiter im Betrieb sicherten. Bei dem Kirchentag in Essen erklärte der Rat der EKD, dass es im Bereich der Wirtschaftsordnung darum gehen müsse, »das bloße Lohnarbeiterverhältnis zu überwinden und den Arbeiter als Menschen ernst zu nehmen« [Sauer, 214]. Mitbestimmung sollte dazu beitragen und die EKD unterstützte zumindest teilweise die gewerkschaftlichen Forderungen.

Stellten die Kirchentage ein öffentliches Forum dar, brachte sich die evangelische Kirche auch durch inoffizielle ›Thinktanks‹ wie den Kronberger Kreis oder institutionell verankerte Gremien wie den »Evangelischen Arbeitskreis in der CDU«, die »Sozialkammer« der EKD sowie die nach dem Krieg gegründeten Evangelischen Akademien in diese Debatten ein. Der Direktor der Evangelischen Akademie Bad Boll, Eberhard Müller, richtete diese Akademie stark auf die Ausbildung von christlichen Eliten unter den Arbeitgebern und Arbeitnehmern aus. Nach der Mitbestimmungsfrage konzentrierten sich Müller und der Kronberger Kreis besonders auf die Frage nach einer Miteigentümerschaft der Arbeitnehmer an den Produktionsmitteln und die Frage einer Gewinnbeteiligung von Betriebsangehörigen. Dies war allerdings ein extrem heikles Gebiet. Dennoch erschien 1962 nach langen Diskussionen eine Denkschrift der EKD zu »Eigentumsbildung in sozialer Verantwortung«, die – auf einen Vorschlag Müllers zurückgehend – das Instrument eines Investivlohnes zur innerbetrieblichen Vermögensbeteiligung der Arbeitnehmerinnen und Arbeitnehmer ins Spiel brachte.

Das Konzept der Sozialen Marktwirtschaft geht keineswegs primär, wie zuweilen behauptet wird, auf die protestantische Sozialethik zurück. Dennoch ist deutlich, dass die Evangelische Kirche in der Nachkriegszeit durchaus erfolgreich versuchte, ihren Beitrag zu den ordnungspolitischen Debatten zu leisten und ihren Einfluss auf Entscheidungsprozesse geltend zu machen. Die wirtschafts- und sozialpolitischen Initiativen der EKD und anderer kirchlicher Kreise und Institutionen waren Teil des Nachkriegsprogrammes der evangelischen Kirchen, das »die umfassende Rechristianisierung der Gesellschaft zum Ziel hatte« [Sauer, 230].

6. Wiederbewaffnung und Kriegsdienstverweigerung

Die alliierte Besatzungspolitik hatte 1945 die Entmilitarisierung Deutschlands beschlossen. Viele Christinnen und Christen hatten hiermit zunächst keine Probleme. Besonders in den Kreisen, die mit der Bekennenden Kirche und den Bruderräten verbunden waren, wurde gerade die Entmilitarisierung Deutschlands als eine gerechte und gottgewollte Strafe für die deutschen Verbrechen interpretiert und begrüßt. Gott habe Deutschland die Waffen aus der Hand geschlagen für das, was es selbst mit Waffen angerichtet hatte, lautete die immer wieder vorgebrachte geschichtstheologische Begründung für die grundsätzliche Ablehnung einer Wiederbewaffnung des Landes. In diesem Sinne hatte die SPD (v. a. Carlo Schmid) bereits in den Beratungen des Parlamentarischen Rates darauf gedrängt, ein Recht auf Kriegsdienstverweigerung aus Gewissensgründen im Grundgesetz zu verankern. Es war vor 1949 schon in einzelne Ländergesetze aufgenommen worden und erhielt nun den Rang eines Grundrechtes. Auf einer Synode in Berlin-Weißensee im Jahr 1950 verabschiedete die EKD ein Friedenswort der Kirche, das festlegte, dass diejenigen, die aus Gewissensgründen den Kriegsdienst verweigerten, »der Fürsprache und Fürbitte der Kirche« gewiss sein könnten [Vogel, 114]. Die EKD hat sich auch in den Folgejahren intensiv mit der Problematik der Kriegsdienstverweigerung beschäftigt und Einfluss auf die Ausgestaltung der Anerkennungsverfahren genommen. Sie hat dadurch dazu beigetragen, die Verweigerung des Dienstes mit der Waffe als christliche Option in der Gesellschaft zu verankern.

Die gleichzeitig einsetzende Auseinandersetzung um die Wiederbewaffnung stellte dagegen die EKD vor ihre bis dahin wohl gefährlichste Zerreißprobe. Die besondere Brisanz dieser Frage ergab sich aus ihrer Verbindung mit den grundsätzlichen deutschlandpolitischen Optionen jener Zeit – entweder Westbindung unter Akzeptanz der (vorläufigen) Teilung des Landes oder Entmilitarisierung und Neutralisierung Deutschlands als Weg zur Überwindung der Teilung. An der breiten Mobilisierung des außerparlamentarischen Protests in der Bundesrepublik (Ohne mich-Bewegung, Paulskirchenbewegung, Gesamtdeutsche Volkspartei) waren evangelische Christen aus dem bruderrätlichen Flügel der EKD wie Gustav Heinemann oder Martin Niemöller intensiv beteiligt. Umgekehrt arbeiteten evangelische Mitglieder in der CDU und besonders auch der Kronberger Kreis um Eberhard Müller ebenso intensiv und mit Erfolg darauf hin, dass es zu keiner die Wiederbewaffnung eindeutig ablehnenden Stellungnahme der EKD kam. So konnte 1954 die Wiederbewaffnung auch mit den Stimmen evangelischer Abgeordneter im Bundestag beschlossen werden.

In der Wiederbewaffnungsdebatte spielte die Frage der atomaren Aufrüstung noch keine Rolle. Dies wurde erst in der zweiten Hälfte der 1950er Jahre virulent, nachdem die Regierung Adenauer sich offen für eine atomare Bewaffnung der Bundeswehr gezeigt hatte. Auch in diesem Fall fanden die evangelischen Kirchen keine einheitliche Position. Im April 1958 beschloss die Synode der EKD einen Text, der als ›Ohnmachtsformel‹ bekannt wurde und lapidar feststellte: »Die unter uns bestehenden Gegensätze in der Beurteilung der atomaren Waffen sind tief«. In den Heidelberger Thesen von 1959 räumte die Kirche jedoch ein, dass auch der »Versuch, durch das Dasein von Atomwaffen einen Frieden zu sichern, als eine heute noch mögliche christliche Handlungsweise« anerkannt werden müsse [Frey, 2]. Dennoch beteiligen sich in der zweiten Hälfte der 1950er Jahre zahllose evangelische und katholische Christinnen und Christen an dem breiten politischen Bündnis »Kampf dem Atomtod«, das in der Folgezeit mit Demonstrationen, Streiks und in den 1960er Jahren dann mit den Ostermärschen gegen Atomwaffen protestierte.

7. Kirche im Wirtschaftswunderland

Nach der Not der unmittelbaren Nachkriegsjahre ging es in der neuen Bundesrepublik in den 1950er Jahren wirtschaftlich erst allmählich, dann sehr schnell bergauf. Die Arbeitslosigkeit nahm kontinuierlich ab, die Reallöhne stiegen und das deutsche ›Wirtschaftswunder‹ führte – wenn auch mit deutlichen Ausnahmen – zum »Wohlstand für alle« (Ludwig Erhard). Im Kontext ihrer Bemühungen um eine Rechristianisierung der Gesellschaft begegneten die Kirchen dem wachsenden Wohlstand und der zunehmenden Konsumorientierung der Bevölkerung mit Skepsis. Der Hamburger Kirchentag von 1953 veranstaltete bereits Sektionen zu den Themen »Die Götter der Großstadt und Gott« und »Was machen die Menschen mit dem Geld?«

Die städtische Arbeiterjugend, die nun etwas Geld verdiente, stellte aus der Sicht der Kirchen eine besondere Problemgruppe dar, denn viele »Götter der Großstadt« wie Kinos, Spielhallen und Sportveranstaltungen waren für sie nun erreichbar. Arbeiterjugendliche gehörten zum Beispiel in den 1950er Jahren zu den eifrigsten Kinogängern. Die evangelische Kirche reagierte mit Kampagnen gegen »Schmutz und Schund« und die »Aktion saubere Leinwand«, um den Zugang von Jugendlichen zu sexualisierten Inhalten zu erschweren. Zugleich brach sich mit dem Rock n Roll eine neue, von der amerikanischen Populärkultur geprägte jugendliche Sub- und Konsumkultur Bahn. Ihr auffälligstes Kennzeichen waren die »Halbstarkenkrawalle« von 1956, bei denen oft hunderte Jugendliche die Großstädte und das bürgerliche Establishment in Angst versetzten. Trotz ihrer politischen Sympathien für die Westintegration führte dies im protestantischen Bürgertum und in der Kirche zur (Re)Aktivierung eines kulturellen Antiamerikanismus, der sich auch in vielen kirchlich orientierten Medien – z. B. »Christ und Welt« oder »Sonntagsblatt« – deutlich manifestierte.

Ein besonders aufschlussreiches kirchliches Diskussionsfeld der Nachkriegszeit stellte der Fußball dar. Die Kirchen hatten im Rahmen der Jugendarbeit des CVJM zwar durchaus Sport betrieben, allerdings – in der Tradition der bürgerlichen Turnerbewegung im 19. Jahrhundert – vor allem Leichtathletik. Anders als in England gab es keine aus kirchlichen Initiativen hervorgegangenen Fußballvereine. Obwohl sich das nach 1945 nicht änderte, konnten die evangelischen Kirchen die Dominanz des Fußballs in der öffentlichen Aufmerksamkeit nicht weiter ignorieren. Die Akademie in Bad Boll veranstaltete bereits 1949 eine Tagung »Wird Fußball zum Geschäft?«, die sich früh kritisch mit dem Wettbetrieb des Fußball-Toto auseinandersetzte, das 1948 in Deutschland zugelassen wurde. In kulturkritischer Absicht beklagten Theologen, die sich mit dem Thema auseinandersetzten, die Passivität der Zuschauer, die, so der Theologe Rudolf Stählin, »besser etwas anderes täten« [Basse, 45]. Der Sieg der deutschen Mannschaft bei der Fußballweltmeisterschaft 1954, das »Wunder von Bern«, veränderte die Haltung der evangelischen Kirche zum Fußball nicht. Im Gegenteil, die teilweise religiöse Terminologie – »Wunder«, »Fußball-Gott« – stieß auf heftige Kritik, selbst durch den Bundespräsidenten Theodor Heuss in einer Ansprache beim Empfang der Mannschaft. Das Verhältnis der evangelischen Kirche zum Fußball entkrampfte sich erst im Laufe der 1960er Jahre. Nun wurde ein Sportpfarrer der EKD nominiert und 1964 auch ein Arbeitskreis Kirche und Sport der EKD eingerichtet. Beim Kirchentag 1963 in Dortmund hielt der erste Sportpfarrer der

EKD, Karl Zeiß, sogar in der Halbzeit eines Fußballspiels von Borussia Dortmund im Stadion eine Ansprache, »in der er für ein Christentum warb, das nicht ›weltfremd‹ sein dürfe« [ebd., 47].

Greschat, Martin: Die evangelische Christenheit und die deutsche Geschichte nach 1945. Weichenstellungen in der Nachkriegszeit. Stuttgart 2003.
Großbölting, Thomas: Der verlorene Himmel. Glaube in Deutschland seit 1945. Göttingen 2013.
Sauer, Thomas: Westorientierung im deutschen Protestantismus? Vorstellungen und Tätigkeit des Kronberger Kreises (Ordnungssysteme. Studien zur Ideengeschichte der Neuzeit 2). München 1999.
Vollnhals, Clemens: Evangelische Kirche und Entnazifizierung 1945–1949. Die Last der nationalsozialistischen Vergangenheit (Studien zur Zeitgeschichte 36). Berlin/Boston 1989.
Darmstädter Wort: https://www.heiligenlexikon.de/Literatur/Darmstaedter_Wort.html (Stand: 13.04.2021).

Andreas Gestrich

IV. Kirchliche Ordnung und Strukturen

Zum Zeitpunkt der Gründung der beiden deutschen Staaten im Mai bzw. Oktober 1949 gab es in der Evangelischen Kirche Deutschlands (EKD) 27 Landeskirchen: Evang. Landeskirche Anhalts (un.), Vereinigte evang.-protestant. Landeskirche Badens (un.), Evang.-Luth. Kirche in Bayern, Evang. Kirche in Berlin-Brandenburg (un.), Braunschweigische evang.-luth. Landeskirche, Bremische Evang. Kirche (individueller Bekenntnisstand der Gemeinden), Evang.-Luth. Landeskirche Eutin, Hamburgische Landeskirche (luth.), Evang.-luth. Landeskirche Hannovers, Evang. Kirche in Hessen und Nassau (un.), Evang. Landeskirche von Kurhessen-Waldeck (un.), Lippische Landeskirche (ref., mit luth. »Klasse«), Evang.-Luth. Kirche in Lübeck, Evang.-Luth. Landeskirche Mecklenburgs, Evang.-Reform. Kirche in Nordwestdeutschland, Evang.-Luth. Kirche in Oldenburg, Vereinigte protest.-evang.-christl. Kirche der Pfalz (un.), Evang. Kirche in Pommern (un.), Evang. Kirche im Rheinland (un.), Evang.-Luth. Kirche Sachsens, Evang. Kirche der Kirchenprovinz Sachsen (un.), Evang.-Luth. Landeskirche von Schaumburg-Lippe, Evang. Kirche in Schlesien (un.), Evang.-Luth. Landeskirche Schleswig-Holsteins, Evang.-Luth. Kirche in Thüringen, Evang. Kirche in Westfalen (un.) und Evang. Landeskirche in Württemberg.

Gegenüber dem Bestand von 1934 hatte nur die Evangelische Kirche der altpreußischen Union Gebietsverluste zu verzeichnen. Sie verlor östlich von Oder und Neiße ca. 3000 Gemeinden bzw. ungefähr ein Drittel des Gesamtbestandes. Die

Kirchenprovinzen Ost- und Westpreußen sowie Posen gab es nicht mehr, Pommern und Schlesien verloren den größten, Brandenburg einen erheblichen Teil der Gemeinden. Da in den verlorenen Gebieten die Bevölkerung bis zu 80% evangelisch gewesen war, waren die Folgen für die Konfessionsverteilung beträchtlich. Deutschland wurde katholischer und lutherischer.

Neu gegründet wurde 1947 die Evangelische Kirche in Hessen und Nassau aus den drei Kirchen von Frankfurt, Hessen-Darmstadt und Nassau. Diese waren bereits von 1934 bis 1945 vereint, aber nach Kriegsende mit dem Willen zur Wiedervereinigung auseinander gegangen.

Im Zusammenhang mit den Beratungen der Grundordnung der EKD (GOEKD) im November 1947 wurde problematisiert, ob in Bremen die für eine EKD-Gliedkirche erforderliche Bekenntnisgrundlage bestehe. Da sich die dortigen Beratungen lange hinzogen, galt Bremen bei der Verkündung der GOEKD im Dezember 1948 noch nicht als Gliedkirche im Sinne der GOEKD, dieser Status wurde erst am 1. April 1953 nach einer kontroversen Abstimmung im Rat der EKD erreicht.

1. Konfliktreiche Verfassungsentwicklung

Vom 27. bis 31. August 1945 tagte im hessischen Treysa die erste gesamtdeutsche, aber westdeutsch dominierte Kirchenführerkonferenz. Die Planung des Treffens war, abgesehen von den widrigen äußeren Umständen der ersten Nachkriegszeit, dadurch belastet, dass die bisherigen Protagonisten das entstandene Gemeinschaftsbewusstsein nicht für einen kirchlichen Neubeginn nutzten. Sie schürten die im Kirchenkampf scharf zu Tage getretenen Differenzen und rüsteten sich für die abschließende Schlacht zwischen der bruderrätlichen Bekennenden Kirche (BK) und den konfessionellen Lutheranern um die Herrschaft in der Kirche und um das wahre Verständnis von Kirche. Die Vermittlungskunst des Doyens Theophil Wurm war hier und auch zukünftig stark gefordert.

Am Ende des Treffens, das sich unter Vermeidung des Begriffes »Synode« »Kirchenversammlung« nannte, stand die einstimmig angenommene »Vorläufige Ordnung der Evangelischen Kirche in Deutschland«. Die Rechtsgrundlage dieser Ordnung war dünn, da weder das Treysaer »charismatische Beschlussorgan« [Hauschild, 310] eindeutig legitimiert war, noch eine Ratifizierung der Ordnung durch die Landeskirchen oder den Bruderrat der DEK stattfand.

Nach einem erbitterten, von persönlichen Animositäten bestimmten Kampf um die Besetzung wurde als einziges Verfassungsorgan ein konfessionell austarierter zwölfköpfiger *Rat der Evangelischen Kirche in Deutschland* berufen. Er war (dys)funktional in Sprecher (Theophil Wurm [Vorsitzender], Martin Niemöller [Stellvertreter], Otto Dibelius, Heinrich Held, Hanns Lilje, Hans Meiser und Wilhelm Niesel) und einen Beirat (Hans Asmussen, Traugott Hahn, Gustav Heinemann, Johann Peter Meyer und Rudolf Smend) gegliedert.

Die Ordnung war nicht mit üblichen Kirchenverfassungen vergleichbar. Sie konnte weder die Frage nach dem Verhältnis zu den Verfassungen des *Deutschen Evangelischen Kirchenbundes* von 1922 und der *Deutschen Evangelischen Kirche (DEK)* von 1933 eindeutig klären, noch an die Notorgane der BK anknüpfen. Die Aporie der Rechtskontinuität, die äußerlich nur noch über die *Deutsche Evangelische Kirchenkanzlei* bestand, löste der Rat im Oktober 1945, indem er die Funktionen der Organe der DEK für sich beanspruchte und über die Geltung der Gesetze und Verordnungen der DEK entschied. Die Übergangsordnung der EKD vom 22. März 1946 erklärte nicht nur den Rat zum einzigen Verfassungsorgan, sondern auch die EKD zur »Fortsetzung« der DEK. Deren Verfassung war landeskirchlich legitimiert, nicht nur auf staatlichen Druck entstanden und galt als Endprodukt eines mit dem *Deutschen Evangelischen Kirchenbund* begonnenen Prozesses. Damit wurde v. a. der Position des *(Reichs)Bruderrats* widersprochen. Dieser sah die Reichskirche als erloschen an und leitete daraus das Recht für Organe der Bekennenden Kirche, die durch das 1934 in Dahlem verkündete Notrecht eingesetzt wurden, ab, die Leitung der Kirche zu übernehmen.

Die Übergangsordnung sorgte auch für eine institutionelle Festigung der EKD durch die Finanzierung über eine landeskirchliche Umlage, die Sicherung der Oberhoheit der EKD über Verbände und Werke und die Ausarbeitung einer Geschäftsordnung des Rates (Mai 1946). Schon seit Januar 1946 erschien ein »Verordnungs- und Nachrichtenblatt« der EKD, seit 1947 unter dem Titel »Amtsblatt der Evangelischen Kirche in Deutschland«.

Die werdende EKD wurde außerhalb der üblichen ekklesiologischen Nomenklatur als Ergebnis einer theologischen Entwicklung definiert. Sie sei »in Abwehr der Irrlehren der Zeit und im Kampf gegen einen staatskirchlichen Zentralismus zu einer kirchlich gegründeten inneren Einheit« gelangt, die »über den deutschen [sic!] Evangelischen Kirchenbund von 1922« hinausreiche. Zu dieser Entwicklung hätten die drei Bekenntnissynoden von 1934 und 1935, das Kirchliche Einigungswerk und die Kirchenführerkonferenz [Protokolle 1, 12] beigetragen. Die Vorläufige Ordnung gebe dieser Einheit »Gestalt«. »Deutschland« wurde wieder von einer theologischen zu einer geographischen Bestimmung, obwohl eine politisch-geographische Definition Deutschlands zu diesem Zeitpunkt noch in weiter Ferne lag.

Statt weitere Organe o.ä. aufzuführen, war in der Ordnung von den anstehenden Aufgaben die Rede: Vertretung der EKD in gesamtkirchlichen Anliegen bei gleichzeitiger Selbstständigkeit der Landeskirchen Mitarbeit in der Ökumene, Wahrnehmung der Belange der EKD nach außen, Durchführung kirchlicher Hilfswerke, Beratung und Unterstützung der Landeskirchen bei der Wiederherstellung bekenntnismäßiger Ordnungen und Vorbereitung einer endgültigen Ordnung der EKD. Wichtig für die nähere Zukunft, aber nicht dauerhaft beruhigend war die Erläuterung, dass mit der Bestellung des Rates der *Bruderrat* »seine kirchenregimentlichen Funktionen diesem Rat als vorläufiger Leitung der EKD für die Zeit des Bestehens dieser vorläufigen Leitung überträgt« [ebd., 14]. Am 10. Oktober unterrichtete der Ratsvorsitzende den Alliierten Kontrollrat, dass die Verfassung der DEK für ungültig erklärt und ein Rat unter seiner Führung als Vorläufige Leitung eingesetzt worden sei. Die Landeskirchen seien bei Verhandlungen über rechtliche und finanzielle Angelegenheiten mit den Besatzungsbehörden selbstständige Rechtssubjekte. Im März 1946 beschloss der *Rat der EKD* eine »Not-« bzw. »Übergangsordnung«, mit der v. a. seine Zuständigkeiten und der Geschäftsgang präzisiert wurde.

Am 31. August 1945 stellte der *Rat* personelle Weichen. Leiter der noch in Resten bestehenden *Kirchenkanzlei* wurde Hans Asmussen, Martin Niemöller sollte das *Kirchliche Außenamt* leiten und Eugen Gerstenmaier wurde zum *Hilfswerk* der EKD delegiert. Mitte Oktober 1945 wurde mit Rücksicht auf die besondere Situation Berlins eine »Zweitstelle« der Kirchenkanzlei eingerichtet. Sie diente unter der Leitung von Otto Dibelius der Vermögensverwaltung und der Vertretung des Rates in der sowjetischen Besatzungszone. Seit 1946 war die *Kirchenkanzlei* in Schwäbisch Gmünd, seit 1949 in Hannover untergebracht. Das *Kirchliche Außenamt* hatte seinen Sitz zunächst in Büdingen, seit 1947 in Frankfurt/Main. Finanziert wurde die EKD durch eine landeskirchliche Umlage.

Asmussen interpretierte sein Amt sehr offensiv und agierte häufig am Rat vorbei. Da seine Geschäftsführung den Bedürfnissen einer Verwaltung nicht entsprach und er trotz seiner bruderrätlichen Vergangenheit mit seinen theologischen Voten und seiner Kritik an den politischen Positionen Karls Barths immer mehr aneckte, wurde Asmussen 1948 entlassen. Ihm folgte 1949 der Leiter des *Lutherischen Kirchenamtes* Heinz Brunotte (bis 1965) nach, was auf Bruderratsseite die Furcht vor einer lutherischen Dominanz innerhalb der EKD schürte.

Martin Niemöller war als Leiter des *Kirchlichen Außenamtes* das zweite Ratsmitglied neben Asmussen, das zugleich eine Amtsstelle leite. Da Niemöller weder ein Mann der Verwaltung war, noch bereit zur Einordnung in ein organisatorisches Gefüge war und ihm bei seinen politischen Alleingängen Diplomatie fernlag, kam es zu zahlreichen Konflikten. Der Preis seiner auf den Aufbau persönlicher ökumenischer Kontakte zielenden Amtsführung war das Abgeschnittensein vom Alltagsgeschäft, was er als Ausbootung durch Wurm und Asmussen deutete. Nach Niemöllers erzwungenem Abgang leitete Adolf Wischmann seit 1956 das Außenamt.

Die seit Sommer 1945 und v. a. 1946 tagenden (vorläufigen) Landessynoden machten die nach 1933 in Anlehnung an das nationalsozialistische Führerprinzip eingeführten Veränderungen der Kirchenverfassungen rückgängig und passten sie behutsam der Zeit an. Der 1933 eingeführte (Landes)Bischofstitel wurde trotz seiner theologischen Problematik und politischen Belastung nur in Hessen-Nassau wieder abgeschafft. Frauen waren in den verfassungsgebenden Gremien ebenso wie im landeskirchlichen Apparat außerhalb der Bereiche Religionsunterricht, Diakonie oder Frauenarbeit so gut wie nicht vertreten. In der *Kirchenkanzlei* bzw. ab 1948 im *Kirchlichen Außenamt* war Elisabeth Schwarzhaupt als Oberkirchenrätin eine Ausnahme.

Die Zeit nach Treysa war dominiert von der zentralen Frage der Konfession, um die herum sich weitere Konfliktherde gruppierten. Der *Bruderrat* unter Hans Asmussen bzw. Joachim Beckmann, der bis Juli 1948 eine kirchenleitende Funktion für sich reklamierte, strebte nach einer Kirche ohne Dissens in der Abendmahlsfrage. Hier hätten die Synode der Altpreußischen Union (ApU) in Halle 1937 und die Exegese für Klarheit gesorgt. Für die gemeindebasierte und konsensusunierte Kirche des *Bruderrats* galt die Barmer Theologische Erklärung als Bekenntnisgrundlage. Für das konfessionelle Luthertum war dagegen nur ein Bund bekenntnisverschiedener Kirchen denkbar. Gespräche zwischen den widerstreitenden Gruppen, zu denen zeitweilig mit dem *Detmolder Kreis* ein weiterer Diskutant unter der Leitung des Ratsvorsitzenden Wurm hinzukam, brachten über viele Etappen eine Annäherung. Im *Detmolder Kreis* fanden sich die lutherischen Kirchen von Lübeck, Oldenburg und Württemberg mit unierten Kirchen und lutherischen Gemeinden (Berlin-Brandenburg, Bremen, Frankfurt, Hessen, Kirchenprovinz Sachsen, Kurhessen-Waldeck, Nassau, Pommern, Rheinland und Westfalen) zusammen. Sie strebten eine bekenntnisbestimmte Kirche auf der Basis der »Confessio Augustana variata« mit einem reformierten Anhang an.

Der *Bruderrat* gestand im Juni 1946 den lutherischen Landeskirchen das Recht zu, sich in der *Vereinigten Evangelisch-Lutherischen Kirche Deutschlands* (VELKD) zu sammeln, ohne dass dadurch die in Treysa bestätigte Einheit der EKD gefährdet werde. Im März 1947 legte der *Bruderrat* einen Verfassungsentwurf vor, in dem die EKD als Bund bekenntnisverschiedener Kirchen bestimmt wurde. Aufgrund dieses Impulses kam es auf der zweiten Treysaer Kirchenversammlung (5./6. Juni 1947) zum Durchbruch, da die Lutheraner sich am Tag zuvor trotz ungeklärter Fragen zur Gemeinschaft mit den übrigen evangelischen Kirchen bekannt, Absichten zur Spaltung der EKD von sich gewiesen und diese als Bund von Bekenntniskirchen definiert hatten. Damit war der Weg zu endgültigen Beratungen über die GOEKD frei. Die Frage der Abendmahlsgemeinschaft sollte von einer Expertenkommission bearbeitet werden und noch Jahrzehnte bis zur Klärung dauern.

Die Arbeit des Verfassungsausschusses (Brunotte, Hermann Ehlers, Erik Wolf) seit 1947 gestaltete sich aus den genannten Gründen mühsam. Zur Verabschiedung der GOEKD wurde eine Kirchenversammlung einberufen, die als Zeichen der gesamtdeutschen Verantwortung der EKD vom 11. bis 13. Juli 1948 in Eisenach tagte. Hier wurde die GOEKD einmütig von allen Landeskirchen (außer Bremen, s. o.) angenommen. Zum 3. Dezember 1948 wurde sie in Kraft gesetzt und für den Januar 1949 die Synode und die Kirchenkonferenz nach Bethel einberufen.

Was die EKD war, war nur im Kompromiss bzw. Widerspruch zu bestimmen. In Artikel 1 GOEKD wurde sie sowohl als Bund bekenntnisverschiedener Kirchen als auch als sichtbare Gemeinschaft der deutschen evangelischen Christenheit definiert. Im Januar 1950 beschloss der Rat einmütig, dass dieses Spannungsverhältnis »für die in der EKD bestehende Gemeinschaft wesentlich« sei und die GOEKD nur dann richtig ausgelegt werde, wenn beide Sätze gleichberechtigt nebeneinanderstünden [Protokolle 1950, 57]. Dieses dialektische Selbstverständnis wirkte sich auch auf die Beschreibung der Bekenntnisgrundlage aus: Zum in AT und NT bezeugten Evangelium von Jesus Christus traten die altkirchlichen Bekenntnisse, die aber je landeskirchlich spezifisch über die dort geltenden Bekenntnisschriften der Reformation ausgelegt wurden. Die Barmer Theologische Erklärung fehlte in der Präambel, in Artikel 1,2 war nur von den 1934 in Barmen »getroffenen Entscheidungen« die Rede, nicht von den Thesen.

Als Aufgaben der EKD bestimmte die GOEKD die Koordination der Gliedkirchen, die Förderung gesamtkirchlich wichtiger Einrichtungen, Dienste und Werke, Mitarbeit in der Ökumene (was bald wieder zu erheblichen konfessionell wie persönlich motivierten Konflikten führte) und die Vertretung gesamtkirchlicher Anliegen gegenüber dem Staat.

Die EKD hat drei Verfassungsorgane: *Synode*, *Kirchenkonferenz* und *Rat*. Die *Synode* mit ihren 120 von den Landeskirchen entsandten bzw. vom *Rat* berufenen Mitgliedern besitzt das Gesetzgebungs- und Haushaltsrecht; ihr Präses ist geborenes Mitglied des *Rates*. In der *Kirchenkonferenz* als Versammlung der Landeskirchen hat jede Gliedkirche eine Stimme, der landeskirchliche Vertreter darf nicht dem *Rat* angehören und sie wird vom Rat einberufen sowie vom Ratsvorsitzenden geleitet. *Synode* und *Kirchenkonferenz* wählen den zwölfköpfigen nebenamtlich tätigen *Rat der EKD* und aus seiner Mitte den

Ratsvorsitzenden. Der *Rat*, der der *Synode* verantwortlich ist, leitet die EKD, er vertritt sie nach außen und kann Kundgebungen erlassen. Mit der GOEKD wurden auch *beratende Kammern* »aus sachverständigen kirchlichen Persönlichkeiten« (Art. 22,2) eingeführt, die auf Ebene der Landeskirchen und der EKD bereits seit 1946 existierten (Bibel-, Jugend-, Erziehungskammer unter Niemöller, Manfred Müller und Oskar Hammelsbeck). 1949 kamen eine *Kammer für öffentliche Verantwortung der Kirche* (Robert Tillmanns), *für soziale Ordnung* (Reimer Mager) und *für publizistische Arbeit* (Hanns Lilje) mit vier Fachausschüssen hinzu.

Der rheinische Präses Heinrich Held beobachtete im Auftrag des Rates der EKD vom Februar 1949 die Arbeit des Parlamentarischen Rates. Offensiv als Lobbyist der Kirche agierte dann der Inhaber der 1949 aufgrund der politischen Entwicklung eingerichteten Stelle des *Bevollmächtigten des Rates der EKD am Sitz der Bundesrepublik Deutschland in Bonn*, Hermann Kunst (1950–1977, seit 1957 auch nebenamtlicher Militärbischof). Die Interessen gegenüber der Regierung der DDR vertrat Heinrich Grüber. 1958 verweigerte die DDR aus politischen Gründen die weitere Anerkennung.

Weitere für die praktische Arbeit notwendige Gremien waren der im Mai 1946 entstandene *Finanzbeirat*, der auf Anregung der Finanzreferenten der Landeskirchen vom Rat der EKD berufen wurde, um den Haushaltsplan der EKD aufzustellen und die Rechnungsführung zu prüfen, sowie das im September 1947 vom Rat eingesetzte *Nachprüfungsgericht*. Es hatte die Aufgabe, die von kirchlichen Instanzen zwischen 1933 und 1945 verhängten Disziplinarmaßnahmen zu überprüfen und war in einen westlichen und einen östlichen Senat geteilt. Zeitgleich entstand ein *Disziplinarhof* der EKD. Bereits

1946 war das *Kirchenrechtliche Institut* unter Rudolf Smend entstanden.

Bei der Wahl der Ratsmitglieder und des Ratsvorsitzenden auf der Betheler Synode waren der geographische und konfessionelle Proporz zu berücksichtigen, beim Ratsvorsitzenden zusätzlich kirchen- und deutschlandpolitische Faktoren. Die Forderung, dass der Ratsvorsitzende aus dem Osten kommen müsse, führte aber zu einem scharfen Konflikt, da damit Niemöllers Ambitionen platzten. Seine Freunde hatten ihn entgegen der Mehrheitsverhältnisse auf der Synode als den gegebenen neuen Vorsitzenden betrachtet. Mit großer Mehrheit wurde der in West-Berlin wohnende Otto Dibelius zum *Ratsvorsitzenden* gewählt, als Stellvertreter der hannoversche Landesbischof Hanns Lilje. Sie amtierten bis 1961 bzw. bis 1967. Als *Ratsvorsitzender* fungierte Dibelius zugleich als Sprecher der Landeskirchen vor dem Alliierten Kontrollrat in Berlin.

Da im *Rat der EKD* der Osten Deutschlands nur durch Dibelius vertreten war, betrieb dieser nach Treysa die enge Zusammenarbeit der evangelischen Kirchen in der Ostzone im Rahmen der westlastigen EKD. Im September 1945 fand unter seiner Leitung eine Besprechung der Kirchen von Anhalt, Sachsen, Mecklenburg und Thüringen mit den vier ApU-Kirchen, die Dibelius als Vorsitzender ApU-Kirchenleitung selbst repräsentierte, statt. Er wurde beauftragt, die gemeinsamen Anliegen der östlichen Kirchen zu vertreten. Diese *Konferenz der Landeskirchen in der sowjetischen Besatzungszone*, bzw. *Ostkirchenkonferenz* oder *Kirchliche Ostkonferenz*, tagte alle zwei bis drei Monate unter dem Vorsitz von Dibelius bis Juli 1960. Ihm folgte – zum Unmut der DDR-Regierung, die den Thüringer Bischof Moritz Mitzenheim favorisiert hatte – sein Wunschkandidat Friedrich-Wilhelm Krummacher nach, der auch das Nachfolgegremium, die *Konferenz der Evangelischen Kirchenleitungen in der DDR,* leitete.

Zur organisatorischen Festigung beanspruchte Dibelius die Berliner Stelle der Kirchenkanzlei, die Aufgaben des Rates in der sowjetischen Besatzungszone wahrnehmen und seine Beschlüsse ausführen sollte, für die Bedürfnisse der *Ostkirchenkonferenz.* Die Berliner Stelle verfügte seit April 1946 über drei eigene beratende Kammern. Auch auf Dibelius' Initiative hin entstand als Beirat für die Berliner Stelle im Juli 1946 die *Bischofskonferenz der Kirchen in der sowjetischen Besatzungszone,* von der sich Dibelius durch die gemeinsame Arbeit von Lutheranern und Unierten eine Annäherung über Konfessionsgrenzen hinweg erhoffte. Seit 1946 nahm ein Vertreter der Evangelischen Brüderunität teil, nach Gründung der DDR auch der Bevollmächtigte Heinrich Grüber.

Unter dem Vorsitz des Präses der westfälischen Kirche, Karl Koch, bestand von 1945 bis 1948 die *Konferenz der Vertreter der evangelischen Kirchen in der britischen Besatzungszone* (*Betheler Konferenz*) als informelles, regionales Gremium. Ihm gehörten die Kirchen der britischen Besatzungszone an, aber auch die in der amerikanischen Zone liegende bremische Kirche sowie die rheinische Kirche, deren Gebiet sich über drei Besatzungszonen verteilte.

2. Konfessionelle Zusammenschlüsse

Die Gründung der VELKD im Jahr 1948 markierte den Endpunkt lutherischer Einigungsbestrebungen in Deutschland, die bis in das 19. Jahrhundert zurück reichen. Diese wurden durch den Kirchenkampf gebremst, fanden aber in dem 1936 entstandenen *Rat der Ev.-Luth. Kirche Deutschlands* (Lutherrat) eine Organisationsform, die das Jahr 1945 überdauerte. Die treibende Kraft der lutherischen Einigung, der bayerische Landesbischof Hans Meiser, konnte sich bei der kirchlichen Neuordnung Deutschlands mit dem Plan einer »Evangelisch-Lutherische Kirche Deutschlands« gegenüber den anderen Konzepten und innerlutherischen Gegnern nicht durchsetzen. Parallel zur Entwicklung der EKD mit der Einigung von Treysa 1947, bzw. deutlich schneller, entstand seit November 1945 eine Verfassung der VELKD. Sie trat am 31. Dezember 1948 nach den Beratungen der Lutherischen Generalsynode im Juli 1948 in Kraft. Die Verfassung definierte die VELKD als Bundeskirche mit in Kultus und Verfassung, Gesetzgebung und Verwaltung selbstständigen Gliedkirchen, die gleichermaßen Gliedkirchen der EKD sind. Die VELKD besitzt aber eine Gesetzgebungskompetenz mit Wirkung für ihre Gliedkirchen.

Neben der Förderung der Einheit innerhalb der VELKD und Vertretung gemeinsamer Interessen nach außen hat die VELKD die Pflege lutherischer Theologie, die Arbeit an gottesdienstlichen Ordnungen, die Förderung der lutherischen Diaspora und die Unterstützung der lutherischen kirchlichen Werke zur Aufgabe. Die Vertretung und Begründung der Interessen der VELKD verlief innerhalb der EKD freilich nicht immer konfliktfrei (z. B. Auslandsarbeit, Disziplinarrecht).

Die Organe der VELKD sind: a.) die *Bischofskonferenz*, der die Bischöfe der Gliedkirchen angehörten; b.) Die auf sechs Jahre gewählte *Generalsynode* als gesetzgebendes Organ besitzt das Haushaltsrecht und wählt den *Leitenden Bischof*; c.) Die *Kirchenleitung* und d.) Der *Leitende Bischof* (Wilhelm Henke: 1948/49, er war bei Gründung der *VELKD* der dienstälteste Bischof und verwaltete daher das Amt; Hans Meiser:

1948–1955, Hanns Lilje: 1955–1969). Letzterer wird von der *Generalsynode* gewählt, führt die anderen Bischöfe in ihr Amt ein, hat als erster Geistlicher Predigtrecht auf allen Kanzeln und ist Vorsitzender der *Kirchenleitung* und der *Bischofskonferenz*. Das *Lutherische Kirchenamt* (bis 1963 unter Heinz Brunotte) als Amtsstelle arbeitet den Organen zu. Alle Gliedkirchen sind Mitglieder im Lutherischen Weltbund.

Oldenburg und Württemberg traten der VELKD nicht bei, Lübeck erst 1949, Eutin sogar erst 1967. Die Zusammenarbeit aller lutherischen Kirchen in Deutschland erfolgt über das *Deutsche Nationalkomitee (DNK) des Lutherischen Weltbundes*, dem die Evangelisch-Lutherische Kirche in Baden als Freikirche sowie Oldenburg und Württemberg, die Lutherische Klasse der Lippischen Landeskirche und Pommern als lutherische Kirche in der ApU/EKU angehören.

Die *Evangelische Kirche der altpreußischen Union* erfuhr nach 1945 die größten Veränderungen territorialer (s. o.) und kirchenverfassungsrechtlicher Art. Mit der »Treysaer Vereinbarung« der verbliebenen Kirchenleitungen vom 31. August 1945 endet der bisherige Zentralismus, die Provinzialkirchen entwickelten sich zu Landeskirchen in der EKD (Evangelische Kirche in Berlin-Brandenburg, Pommersche Evangelische Kirche, Evangelische Kirche im Rheinland, Evangelische Kirche der Kirchenprovinz Sachsen, Evangelische Kirche von Schlesien, Evangelische Kirche von Westfalen. 1960 kam Anhalt hinzu) mit eigenen Kirchenordnungen.

Zunächst entstanden nach dem Verschwinden der bisherigen deutsch-christlichen Kirchenregimente z. T. miteinander konkurrierende (Not-)Kirchenleitungen, bei denen Dibelius die für den Osten dominierende Persönlichkeit war und die gesamtdeutsche (politische) Klammerfunktion der ApU gegenüber kirchlichen Auflösungstendenzen betonte. Diese Provisorien wurden im März 1947 von einer allgemein anerkannten *Kirchenleitung* abgelöst, zumal auch die westlichen Kirchen nach dem Ende Preußens (Kontrollratsbeschluss vom 25. Februar 1947) die Gemeinsamkeit stiftende Erfahrung des Kirchenkampfs mit theologisch ertragreichen Bekenntnissynoden der ApU und der Barmer Theologischen Erklärung betonten. Der *Kirchenleitung* gehörten Vertreter des Evangelischen Oberkirchenrats, des Bruderrates der EKD und Vertreter der Kirchenprovinzen an. Seit 1949 arbeitete ein Verfassungsausschuss an der Umwandlung der ApU in einen Bund eigenständiger Gliedkirchen.

Die außerordentliche Synode beschloss am 20. Februar 1951 eine neue Ordnung. Darin wurde die ApU als »Gemeinschaft der in ihr zusammengeschlossenen Gliedkirchen« mit einer gemeinsamen *Synode*, einem *ständigen Rat* und der ihm zugeordneten *Kirchenkanzlei* in Berlin konstituiert. Ratsvorsitzende waren Heinrich Held (1951–1957, Rheinland), Kurt Scharf (1957–1960, Berlin-Brandenburg) und Joachim Beckmann (1960–1963, Rheinland).

Die Regierung der DDR erhob gegen die neue Ordnung Einspruch, da sie an der Kontinuität mit der ApU und auch an »Preußen« Anstoß nahm. Seit 1953 lautet daher der Name *Evangelische Kirche der Union*, ohne dass damit eine Änderung der Rechtspersönlichkeit verbunden war. Von lutherischer Seite wurde der *ApU* mit exklusivem Anspruch auf die Deutungshoheit wegen der fehlenden klaren Bekenntnisgrundlage das ›Kirche-Sein‹ bestritten.

Seit 1946 wurden die Reformierten in Deutschland wieder allein durch den *Reformierten Bund* vertreten. Obwohl von der Rechtsform her Verein, darf der Reformierte Bund als gliedkirchlicher Zusammenschluss innerhalb der EKD gelten. Organe des Bundes sind die alle zwei Jahre tagende Hauptversammlung und das *Moderamen*, seit 1946 geleitet von Wilhelm Niesel. Im Oktober 1948 gab sich der Bund eine neue Ordnung.

3. Beziehungen zwischen Staat und Kirche

In einer bemerkenswerten Mischung aus Passivität, Selbstüberschätzung und Rigorosität bemühte sich die EKD erst zum Jahresende 1948 um die Stellung der Kirchen in der neuen Verfassung und überließ das Feld weithin der römisch-katholischen Kirche. Letzten Endes wurden »die Bestimmungen der Artikel 136, 137, 138, 139 und 141 der deutschen Verfassung vom 11. August 1919« zu Bestandteilen des Grundgesetzes erklärt [GG Art. 140].

Nach den Staatskirchenverträgen in Bayern 1924, Preußen 1931 und Baden 1932 kam es 1955 in bewusster Fortsetzung des preußischen Staatskirchenvertrages zur ersten Nachkriegsvereinbarung dieser Art, zum Loccumer Vertrag zwischen dem Land Niedersachsen mit den Landeskirchen in Niedersachsen. Im Februar 1957 wurde durch einen Vertrag der EKD mit dem Bund die Militärseelsorge geregelt. Auf den schleswig-holsteinischen Kirchenvertrag vom April 1957 folgte im September 1957 die Vereinbarung Nordrhein-Westfalens mit der rheinischen bzw. der westfälischen Landeskirche. 1958/59 folgten zwei Verträge der Lippischen Landeskirche mit dem Land Nordrhein-Westfalen. Im Februar 1960 schloss das Land Hessen einen Vertrag mit den Landeskirchen auf seinem Gebiet.

4. Kirchenstatistik: Mitgliedschaft und Kirchlichkeit

Bereits vor der Teilung Deutschlands war eine gesamtdeutsche kirchliche Statistik nur noch schwer möglich, da insbesondere die Zahlen aus dem Gebiet der DDR lückenhaft und je nach Position übertrieben bzw. untertrieben wurden.

Ende Oktober 1946 war die Bevölkerung der drei westlichen Besatzungszonen zu 50,2 % Mitglied einer evangelischen Landes- oder Freikirche und zu 45,86 % Mitglied der katholischen Kirche. Angehörige anderer Religionsgemeinschaften und Jüdinnen und Juden machte zusammen 0,95 % aus, gemeinschaftslos waren bzw. keine Angaben gemacht hatten 2,98 % [Wirtschaft und Statistik, 397*]. In der sowjetischen Zone gehörten im Oktober 1946 81,6 % der Bevölkerung einer evangelischen Landes- oder Freikirche an, 12,2 % waren katholisch, sonstige Nichtchristen und Gemeinschaftslose machten 5,6 % aus. Gemessen an der Volkszählung von 1939 hatte sich die Zahl der Katholikinnen und Katholiken in Folge des Zustroms von überwiegend katholischen Flüchtlingen aus dem Sudetenland, aus Schlesien und Ostpreußen mehr als verdoppelt.

Von den 49.843.000 Einwohnern der Bundesrepublik und West-Berlin waren im Jahr 1950 45,8 % katholisch, 50,6 % gehörten einer Gliedkirche der EKD an, »Andere« kamen auf 3,6 %. Im Jahr 1961 betrug die Verteilung 45,5 % : 51,1 % : 3,5 % [FOWID Religionszugehörigkeit; leicht abweichende Zahlen bei Rohde, 600]. Für Gesamtdeutschland können die Zahlen nur geschätzt werden. Demnach waren im Jahr 1950 59,9 % evangelisch (= Landes- und Freikirchen + »Angehörige christlich orientierter Sondergemeinschaften«), 35 % römisch-katholisch, 0,2 % Sonstige und Jüdinnen und Juden, 5 % waren ohne Mitgliedschaft oder Angabe [Zieger, 153 f.].

Die Mitgliederzahl der evangelischen und der katholischen Kirche in Westdeutschland (ohne West-Berlin, für die Jahre 1953 bis 1956 auch ohne das Saarland) wuchs stetig um 9,7 bzw. 15,1 % an.

Die Relation von Ein- und Austritten ist bei der katholischen Kirche seit 1954 durchweg negativ, auf evangelischer Seite gilt dies nur für die Jahre 1953 bis 1955 sowie 1960. Und das, obwohl bei den Kirchenaustritten in den drei Westzonen bzw. in der Bundesrepublik – abgesehen von den Jahren 1946 und 1947 – die Quote der Kirchenaustritte auf katholischer immer geringer als auf evangelischer Seite war.

	Mitglieder, ev.	Mitglieder, kath.		Mitglieder, ev.	Mitglieder, kath.
1953	25900000	23012000	1959	26650000	25187000
1955	26250000	23461000	1961	26650000	26208000
1957	26650000	24691000			

[Quelle: Statistisches Jahrbuch 1957–1965]

Kirchenaustritte (Angaben in Prozent der Mitglieder)

	1946	1947	1949	1951	1953	1955	1957	1959	1961
Evangelisch	0,02	0,03	0,24	0,20	0,16	0,16	0,13	0,13	0,12
Katholisch	0,04	0,06	0,11	0,09	0,08	0,09	0,09	0,10	0,09

[Quelle: Pollack, 1055]

Aus dem für die DDR überlieferten lückenhaften Zahlenmaterial (nur bei den Volkszählungen 1950 und 1964 wurde nach der Religionszugehörigkeit gefragt) geht hervor, dass die Landeskirchen zwischen 1949 und 1964 ein Viertel ihrer Mitglieder verloren. 1949 waren 80,5 % der Bevölkerung evangelisch und 11 % katholisch, 1964 waren es nur noch 59,4 bzw. 8,1 %. Seit 1950 (0,5 %) stieg die Zahl der Austritt stark auf 1,5 % (1960) an. Im Jahr 1958 traten sogar 2,5 % der Mitglieder aus. Damit wurde das Westniveau um das bis zu Zwanzigfache überboten. Dieser Schwund ließ sich weder durch die wenigen Eintritte noch durch die Taufen kompensieren, zumal noch die Verluste durch die Übersiedelung in den Westen hinzukamen. Im Jahr 1958 war die Relation von Aus- zu Eintritten 35:1, 1960 noch 20:1.

In der DDR ging die Taufquote zwischen 1950 und 1965 von 77 % auf 29,3 % zurück, so dass Mitte der 1950er Jahre die Relation von Taufen und Bestattungen deutlich zu Lasten der Taufen kippte (1955: 1:1,4; 1958: 1:3,1; 1960: 1:2,8). Dieser Wechsel trat im Westen erst 1970 ein.

Mit der abnehmenden Kirchenbindung v. a. der Jüngeren korrelierte der Rückgang der kirchlichen Trauungen (1950: 57,4; 1960: 26,5 %), da auch die Zahl der Ehen zwischen Evangelischen und Nichtkonfessionsgebundenen zunahm, diesen aber eine kirchliche Trauung versagt war. Weniger dramatische Verluste waren bei den kirchlichen Bestattungen zu verzeichnen. Diese gingen proportional zum Mitgliederbestand zurück, von 74,1 % im Jahr 1950 auf 62,6 % im Jahr 1960.

Politisch-gesellschaftlich lassen sich diese Entwicklungen mit dem antikirchlichen politischen Kurs zwischen 1951 und 1960 begründen, der das Ende der Volkskirche in der DDR initiierte, weniger mit den kirchlich präferierten Interpretamenten Modernisierung oder Rationalisierung. Eine weitere negative Folge dieser Entwicklung war der Rückgang der selbstständigen Gemeinden und der Pfarrstellen bzw. Gemeindepfarrer.

Auch wenn Aussagen zu den Kasualien schwerfallen, da nur die Zahlen für die vollzogenen bekannt sind, kann für die Bundesrepublik eine stabile Kirchlichkeit festgestellt werden. Die Abendmahlsquote betrug zwischen 1953 und 1961 25-27 % und bewegte sich damit auf dem Niveau der Jahre 1933/35. Die schon traditionell großen Unterschiede im Abendmahlsbesuch zwischen den einzelnen Landeskirchen bestanden fort. Die absoluten Zahlen für Taufen und Trauungen stiegen bis 1964 bzw. 1962 kontinuierlich an, die Taufquote bewegte sich in den Jahren 1952 und 1953 bei Kindern aus rein evangelischen Ehen zwischen 92 und 114 bzw. zwischen 95 und 108. Im Jahr 1960 waren es noch zwischen 92 und 105 %. Die Trauquote lag 1952 bzw. 1953 je nach Landeskirche bei 64-99 bzw. 64-96 %. 1960 waren es 72-100 %. Sehr stabil blieb die Bestattungsquote. 1960 wurden mit Ausnahme von Bremen und Schleswig-Holstein noch in allen Landeskirchen über 90 % der Verstorbenen kirchlichen beerdigt.

5. Personal

Im Jahr 1958 gab es im Bereich der EKD ca. 19.000 Planstellen für Pfarrer, davon waren ca. 17.450 besetzt. Ca. 11.950 in den westlichen Gliedkirchen, ca. 5500 in den östlichen. Umgerechnet auf die Zahl der Gemeindeglieder hatte 1954 ein Pfarrer im Westen durchschnittlich 2400, im Osten 3000 Seelen zu betreuen. Dies waren deutlich mehr als in der katholischen Kirche, wo jeweils 1600 bzw. 1500 Seelen zu versorgen waren. Die regionalen Unterschiede waren erheblich. In Bremen kamen auf einen Pfarrer 6000 Gemeindeglieder, in Württemberg 1600.

Eine besondere Aufgabe war mit der Aufnahme der aus den östlichen Kirchengebieten vertriebenen oder geflüchteten Pfarrer gestellt. Im Oktober 1950 gab es in den Gliedkirchen ca. 2550 Geistliche, die sich als Ostpfarrer bezeichneten. Ca. 2000 lebten im Westen. Die Verteilung über die einzelnen Landeskirchen erfolgte sehr unterschiedlich. Durchschnittlich waren 16 % der landeskirchlichen Geistlichen Ostpfarrer. In den nördlichen Kirchen Bremen, Eutin, Lübeck und Oldenburg waren es 1950 über ein Drittel, in Lübeck noch lange über 40 %. Im Oktober 1950 galten 66 % als in den Kirchendienst übernommen. 18,2 % waren aber nur mit einem Beschäftigungsauftrag ausgestattet, 16 % galten als nicht beschäftigt, darunter waren v. a. die Ruheständler zu rechnen. Die Integration der Ostpfarrer war vielfach mit Spannungen behaftet, da deren Erfahrungen von Verlust und existenzieller Bedrohung auf Misstrauen und Konkurrenzfurcht der Amtsbrüder trafen. Für die aufnehmenden Landeskirchen kamen zusätzliche Versorgungspflichten für Pfarrwitwen und Kirchenbeamten hinzu sowie der personalpolitische Spagat zwischen der Aufnahme des eigenen Nachwuchses und der Versorgung der Flüchtlinge. Daher erging 1949 der Appell an die Ostpfarrer, freie Pfarrstellen in der DDR zu übernehmen. Hier lag ihr Anteil 1958 bei 8 %.

Das Theologiestudium erlebte in der unmittelbaren Nachkriegszeit zunächst – auch aufgrund der aus Krieg- und Gefangenschaft Zurückkehrenden – einen starken Aufschwung. Der Trend brach aber nach 1950 ab, bei den weiblichen Theologiestudentinnen – wohl wegen der schlechten Berufsperspektiven – noch stärker als bei den männlichen.

Theologiestudium in der Bundesrepublik und in der DDR

An Fakultäten in der BRD	46/47	47/48	48/49	49/50	50/51	52/53	54/55	59/60	60/61
Frauen	271	383	400	405	410	254	199	308	348
Männer	1457	2079	2387	2632	2629	2189	1946	2345	2483
Summe	1728	2462	2787	3037	3039	2443	2145	2653	2831
Frauenanteil in %	15,7	15,6	14,4	13,3	13,5	10,4	9,3	11,6	12,3
An KiHos in der BRD									
Frauen	55	108	124	122	105	70	66	129	106
Männer	437	688	834	886	832	591	414	611	628
Summe	492	796	958	1008	937	661	480	740	734
Frauenanteil in %	8,9	13,6	12,9	12,3	11,2	10,6	13,7	17,4	14,4
An Fakultäten in der DDR									
Frauen	62	63	97	131					
Männer	231	337	501	651					
Summe	293	400	598	782	931				
Frauenanteil in %	21,1	15,6	16,2	16,6					

Boberach, Heinz / Nicolaisen, Carsten / Papst, Ruth: Handbuch der deutschen evangelischen Kirchen 1918 bis 1949. Organe – Ämter – Verbände – Personen. Bd. 1: Überregionale Einrichtungen (AKIZ. A 18). Göttingen 2010.

Greschat, Martin: Protestantismus im Kalten Krieg. Kirche, Politik und Gesellschaft im geteilten Deutschland 1945–1963. Paderborn 2010.

Hauschild, Wolf-Dieter: Konfliktgemeinschaft Kirche. Aufsätze zur Geschichte der Evangelischen Kirche in Deutschland (AKIZ. B 40). Göttingen 2004.

Kirchliches Jahrbuch für die Evangelische Kirche in Deutschland 72. Jg. 1945–88. Jg. 1961. Gütersloh 1950–1963.

Die Protokolle des Rates der Evangelischen Kirche in Deutschland. Bd. 1–8: 1945/46–1954/55. (AKIZ. A 5, 6, 8, 11, 13, 14, 16, 19). Göttingen 1995–2012.

Karl-Heinz Fix

V. Christliche Milieus und Gruppen

1. Traditionelle protestantische Verbände unter den Bedingungen der kirchlichen Neuorganisation in Ost und West

Die aus dem 19. Jahrhundert stammenden protestantischen Großverbände hatten in den ersten Jahren des Nationalsozialismus in ihren eigenen Reihen um Anpassung oder Widerspruch gegen die verordnete Gleichschaltung gerungen. 1945 waren sie organisatorisch und finanziell schwer geschädigt, wenn auch mit fast ungebrochenem Selbstbewusstsein ausgestattet. Die neu gegründete Evangelische Kirche Deutschlands (EKD) und die Vereinigte Evangelisch-Lutherische Kirche Deutschlands (VELKD) boten ihnen eine organisatorische Einbindung, die ihre Selbständigkeit weiter schwächte, aber ihren Status im Nachkriegsprotestantismus stabilisierte und ihren Aktionsraum sicherte.

Die Grundordnung der EKD benannte als eine der kirchlichen Aufgaben nicht mehr wie die Verfassung des Deutschen Evangelischen Kirchenbundes von 1922 die kirchliche Versorgung der evangelischen Deutschen im Ausland, sondern den Dienst an der evangelischen Diaspora (Art. 16). Damit verbunden war die Zusage der Förderung der »zur Erfüllung dieses Dienstes bestehenden Einrichtungen und der anderen kirchlichen Werke« [Art. 16 Abs. 2 Grundordnung EKD], ohne dass aber das Gustav-Adolf-Werk (GAW) oder andere Vereinigungen ausdrücklich genannt wurden. Anders als bei der kirchlichen Neukonstitution nach 1918 konnten sich das GAW und andere Ausprägungen des Vereins- und Verbandsprotestantismus nicht mehr an prominenter Stelle und mit dem im 19. Jahrhundert erworbenen Selbstvertrauen als Akteure verankern. Versuche in den 1950er Jahren, dem Präsidenten des GAW einen Platz in der EKD-Synode zu reservieren, scheiterten. Mit dem Kirchlichen Außenamt, das für die Auslandsdiaspora zuständig war, und dem Hilfswerk der EKD gab es zudem eine Konkurrenz, mit der man sich arrangieren musste.

Der Gustav-Adolf-Verein, schon vor 1945 intern oft als »Gustav-Adolf-Werk« bezeichnet, wurde immerhin 1946 vom Rat der EKD als »Gustav-Adolf-Werk der Evangelischen Kirchen in Deutschland« anerkannt. Damit konnte gegenüber den Besatzungsbehörden, nicht zuletzt gegenüber den sowjetischen, deutlich gemacht werden, dass es sich um ein Werk unter dem Dach der Kirche handelte. Aus dem für den Vereinscharakter sprechenden Zentralvorstand wurde eine Zentralleitung und die Haupt-, Zweig- und Frauenvereine hießen jetzt Gruppen. Dem eigenen Selbstverständnis nach war man nun ein »freies evangelisches Werk«.

1949 fand in Fulda die erste Hauptversammlung nach dem Krieg unter Vorsitz des in Halle lehrenden Theologieprofessors Gerhard Heinzelmann statt, der das Amt des Präsidenten 1944 von dem Juristen Hans Gerber übernommen hatte, der immer noch im Werk präsent, aber politisch diskreditiert war. Schon 1950 machte sich die deutsche Teilung bemerkbar: Für die Jahreshauptversammlung, die für dieses Jahr in Heiligenstadt im katholischen Eichsfeld geplant war, erhielten die Teilnehmer aus Westdeutschland keine Einreisegenehmigung. Als man sich 1951 in München wiedertraf, sprach Heinzelmann, der im gleichen Jahr starb, davon, es gehe darum, »die Einheit unseres Werkes gegen alle Schwierigkeiten bis zum Letzten« aufrechtzuerhalten [Gennrich, 341]. Auf dieser Hauptversammlung nahm Heinzelmann auch Stellung zu den Anfragen, die Bezeichnung des Werkes zu ändern – Gustav Adolf also aus seinem Namen zu streichen.

Heinzelmanns Nachfolger wurde 1952 der in Leipzig lehrende Kirchenhistoriker Franz Lau. Auf Initiative von Lau wurde das 1941 eingestellte Jahrbuch »Die evangelische Diaspora« 1953 neu belebt. 1952 war das Werk organisatorisch geteilt worden: Neben der ursprünglichen Zentrale in Leipzig gab es auch eine »Centralleitung West« in Kassel, die zuvor seit 1947 provisorisch in Assenheim untergekommen war. Da das Gebäude der Leipziger Zentralverwaltung im Krieg zerstört worden war und nicht wieder aufgebaut wurde, zog die Zentrale in das Franz-Rendtorff-Haus ein, das zuvor nur als Studentenwohnheim genutzt worden war. Hier wohnten nun vor allem deutsche Theologiestudenten.

Die westdeutschen Hauptgruppen organisierten sich 1948 in der »Notgemeinschaft der Gustav-Adolf-Stiftung«. Ihre Leitung übernahm Ernst Wagner, der Vorsitzende der Hauptgruppe Hessen-Nassau, der damit auch Stellvertreter des Präsidenten wurde. In einer Vereinbarung zwischen den westlichen und den östlichen Hauptgruppen des Werkes wurde in Leipzig 1949 festgehalten, dass die Leitung der Notgemeinschaft und die Zentralleitung in Leipzig in »völligem Gleichklang« agieren sollten. Einstweilen wurde das Werk durch die gesamtdeutsche Leitung unter dem Vorsitz von Lau repräsentiert. Hinzu kam ein »Großer Rat«, in dem auch die Leiter der Hauptgruppen saßen. Gesamtdeutsche Verbindungen sollten erhalten bleiben, darum tagten in ungewöhnlich kurzem Abstand 1958 und 1960 die Jahreshauptversammlungen in Berlin. Mit dem

Bau der Berliner Mauer wurde auch für das GAW die gesamtdeutsche Arbeit fast unmöglich.

Ein wesentliches Arbeitsfeld des GAW, die in Ost- und Ostmitteleuropa lebenden Auslandsdeutschen, waren durch die Etablierung der kommunistischen Diktaturen kaum noch erreichbar. Die Arbeit des westdeutschen Zweiges in diesem bzw. im nächstbenachbarten geographischen Raum konzentrierte sich darum auf Österreich. Vor allem aber wurde die Hilfe für Flüchtlinge und Vertriebene eine wichtige Aufgabe, denn die Auslandsdeutschen waren nun zu großen Teilen Inlandsdeutsche geworden. Die wesentliche Zielgruppe waren Vertriebene evangelischen Bekenntnisses, die sich in klassischen evangelischen Diasporagebieten ansiedelten oder in einer katholischen Mehrheitsbevölkerung eine Minderheit bildeten. Für sie wurden durch Sondersammlungen Kirchen und Pfarrhäuser gebaut und andere Unterstützung für die kirchliche Arbeit geleistet. Für diese Zielgruppe war schon im August 1945 in Leipzig ein »Exulantenhilfswerk« gegründet worden. 1946 wurde die evangelische Diaspora im kriegszerstörten Rheinland besonders mit Zuwendungen bedacht, 1947 die »neue Diaspora« der Heimatvertriebenen in Bayern. Das Ergebnis dessen, was man Selbstbesinnung nannte, bestand also, genau wie nach 1918, vor allem in der Suche nach neuen Tätigkeitsfeldern. Der Entwurf eines vom Vorsitzenden der württembergischen Hauptgruppe, Wilfried Lempp, eingebrachten Textes, in dem Gott gebeten wurde, die eigene Schuld mit seiner Vergebung »zuzudecken«, wurde nicht weiter diskutiert und man verwies im Zentralvorstand auf das Stuttgarter Schuldbekenntnis. Auch für den ostdeutschen Zweig war die Inlandsdiaspora ein wichtiges Thema, konkret die Hilfe beim Wiederaufbau von Kirchen in der DDR, ebenso die Hilfe für die

Diasporagemeinden im Eichsfeld und in der Lausitz. Hinzu kam die Unterstützung kirchlicher Arbeit in den Neubausiedlungen der neuen Industriezentren, z. B. in Stalinstadt (Eisenhüttenstadt).

Der Martin-Luther-Bund (MLB) als das dezidiert lutherische Pendant zum GAW war unter diesem Namen 1932 als Gesamtorganisation der lutherischen »Gotteskastenvereine« entstanden. Der MLB erhielt das 1935 erbaute, 1941 beschlagnahmte und seit 1945 anderweitig genutzte Gebäude seiner Erlanger Zentrale zurück, so dass es 1948 auch wieder als »Auslands- und Diasporatheologenheim« genutzt werden konnte. 1947 wurde der Untertitel des MLB von »Lutherisches Hilfswerk der Gotteskastenvereine und Martin Luther-Vereine« zu »Diasporawerk der Evangelisch-Lutherischen Kirche Deutschlands« verändert. Damit wurde das Werk programmatisch dem auf die Gründung der VELKD zulaufenden Zusammenschluss der lutherischen Kirchen in Deutschland zugeordnet. Hierbei war Werner Elert ein wichtiger Stichwortgeber. So sah man auch das Werden der EKD kritisch und betonte die eigene konfessionelle Selbstverpflichtung. Damit sollten auch die Beziehungen zu den lutherischen Freikirchen stabilisiert werden – eine Hoffnung, die sich nicht erfüllte. Mit den lutherischen Einigungsbemühungen nach 1945 war der MLB also eng verbunden, zuerst vor allem durch den Bundesleiter Christian Stoll, der als Oberkirchenrat Bischof Hans Meiser nahestand. Entscheidend auf Stoll geht das Jahrbuch des MLB zurück. Mit Meiser eng verbunden war auch Paul Fleisch, seit 1938 stellvertretender Bundesleiter und Oberlandeskirchenrat in Hannover. Erst 1967 aber wurde der MLB offiziell Diasporawerk der VELKD. Stolls Nachfolger als Bundesleiter wurde 1947 Thomas Breit, bayrischer Oberkirchenrat im Ruhestand. 1951 übernahm mit dem Dekan von Markt Erlbach, Gottfried Probst, wieder ein Vertreter der Bayerischen Landeskirche das Amt.

In den ersten Nachkriegsjahren war der MLB mit der Wiederaufnahme seiner Auslandsbeziehungen und der Wiederbelebung seiner Arbeitsfelder befasst; dazu gehörte traditionell die Erstellung und Verbreitung von Publikationen (»Sendschriften«). Um die eigene Identität zu befestigen, attackierte der ehemalige Bundesleiter Friedrich Ulmer 1946 das GAW und warf diesem, älteren Traditionen folgend, unionistische Tendenzen vor. Während die Arbeit des MLB »kirchenorganisch« sei, sei es die des GAW eben nicht. Das wurde von Wilfried Lempp von Seiten des GAW energisch bestritten: Man sei eben auch »organisch gewachsenes Werk der Kirche« [Gennrich, 334]. Solche Konflikte zogen sich trotz offiziell bekundeter Partnerschaft bis in die 1950er Jahre hin, auch weil der MLB sich als offizielles Werk der lutherischen Landeskirchen betrachtete, der GAW in diesen aber ebenso tätig war.

Durch die deutsche Teilung mussten sich die Trägervereine des MLB in der DDR auflösen und so fiel auch ihre Unterstützung für den Gesamt-MLB weg. Auch für den MLB war anfangs die Hilfe für Flüchtlinge ein wichtiges Arbeitsfeld, auch im Sinne der Stärkung ihrer lutherischen Identität. So kam es zur Gründung lutherischer Kirchengemeinden in Kaiserslautern und Landau und zur Unterstützung der Evangelisch-Lutherischen Kirche in Baden. Auch für die aus den preußisch-unierten Gebieten geflohenen Ostpfarrer wurde Hilfe geleistet, diese sollte aber angesichts der innerprotestantischen konfessionellen Unterschiede nur übergangsweise erfolgen. Die Kontakte nach Ost- und Ostmitteleuropa konnten nur in stark vermindertem Umfang wieder aufgenommen werden. Stattdessen unterstützte man lutherische Minderheiten in anderskonfessionellem Umfeld, z. B. auch in England. Stark waren nach wie vor die dezentralen Strukturen, in denen der Landesverein Hannover, der ja zugleich auch der Gründungsverein war, eine wichtige Rolle spielte.

Das Erlanger Studentenwohnheim mit seinen 20 Plätzen nahm vor allem Stipendiaten aus West- und Nordeuropa, Nordamerika und Westdeutschland auf, da die Grenzen für Osteuropäer (bis auf Jugoslawien) undurchlässig waren. In den 1950er Jahren kam es zu Debatten um die inhaltliche und geistliche Prägung des Hauses, das mehr sein sollte als ein beliebiges Studentenwohnheim. Hier fand der seit 1956 amtierende Ephorus des Hauses, der Erlanger Kirchenhistoriker Wilhelm Maurer, ein Betätigungsfeld. Maurer war zugleich stellvertretender Bundesleiter.

Der dritte Großverband mit Wurzeln im 19. Jahrhundert, der Evangelische Bund (EB), hatte mit dem Reformationshistoriker Heinrich Bornkamm einen Präsidenten, der über eine lange Dauer (1935 bis 1963) Kontinuität verkörperte. Nach Kriegsende hatte er seinen Rücktritt angeboten, der aber nicht angenommen worden war. Allerdings bedeutete das Ende der nationalsozialistischen Diktatur auch für den EB einen massiven finanziellen Einschnitt. Sein Verwaltungsgebäude in Berlin war zerstört, seine Mitgliederzahl erheblich zurückgegangen. Auch in seinem Falle stellte sich die Frage, wie sich seine Vereinsstrukturen nach der Aufnahme als »Arbeitswerk« in die EKD entwickeln würden. Mit der Gründung des Konfessionskundlichen Instituts in Bensheim im Jahre 1947 war ein Impuls für eine Neuorientierung gesetzt. Dieser verdankte sich entscheidend dem Vorsitzenden des Evangelischen Bundes in Hessen und Nassau, Wolfgang Sucker, der dann auch Bundesdirektor und Leiter des Hauses und 1963 Vorsitzender des gesamten Evangelischen Bundes wurde. Seit 1950 brachte das Konfessionskundliche Institut seinen »Materialdienst« heraus. Das Institut brachte einen Mentalitätswechsel im EB zur Darstellung: Die bisherige antikatholische sollte durch eine ökumenische Perspektive ersetzt werden und überhaupt die Konfessionskunde im Mittelpunkt stehen. Dieses Anliegen wurde in Tagungen, Publikationen und Vorträgen umgesetzt. Das Verhältnis zur katholischen Kirche blieb freilich, zumal angesichts der in den 1950er Jahren von Rom aus intensivierten Marienverehrung, spannungsreich. Die jährlichen Generalversammlungen trugen programmatische Titel, so z. B.: »Wir müssen zusammen leben« (Bielefeld 1952) oder »Deutschland – Missionsland« (Goslar 1956).

Unter den Bedingungen der SED-Diktatur entwickelten sich in der DDR schon in den 1950er Jahren parallele Strukturen des Evangelischen Bundes mit eigenen Hauptversammlungen. Bis 1961 waren auch noch gemeinsame Zentralvorstandssitzungen möglich. Im Februar 1961 wurde mit Reinhard Steinlein ein eigener Geschäftsträger für die östlichen Landeskirchen beauftragt.

2. Neue Institutionen und Trägerkreise im Spannungsfeld von religiösem Pluralismus, Demokratie und Diktatur

Gesellschaftliche Veränderungen und gesellschaftliche Herausforderungen wirkten in den 1950er wie schon in den 1920er Jahren auf den Protestantismus und die evangelische Kirche ein. Die Klärung des eigenen Selbstverständnisses im Innern wie nach außen blieb ein wichtiges Thema. Dafür stand die

Nachgeschichte der Apologetischen Centrale: Sie war 1937 geschlossen worden. 1956/57 wurden durch ihren ehemaligen Träger, also die Innere Mission, Pläne für eine Neukonstituierung der Arbeit diskutiert. Diese sollte eigentlich dezentral in den Landeskirchen und Evangelischen Akademien geleistet werden. Einer Zentralstelle, die bei der VELKD angesiedelt werden sollte, wurden nur koordinierende Aufgaben zugedacht. 1959 beschloss der Rat der EKD dann die Gründung einer »apologetischen Zentralstelle« mit weiterreichenden Aufgaben und garantierte auch ihre Finanzierung. In einer Denkschrift wurden diese näher bestimmt: Vor allem sollte es darum gehen, eine »lebendige Auseinandersetzung mit den Strömungen der Zeit« [Denkschrift, 78 f.] zu führen und zwischen Grundlagenforschung und kirchlicher Praxis zu vermitteln. Dies sollte vor allem durch Schulungsarbeit für Pfarrer und Laien und durch Publizistik geschehen. Das Ziel bestand darin, in den Gemeinden ein »mündiges Christentum« zu wecken und ihnen ein Hilfsmittel »für den modernen Geisteskampf um Christus in die Hand zu geben« [Denkschrift, 79]. Dazu wurde eine Liste von Arbeitsbereichen erstellt, die von der Klärung des christlichen Selbstverständnisses über Weltanschauungsfragen bis zu »Sekten- und Schwärmertum« reichte. Der neue Name »Evangelische Zentralstelle für Weltanschauungsfragen« wurde gewählt, weil man den alten Begriff Apologetik vermeiden wollte, der als un- oder missverständlich galt. Man wollte also das alte Modell nicht einfach kopieren, knüpfte aber doch daran an. 1960 tagte zum ersten Mal das Kuratorium der neuen Zentralstelle, 1961 nahm sie ihre Arbeit auf. Mit der Leitung beauftragt wurde Kurt Hutten, ein in der evangelischen Publizistik verwurzelter Pfarrer, der mit seinem 1950 erschienenen »Buch der Sekten« (»Seher,

Grübler, Enthusiasten«) ein vielgelesener Autor war und als Experte auf diesem Gebiet gelten konnte.

Nach einer Brücke in die Gesellschaft und die Politik hinein suchten ganz neu gegründete Institutionen, so das Evangelische Studienwerk Villigst, das 1948 als Begabtenförderungswerk gegründet wurde. Die Gründungserklärung von 1949 sprach davon, evangelischer Glaube beschränke sich nicht auf die Pflege frommer Innerlichkeit, sondern bewähre »sich darin, dass er seine erneuernde und gestaltende Kraft im Staat, in der Wirtschaft, im Rechtsleben wie in der Wissenschaft und in der Kunst wirksam werden lässt« [https://www.evstudienwerk.de/ueber-uns/geschichte.html]. Eine enge Bindung an die Westfälische Landeskirche, vor allem an deren in Villigst angesiedeltes Soziales Amt unter Leitung von Klaus von Bismarck, war typisch für die Nähe zum sozialen und später gesellschaftsdiakonischen Protestantismus.

Die ersten Stipendiatenjahrgänge mussten sich notgedrungen ihre Förderung selbst in »Werksemestern« vor dem Studium verdienen, d. h. durch Arbeit, die vor allem im Bergbau und in der Industrie des Ruhrgebiets geleistet wurde. Hinzu kamen Spenden von Privatpersonen. 1950 wurden erstmals auch Studentinnen aufgenommen. Erst 1957 begann die Förderung durch Bundesmittel im Rahmen der Studienförderung des Honnefer Modells. Die treibende Kraft bei der Gründung war Hellmut Keusen, ein ehemaliger Offizier und umtriebiger Organisator. Er fungierte in den 1950er Jahren als Geschäftsführer des Studienwerks. Hinzu kam der Schriftsteller Willy Kramp, der von 1950 bis 1957 Leiter des Studienwerks war. Auf ihn folgte Heinz Eduard Tödt, der 1961 Theologieprofessor in Heidelberg wurde. Tödt führte in Villigst die Studienwochen ein, eine Art Sommerakademie.

Eine große Zielgruppe waren also evangelische Akademiker. Für sie wurde 1954 die »Evangelische Akademikerschaft in Deutschland« gegründet. Ihre Wurzeln lagen in der Deutschen Christlichen Studentenvereinigung (DCSV) und deren »Altfreundeschaft«. Mit dem Ende der DCSV fehlte dafür der Anknüpfungspunkt und so luden prominente Protestanten, unter ihnen Hanns Lilje, Theophil Wurm, Otto Dibelius und Eberhard Müller, 1947 zu einer »Christlichen Akademikertagung« ein, auf der die »Altfreundeschaft der Evangelischen Studentengemeinde in Deutschland« gegründet wurde. Der Bezugspunkt waren damit die nach dem Krieg gegründeten und zu dieser Zeit mitgliederstarken Evangelischen Studentengemeinden (ESG). 1954 verabschiedete man sich auf einer Tagung in Mülheim vom Konzept des Altfreundeverbandes und konstituierte sich neu. Der wesentliche Initiator dafür war Horst Bannach, ehemals Reisesekretär der DCSV und von 1946 bis 1956 Generalsekretär der ESG in Deutschland, also der Dachorganisation der jeweiligen Studentengemeinden an den Hochschulorten. Auf die DCSV berief sich auch die 1949 gegründete »Studentenmission in Deutschland« (SMD), die aber vor allem Traditionen der Erweckungs- und der Gemeinschaftsbewegung und Impulse aus den Freikirchen aufnahm.

Zu einer Neuorientierung des Protestantismus nach der nationalsozialistischen Diktatur und zu einem Brückenschlag in die außerkirchliche Öffentlichkeit trugen die in der Trägerschaft der evangelischen Landeskirchen stehenden Evangelischen Akademien erheblich bei. Die Gründung der Evangelischen Akademie Bad Boll durch eine Tagung für »Männer der Wirtschaft und des Rechts« schon im September 1945 war die erste in einer langen Reihe und in gewisser Weise war sie auch ein Vorbild. Diese und andere Evangelische Akademien sollten sich dem Dialog von Kirche und Gesellschaft widmen und das in einer Zeit, in der beide Größen von der Zeit des Nationalsozialismus und des folgenden »Zusammenbruchs« geprägt waren. Der bis 1971 amtierende Direktor Eberhard Müller, der zusammen mit Landesbischof Wurm zu dieser Tagung eingeladen hatte, wirkte weit über Bad Boll hinaus, so als Vorsitzender der Kammer für Soziale Ordnung der EKD. Auf die Akademie der Württembergischen Landeskirche folgten weitere, u. a. in Bad Herrenalb, Hofgeismar und Eisenach. Die Akademiebewegung war also ein gesamtdeutsches Projekt. Die Akademien in der SBZ/DDR arbeiteten unter entschieden schwierigeren politischen, gesellschaftlichen und auch finanziellen Rahmenbedingungen, sie konnten aber ebenfalls Foren bieten, in denen im Kontext der Kirche eine Möglichkeit zum »Gespräch mit der Welt« möglich war, z. B. zu medizinischen, natur- und geisteswissenschaftlichen oder künstlerischen Themen. Ein gewisses Pendant zu Eberhard Müller war Lothar Kreyssig, der nicht nur Leiter der Evangelischen Akademie Sachsen-Anhalt war, sondern von 1949 bis 1961 auch Beauftragter der EKD für die Evangelischen Akademien in Deutschland und von 1949 bis 1958 Vorsitzender des Ostausschusses des Deutschen Evangelischen Kirchentags.

Eine besondere Stellung hatte in diesem Zusammenhang die in der Folge des Kirchentags in Berlin 1951 gegründete Evangelische Akademie Berlin-Brandenburg, die nicht zuletzt der Begegnung von Ost und West dienen sollte. Ihre Tagungen fanden bis zum Mauerbau in Ost- wie Westberlin und auch in Brandenburg statt – nicht zuletzt deshalb, weil ein eigenes Tagungshaus erst 1954 am Kleinen Wannsee erworben werden konnte. Seit 1953 existierte jeweils eine Geschäftsstelle in Ost- und Westberlin. Die treibende Kraft bei der Gründung war

Erich Müller-Gangloff, der auch der erste Direktor der Akademie war und bis 1970 amtierte. Seine biographische Entwicklung war durchaus symptomatisch: Vom Nationalkonservativen war er zum Gegner Hitlers geworden, hatte nach 1945 wieder Anschluss an das Christentum gefunden und prägte den Begriff »unbewältigte Vergangenheit«. In den späteren 1950er Jahren galt er manchen gar als »Kommunistenfreund«. Die deutsche Geschichte vor 1945 und die aktuelle Politik beeinflussten die Arbeit nicht nur dieser Akademie nachhaltig: Sie war 1958 ebenso der Gründungsort der Aktion Sühnezeichen wie 1959 einbezogen in die heftigen Debatten um die Atomrüstung und Otto Dibelius' Obrigkeitsschrift.

Zu dieser Zeit wuchsen auch die Spannungen innerhalb der Akademie, nicht zuletzt wegen der staatstreuen politischen Haltung des Leiters des ostdeutschen Akademieteils, Gerhard Bassarak. Die SED-Diktatur nahm zu dieser deutsch-deutschen Einrichtung ein ambivalentes Verhältnis ein: Einerseits konnte sie dazu dienen, für die DDR zu werben, andererseits stellten die auf ihr praktizierte Meinungsfreiheit und die gesamtdeutschen Themen eine Gefahr für die SED-Diktatur dar. Dementsprechend wuchs in den 1950er Jahren auch die Polemik gegen die Berliner Einrichtung und die in den ostdeutschen Landeskirchen bestehenden Evangelischen Akademien. 1959 begann die Überwachung durch die Staatssicherheit. Die Spaltung der Akademien in Ost und West begann schon vor dem Mauerbau und wurde auch durch Differenzen im gesamtdeutschen Leiterkreis aller Akademien deutlich.

Die öffentlichkeitswirksamsten und gänzlich neuen Veranstaltungen im evangelischen Bereich waren die Evangelischen Kirchentage. Ihr Motor war Reinold von Thadden-Trieglaff. Sein durchaus volksmissionarisch gemeintes Anliegen war es, die »Laienchristen« auf ihren Dienst in der Welt und in der christlichen Gemeinde vorzubereiten. Mit der Institutionalisierung einer eigenen und dauerhaften Trägerorganisation mit einem Büro in Fulda, die ebenfalls als »Deutscher Evangelischer Kirchentag« firmierte, bekam von Thadden eine ganz eigene Stellung im Gefüge der Evangelischen Kirche in Deutschland. Zwischen seinem Selbstbewusstsein und seiner Sicht des Kirchentages und der skeptischen und ablehnenden Haltung vieler evangelischer Kirchenvertreter lag ein breiter Graben, der sich allerdings schnell durch den Erfolg der Kirchentagsbewegung füllte.

1949 fand in Hannover noch unter dem bereits in den 1930er Jahren erprobten Namen »Evangelische Woche« eine Veranstaltungsreihe statt, an deren Ende zu einem Evangelischen Kirchentag eingeladen wurde, der »der Zurüstung der evangelischen Laien für ihren Dienst in der Welt und in der christlichen Gemeinde dienen« sollte [Kirchliches Jahrbuch 76, 68]. Dieser fand 1950 in Essen statt, der Stadt, deren Oberbürgermeister Gustav Heinemann, zugleich Präses der EKD-Synode, 1949 noch war. Von Anfang an hatten die Kirchentage ein charakteristisches Programm, das aus Bibelarbeiten, Vorträgen, Arbeitsgruppen und kulturellen Beiträgen bestand und die Themenbereiche Glaube, Politik und Wissenschaft abdeckte. Deutlich war auch von Anfang an eine ökumenische Verankerung, sowohl durch Grußworte und Redebeiträge aus der protestantischen Ökumene wie auch von Seiten des Laienkatholizismus. Zu den prominenten Rednern zählte immer wieder Martin Niemöller, dessen politische Haltung freilich oft zu Kontroversen im Umfeld der Kirchentage führte. Bischöfe wie Otto Dibelius und Hanns Lilje nutzen die Bühne des Kirchentages für Ansprachen und Predigten. Der Kirchentag war also auch eine Abbildung des politischen Spektrums innerhalb der evangelischen Kirche.

Das Motto des Essener Kirchentages »Rettet den Menschen« bezog sich vor allem auf das Thema »Heimat«, betraf also die Vertriebenen, aber auch die Themen »Freiheit« (hier ging es um Arbeit und »Vermassung«) und »Familie« spielten eine Rolle, ebenso die Frage nach der Glaubwürdigkeit der Kirche angesichts kirchlicher Weltfremdheit und politischer Einmischung. Bei der Schlussveranstaltung waren rund 150.000 Menschen anwesend, der Kirchentag als Institution fand also Resonanz und wurde weithin in der Öffentlichkeit wahrgenommen, dort allerdings vor allem wegen seiner »weltlichen« und politischen Anteile.

Der Kirchentag, der 1951 in Berlin veranstaltet wurde, war ein Wagnis und der Tagungsort heftig umstritten. Das Motto »Wir sind doch Brüder« war in der geteilten Stadt ein Signal, womit zwar jeder politische Beiklang vermieden werden sollte, sich dieser aber auch so einstellte. Die SED-Diktatur versuchte, Einfluss auf die Vorbereitung der Veranstaltung zu nehmen, und von Seiten der Bundesregierung war dies ähnlich. Dies brachte einerseits beiderseitiges politisches Wohlwollen für den Kirchentag mit sich, andererseits befand er sich in einem hoch kritischen deutschlandpolitischen Spannungsfeld. Präsent waren bei der Eröffnung nur offizielle Vertreter der DDR, aber faktisch war der Kirchentag eine Veranstaltung ohne politischen Gewinn für die DDR-Führung. Vielmehr war er eine Manifestation der Einheit Deutschlands und in vielen Beiträgen ein Protest gegen die religions- und kirchenfeindliche Politik der SED-Diktatur. Diese verhinderte dann eine Teilnahme von Interessierten aus der DDR am Kirchentag in Stuttgart, der im folgenden Jahr stattfand, weitgehend. Durch die kirchenpolitische Entspannung nach Stalins Tod konnten am Kirchentag 1953 in Hamburg dann wieder Besucher aus der DDR teilnehmen, rund 13.000 an der Zahl. Hamburg galt als besonders unkirchlich, weshalb der Kirchentag unter dem Motto »Werft euer Vertrauen nicht weg« auch einen deutlichen volksmissionarischen Anspruch hatte.

Der Kirchentag in Leipzig 1954, der letzte wirklich gesamtdeutsche, stand dann wieder ganz im Zeichen der deutsch-deutschen Teilung, die auf kirchlichem und religiösem Wege überwunden oder überspielt werden sollte. »Seid fröhlich in Hoffnung« war das Motto. Die Behörden der DDR, an ihrer Spitze das Politbüro der SED, waren sich nicht einig gewesen, was sie tun sollten: Den Kirchentag verbieten oder ihn genehmigen, um damit den Eindruck zu erwecken, die Christinnen und Christen in der DDR würden nicht verfolgt. Man entschied sich für das zweite, stellte das Messegelände zur Verfügung, transportierte knappe Waren nach Leipzig und schulte zusätzliche Fremdenführer für die Gäste aus dem Westen. Überraschend aber war für die DDR-Führung, dass zum Abschlussgottesdienst zusätzlich zu den 60.000 Dauerteilnehmern noch mehr als eine halbe Million Menschen kamen. Nach dem Kirchentag ging die SED-Bezirksleitung in Leipzig noch intensiver daran, christliche Jugendliche zu bedrängen, sich der FDJ anzuschließen.

Seit 1954 fanden die Kirchentage nur noch alle zwei Jahre statt, 1956 in Frankfurt am Main, 1959 in München und 1961, kurz vor dem Mauerbau, noch einmal in Berlin. Er konnte nur noch im Westteil der Stadt veranstaltet werden; möglich waren im Ostteil Gottesdienste, keine anderen Veranstaltungen. Geplant war der Kirchentag eigentlich als gesamtdeutsches Ereignis, wobei manche gerade das als politisch gefährlich ansahen.

In der Folge der innerkirchlichen und deutschlandpolitischen Querelen fiel dieser Kirchentag recht unpolitisch aus.

3. Frauen in der Kirche

Frauen hatten in der evangelischen Kirche allenfalls in den Vereinen und Verbänden etwas zu sagen. Als Gegenbeispiel ließe sich die Juristin und Oberkirchenrätin Elisabeth Schwarzhaupt benennen, die aber 1953 in die Politik wechselte. Die Konservierung eines als traditionell und damit normativ angesehenen Geschlechts- und Rollenbildes ließ die Kirche hinter die gesellschaftliche Entwicklung zurückfallen, jedenfalls die, die es eben auch gab und die sich neben dem scheinbar nicht hinterfragbaren Bild bemerkbar machte. Ein wesentlicher Grund dafür war die Zuschreibung eines Rollenbildes, das in der Zeit der Weimarer Republik schon fragwürdig geworden, seit 1933 aber festgeschrieben worden war und nun in die 1950er Jahre hineinragte: Frauen gehörten in die Familie und hatten dort eine nachrangige Position, die man auch kirchlicherseits im Familienrecht verankert wissen wollte. Leitbilder waren die Mutterschaft und die Hausfrauenehe. Dies ließ sich in einer Zeit, in der die Scheidungsquote sank, das Heiratsalter zurückging und Kirche und politisch konservative Milieus sich gegenseitig stützten, auch für selbstverständlich halten. Allerdings fand man damit, wie schon seit Jahrzehnten, eben nur in einem Teil der Gesellschaft Gehör. Der damit verbundene moralisierende und antiemanzipatorische Ton war auch auf den Kirchentagen deutlich zu hören. Von kirchlicher Seite stützte man auch das Festhalten am Stichentscheid des Bürgerlichen Gesetzbuches, der zwar dem Gleichberechtigungsgrundsatz des Grundgesetzes widersprach, aber die scheinbar naturgegebene Dominanz des Mannes stützte. Trotzdem begannen sich die Rollenbilder und Selbstverständnisse eben schon in den 1950er Jahren langsam zu wandeln, was sich auf kirchlichen Handlungsfeldern und in kirchlichen Institutionen unterschiedlich deutlich zeigte und auch mit gegenläufigen Tendenzen verbunden sein konnte.

Eine gewisse avantgardistische Funktion dabei hatte die allmähliche Aufwertung der Arbeit von Theologinnen – also faktisch für den Pfarrdienst ausgebildeten Frauen. Die allmähliche Durchsetzung der Frauenordination verdankte sich einer innerkirchlichen, vor allem aber gesellschaftlichen Entwicklung, in der akademisch gebildete Frauen – immer noch in einer zurückgenommenen Haltung, aber zunehmend deutlicher – nach der Gleichberechtigung mit gleichqualifizierten Männern verlangten. Zwar war der Anteil von Frauen im Studium aller Fächer nach dem Krieg von 22% auf 16% im Jahre 1951/52 zurückgegangen, er stieg aber bis 1959 auf 26% in der Bundesrepublik und 27% in der DDR an und ein Anstieg war auch bei der Zahl und dem Anteil von Frauen im Theologiestudium zu verzeichnen. In der evangelischen Kirche stießen die Theologinnen zum Teil auf heftige Ablehnung, die mit religiösen, theologischen und naturrechtlichen Annahmen begründet wurde und den Frauen allenfalls einen Dienst, aber kein Amt in der Kirche zubilligen wollte. Als Interessensvertretung fungierte die Vereinigung der evangelischen Theologinnen, deren Vorsitzende seit 1940 Maria Weigle war. Sie war bis 1946 bei der Hauptgeschäftsstelle der Evangelischen Frauenhilfe in Potsdam tätig und arbeitete danach als Leiterin des Gemeindehelferinnen-Seminars für den Bayerischen Müttardienst, stand also in enger Verbindung mit Antonie Nopitsch.

Immerhin stand mit dem Beruf der (lebenslangen) Vikarin schon ein Berufsmodell zur Verfügung, das ungewollt in der Kriegszeit durch die Abwesenheit vieler Pfarrer schon einen Kompetenzzuwachs erfahren hatte, nach 1945 aber wieder in seinen Möglichkeiten beschnitten wurde. So beschloss die rheinische Synode beispielsweise 1950 die Möglichkeit einer eingeschränkten Ordination zu einem Amt eigener Art mit nicht vollständiger Befugnis zur Sakramentsverwaltung in der Arbeit mit Frauen, jungen Madchen und Kindern. Dem Beamtenrecht entsprechend (das vor allem Lehrerinnen betraf) galt eine Zölibatsklausel, nach der Vikarinnen nach einer Eheschließung aus dem Dienst auszuscheiden hatten.

Die Landeskirchen gingen unterschiedliche Wege, was die Beauftragung, das Dienstverhältnis und die beruflichen Kompetenzen von Theologinnen anging. Allerdings waren die Theologinnen gegenüber einer Ordination oft selbst zurückhaltend – sie kamen aus konservativen christlichen Milieus. Die Einführung der Frauenordination erfolgte also ungleichzeitig und ebenso ungleichzeitig war die Entwicklung der dienstrechtlichen Gleichstellung von Frauen. In Hessen-Nassau wurde die Frauenordination 1950 eingeführt, in Baden 1955, in den meisten anderen Landeskirchen am Ende der 1950er Jahre. Auch in einigen ostdeutschen Landeskirchen konnten Theologinnen seit Anfang der 1950er Jahre ordiniert und zum Pfarramt zugelassen werden. Zurückhaltend waren vor allem die lutherischen Landeskirchen. Das Pfarrvikarinnengesetz der Evangelischen Kirche der Union (EKU) von 1952 ermöglichte demgegenüber den Gliedkirchen, ordinierte Pfarrvikarinnen mit vollem Auftrag, freilich nur in Landgemeinden, einzusetzen.

Die weiblichen »Laien« wurden nach 1945 wieder in den alten Organisationsformen der Evangelischen Frauenarbeit kirchlich integriert. Als Dachorganisation fungierte weiterhin die »Evangelische Frauenarbeit in Deutschland«, deren Vorstand von drei Frauen gebildet wurde: Marie Krueger (Vorsitzende der Evangelischen Frauenhilfe), Antonie Nopitsch und Hildegard Ellenbeck, seit 1948 in der Nachfolge von Meta Eyl Vorsitzende des Deutsch-Evangelischen Frauenbundes. Diese Vereinigungen waren nur einige aus einem noch recht breiten und differenzierten Feld von evangelischen Frauenverbänden, zu denen auch der Verband evangelischer Theologinnen gehörte, ebenso die Frauenarbeit des GAW. Auch bei diesen Verbänden machte sich die deutsche Teilung bald bemerkbar.

Eine Zwischenstellung zwischen Evangelischer Kirche und Staat hatte das von Antonie Nopitsch in Zusammenarbeit mit Elly Heuss-Knapp gegründete Müttergenesungswerk. Mit ihr konnte Antonie Nopitsch eine Unterstützerin gewinnen, die ihrerseits gut vernetzt, sozial wie sozialpolitisch engagiert war und als Frau des Bundespräsidenten einen eigenen öffentlichen Einfluss ausüben konnte. Antonie Nopitsch hatte einige Müttererholungsheime und als Trägerorganisation den Bayerischen Mütterdienst mit Sitz in Stein bei Nürnberg gegründet. Sie war im kirchlichen Raum gut verankert: 1952 leitete sie eine Sektion bei der Tagung des Lutherischen Weltbunds in Hannover (»Verantwortliche Frauen in einer verantwortlichen Kirche«) und war in vielen kirchlichen Gremien aktiv. 1948 lernte sie den Weltgebetstag der Frauen auf einer ökumenischen Frauenkonferenz in den Vereinigten Staaten kennen und brachte ihn mit nach Deutschland. Als Geschäftsführerin des Müttergenesungswerkes war sie auch in der Sozialpolitik aktiv.

4. Protestantische Intellektuelle

Intellektuelle waren ein besonderes Gesicht des Protestantismus in einer Zeit, in der es noch als selbstverständlich gelten konnte, einen Teil der eigenen Identität aus seiner Konfession zu beziehen. Freilich ist »Intellektuelle« auch nur eine ungefähre Sammelbezeichnung für Menschen, die durch ihr berufliches Handeln oder ihr schöpferisches Tun einer größeren Öffentlichkeit bekannt wurden. Dies galt auch für einen Naturwissenschaftler wie Carl-Friedrich von Weizsäcker, der an zwei Texten beteiligt war, die gegen die Ausrüstung der Bundeswehr mit Atomwaffen verfasst wurden: die Göttinger Erklärung der »Göttinger Achtzehn« von 1957 und das Tübinger Memorandum von 1961, das zugleich die Anerkennung der Oder-Neiße-Grenze forderte. Zu den Unterzeichnern des Tübinger Memorandums gehörte auch Günter Howe, seit 1958 als Mathematiker und Physiker an der Forschungsstätte der Evangelischen Studiengemeinschaft in Heidelberg tätig, außerdem der Pädagoge Georg Picht und Hellmut Becker, Jurist und einflussreicher Berater von Bildungseinrichtungen. Mit dem Juristen Ludwig Raiser gehörte eine Persönlichkeit zu den Unterzeichnern, die schon zu dieser Zeit als Mitglied der EKD-Synode kirchlich engagiert war und in den 1960er und 1970er Jahren in der EKD erheblichen Einfluss gewinnen sollte.

Erhart, Hannelore (Hg.): Lexikon früher evangelischer Theologinnen. Biographische Skizzen. Neukirchen-Vluyn 2005.

Gennrich, Paul-Wilhelm: Das Gustav-Adolf-Werk der Evangelischen Kirche in Deutschland, in: Kirchliches Jahrbuch 82 (1955), 310–343.

Hofmann, Beate: Gute Mütter – starke Frauen. Geschichte und Arbeitsweise des Bayerischen Mütterdienstes. Stuttgart 2000.

Palm, Dirk: »Wir sind doch Brüder!« Der evangelische Kirchentag und die deutsche Frage 1949–1961 (AKIZ. B 36). Göttingen 2002.

Silomon, Anke: An der Nahtstelle. Evangelische Akademie in Berlin und Brandenburg seit 1945. Berlin 2019.

Klaus Fitschen

VI. Theologische Signatur

Zwischen 1945 und 1961 überlagern sich theologische Kontinuitäten und Neuanfänge. Die Kontinuität ist institutionell gesichert durch die Theologischen Fakultäten, die bis auf Gießen fortbestehen, und die evangelischen Landeskirchen, die auch das Kriegsende überdauern. Es kommen die neu gegründeten kirchlichen Hochschulen in Hamburg (1949), Naumburg (1951) und Neuendettelsau (1947) sowie die wieder eröffneten Einrichtungen in Berlin und Wuppertal (jeweils 1945) hinzu. Die wichtigen Vertreter des theologischen Neuanfangs der 1920er Jahre vollenden in der Nachkriegszeit ihre theologischen Systeme und verkörpern mit ihren Schülern Kontinuität. All das spiegelt die starke Position, mit der die Kirchen als anscheinend politisch unbelastete Institutionen aus der Katastrophe des Nationalsozialismus und des Weltkrieges hervorgegangen sind. Aber die politische Teilung Deutschlands, zunächst in vier Besatzungszonen, ab 1949 in zwei deutsche Staaten, die sich gesellschaftlich und (außen)politisch sehr gegensätzlich entwickeln, hinterlässt Spuren im theologischen Denken, verändert die Adressaten, wirft neue Fragen auf und verschiebt den Akzent auf die Ethik. Die moderne Welt und der von kirchlichen Vorgaben sich emanzipierende Lebensstil werden theologisch reflektiert. Das relativiert die Konkurrenz der theologischen Entwürfe in ihrem Ringen um die treffende Auslegung des Evangeliums. Zunehmend werden die Lager aufgebrochen und Vermittlungspositionen eingenommen. Die theologische Pluralität spiegelt die gesellschaftliche und binnenkirchliche Vielfalt. Denn die spezifischen Prägungen der Fakultäten und das konfessionelle Profil der Landeskirchen werden durch die kriegsfolgenbedingte Binnenmigration in Deutschland erheblich aufgelockert. Auch die markanten theologischen Konflikte dieser Jahre bewirken, dass das Nebeneinander unterschiedlicher Denkstile zum Normalfall wird.

1. Kontinuität: Die Abrundung der theologischen Entwürfe

Anscheinend unbeeindruckt von den weltkriegsbedingten Umwälzungen in Deutschland setzt Karl Barth (1886-1968) auf seinem Lehrstuhl in Basel (Schweiz) in der Nachkriegszeit die 1932 begonnene Arbeit an seiner Kirchlichen Dogmatik fort. Unmittelbar nach Kriegsende legt Barth die Teilbände der Schöpfungslehre (KD III, seit 1945) und der Versöhnungslehre (KD IV, seit 1953) vor, in denen er sich theologisch der Welt und den Menschen zuwendet. In Jesus Christus wird »die Einheit von Schöpfer und Geschöpf« verwirklicht. Der Bund Gottes mit den Menschen gilt als innerer Grund der Schöpfung, die Schöpfung als äußerer Grund des Bundes. In der Anthropologie wird die Bedeutung der Sünde als Entfernung von Gott christologisch revidiert. Zugespitzt spricht Barth von der »Sünde als ontologische Unmöglichkeit des Menschseins«. Die Versöhnungslehre bietet einen vollständigen Umbau des klassischen Stoffs durch eine kunstvolle Verzahnung der ursprünglich selbstständigen Lehrstücke von der Sünde, der Christologie, der Soteriologie und Ekklesiologie. Die Versöhnung ist die Erfüllung des Bundes zwischen Gott und Mensch und die Herstellung der Gemeinschaft zwischen Gott und Mensch. Der

Zielpunkt der Darstellung ist die Wirklichkeit der Versöhnung in der »Gemeinde« und im »christlichen Leben«, wo Barth die Ethik verortet. Die Diesseitsorientierung des theologischen Gedankens wird in der sogenannten Lichterlehre deutlich, in der Barth den Eigenstand von Welt und Kultur in Grenzen theologisch anerkennt. Barths Theologie wird von seinen Gefolgsmännern an den Fakultäten vor Ort vertreten und angereichert. Durch ihr Engagement im Kirchenkampf und in der Bekennenden Kirche überzeugen diese Barthianer vor allem durch ihre persönliche Glaubwürdigkeit. Hermann Diem in Tübingen setzt im Anschluss an die Barmer Theologische Erklärung einen Akzent in der Ekklesiologie und fordert einen Neuaufbau der Kirche von der Einzelgemeinde her. Heinrich Vogel in Berlin akzentuiert in seiner Dogmatik »Gott in Christo« (1951) die Christologie, wirkt durch sein langjähriges synodales Engagement in den Kirchen in Ost und West und knüpfte an die von der Bekennenden Kirche geschaffenen, internationalen Netzwerke an, die in dieser Zeit ausgebaut werden. Otto Weber in Göttingen sucht in den beiden Bänden seiner »Grundlagen der Dogmatik« (1955) die Auseinandersetzung mit der reformierten Tradition. Obwohl er durch zeitweilige Mitgliedschaft bei den Deutschen Christen politisch vorbelastet war, wird er nach einem Schuldbekenntnis zu einer führenden Gestalt im deutschen und europäischen Reformiertentum. Bei Hans-Joachim Iwand in Göttingen, ab 1952 in Bonn, und Walter Kreck in Bonn zeichnet sich schon früh die Politisierung der barthianisierenden Theologie ab. Sie wird grundsätzlich in der von beiden mit Karl Gerhard Steck verfassten Schrift »Die Verkündigung des Evangeliums und die politische Existenz« (1954) erörtert und praktisch wirksam im Protest gegen die Westorientierung der Bundesrepublik unter

Kanzler Konrad Adenauer und im politischen Widerstand gegen die Wieder- und Atombewaffnung in den 1950er Jahren. Helmut Gollwitzer in Bonn, ab 1957 in Berlin, stellt in seinem Buch »Die Christen und die Atomwaffen« (1957) fest, dass die klassischen sozialethischen Aussagen zu Krieg und Kriegsdienst durch die Atomwaffen überholt seien. Mit Blick auf die Verstrickung in die Katastrophen der beiden Weltkriege leitet Iwand aus dem Zusammenhang von Schuld, Vergebung und Versöhnung vielfältige ökumenische Friedensinitiativen mit dem Ziel ab, über die ideologischen und politischen Blöcke den Weg zu einer »Koexistenz der großen menschlichen Völkerfamilie« zu bahnen. Der als Herausgeber vieler Fachzeitschriften und Lutherforscher einflussreiche Ernst Wolf ist mit seinen sozialethischen und rechtstheologischen Aufsätzen die theologische Annäherung an den demokratischen Rechtsstaat des Grundgesetzes wichtig, der von ihm im Sinne der Barth'schen Figur von Evangelium und Gesetz als ein Angebot und Auftrag Gottes verstanden wird. Wolf konstruiert eine Verbindung zwischen der mit der Barmer Theologischen Erklärung verknüpften These von der Königsherrschaft Christi mit dem Satz von der Menschenwürde, der dem Grundrechtskatalog des Grundgesetzes voransteht. Im sittlichen Wertfundament, das staatliches Handeln begrenzt und ausrichtet, konvergieren evangelische Sozialethik und modernes Staatsdenken. Christinnen und Christen engagieren sich in der Demokratie für die Sicherung des menschenwürdigen Lebens. Zugleich betont Wolf im Anschluss an die fünfte These der Theologischen Erklärung von Barmen die kritische Aufgabe der Kirche, staatliche Verletzungen der Grundrechte zu kritisieren.

Auch Paul Althaus und Werner Elert, die Exponenten der Tradition der streng lutherisch gesinnten Erlanger Theologie, legen ihre theologischen Summen vor. Da die im Krieg unzerstörte Erlanger Universität zunächst eine hohe Anziehungskraft auf Studierende hat, nehmen beide Theologen großen Einfluss auf die neue Pastorengeneration. Es ist bezeichnend, dass dies möglich war, obwohl beide politisch nicht unbelastet waren. Althaus hatte im Zuge der Entnazifizierung im Februar 1946 sogar seinen Lehrstuhl verloren, wurde aber im April 1948 wieder eingesetzt und entfaltete über seine Emeritierung im Jahr 1956 hinaus bis zu seinem Tod eine publizistisch breit angelegte theologische Tätigkeit, in der sich u. a. mit Blick auf das Verhältnis zum Judentum und zur ethischen Bedeutung des Krieges auch Spuren einer selbstkritischen Revision von Positionen finden, die er während der Weimarer Zeit und der NS-Zeit eingenommen hatte. In seiner vielfach aufgelegten Dogmatik »Die christliche Wahrheit« (erstmals 1947/48) entfaltet er seine gegenwartsbezogene Deutung des reformatorischen Denkens Martin Luthers, das er ebenso wirkungskräftig in seiner vielfach aufgelegten Monographie »Die Theologie Martin Luthers« (1962) zusammengefasst hat. Während Althaus auf eine apologetische Vermittlung der christlichen Wahrheit mit dem Denken und Sein der Wirklichkeit zielt, betont sein Fakultätskollege Werner Elert die Distanz des Evangeliums zur vorfindlichen Wirklichkeit. Seine Hauptwerke »Der christliche Glaube« (1940) und »Das christliche Ethos« (1949) schärfen den Soll-Gehalt des christlichen Kerygmas ein. Für Elert gibt es keine Vermittlung zwischen dem menschlichen Selbstverständnis, dessen religiöse Vertiefung immer nur vor den verborgenen Gott führt, und der Rechtfertigung des Menschen vor Gott durch Christus. Deshalb kann das Christus-Zeugnis der menschlichen Wirklichkeit nur unvermittelt entgegengesetzt werden.

Das theologische Hauptwerk von Paul Tillich erscheint seit Mitte der 1950er Jahre annähernd gleichzeitig in englischer und deutscher Sprache. Durch seine erzwungene Emigration in die USA war Tillich in dieser Zeit in Deutschland ein nahezu unbekannter Theologe. Angeregt durch die theologischen Debatten in den USA und den Austausch der exilierten Intellektuellen entfaltet Tillich den Inhalt seiner »Systematischen Theologie« jenseits der hierzulande aufgemachten Alternativen. Dadurch bereichert er die Debatte erheblich, insbesondere die wenigen Liberalen nehmen Tillichs Impulse dankbar auf. Die Attraktivität seiner Theologie liegt darin begründet, dass der Standpunkt des neuzeitlichen Bewusstseins methodisch integriert wird. Damit führt Tillich die Tradition der auf Friedrich Schleiermacher zurückgehenden liberalen Tradition fort und verbindet sie mit dem dialektisch-theologischen Ansatz, indem er den paradoxalen Grundcharakter jeder dogmatischen Aussage festhält, aber dynamisiert. Tillichs Korrelationsmethode verknüpft die kerygmatische mit der anthropologischen Seite der Theologie, vereint Botschaft und Situation und will so die christliche Wahrheit an der Wirklichkeitserfahrung des Menschen bewähren. Auf diese Weise adressiert Tillich sein Denken nicht nur an die Christinnen und Christen, sondern auch an den neuzeitlichen Menschen mit seinen besonderen Erfahrungen, zu denen wesentlich der Zweifel und die Skepsis gehören. Bei näherem Zusehen erweist sich die auf den ersten Blick schlicht wirkende Korrelationsmethode als sehr voraussetzungsreich, denn Tillich verschränkt geschichtsphilosophische, existenzialanthropologische und theologische Aussagen miteinander, weil sich ontologisch zeigt, dass alle Bezugsgrößen einander bedingen und aufeinander verweisen.

Höhepunkt von Tillichs eindringlicher Analyse des menschlichen Lebensvollzuges – und der mit ihm verbundenen Zweideutigkeiten und Antagonismen bis hin zum »Schock des Nichtseins« – ist seine freiheitstheoretische Interpretation der alten Sündenlehre im dritten Teil seines Hauptwerkes. Im Anschluss an den dänischen Denker Søren Kierkegaard legt er die schicksalhafte Selbstverstrickung des Freiheitslebens frei und deutet sie als Entfremdung des Menschen von sich und Gott. Der Versuch, diese Entfremdung selbst zu überwinden, führt zum Scheitern und zum Verlangen nach dem »Neuen Sein«, das inner- oder außerhalb der Geschichte gesucht wird. In der Begegnung mit Jesus Christus als dem »Neuen Sein« findet sich die Antwort. Sie eröffnet eine Wirklichkeit, die alle Entfremdung, an der der Mensch Anteil hat, in die ungebrochene Einheit mit Gott hineinnimmt. Aufriss und Gefälle seiner Systematischen Theologie zeigen, dass Tillich konsequent und umfassend die theologische Deutung der menschlichen Existenz in ihrer Modernität und Tiefe aufgegriffen und durchdrungen hat. Im vierten und fünften Teil bezieht Tillich seinen Ansatz auch auf kulturphilosophische und gesellschaftstheoretische Aspekte. Zur Modernität der Theologie Tillichs gehört, dass er den symbolischen Charakter religiöser Kommunikation klar ausgesprochen und methodisiert hat. Auch ist sein durchaus erfolgreiches sprachschöpferisches Bemühen um neue theologische Begriffe wie »das Unbedingte«, »Entfremdung«, »Neues Sein« und »Mut zum Sein« zu nennen, die von ihm zunächst meta-sprachlich eingeführt werden, aber auch in die kirchliche und religiöse Kommunikation eingehen.

2. Neue Themen: Dogmatik unter den Bedingungen des modernen Denkens

Zu den innovativen Impulsen gehört die Rezeption der späten theologischen Fragmente des von den Nationalsozialisten verhafteten und kurz vor Kriegsende ermordeten Dietrich Bonhoeffer, die sein Schüler und Vertrauter Eberhard Bethge unter dem Titel »Widerstand und Ergebung« 1951 postum publiziert. Es ist insbesondere die Vision einer religionslosen Interpretation des Christentums, die einen neuen Zugang zur christlichen Tradition verheißt, der theologische Religionskritik und Anerkennung der mündig gewordenen Welt in der Neuzeit miteinander verbindet. Bonhoeffer deutet die wesentlichen Entwicklungsschritte seit dem Mittelalter in Wissenschaft, Gesellschaft, Staat, Kunst, Ethik und Religion nicht als »Abfall von Gott«. Zwar ist am Ende dieser Entwicklung »Gott als moralische, politische, naturwissenschaftliche Arbeitshypothese [...] abgeschafft« [Widerstand, 240] – Der Mensch muss in der modernen Welt leben und entscheiden, als wenn es Gott nicht gäbe (*etsi deus non daretur*) –, genau an dieser Stelle aber setzt das Bekenntnis zu Gott ein, der sich in Christus offenbart. Die religionslose Welt legt den Blick auf Christus frei: »Die mündige Welt ist gottloser und darum vielleicht gerade Gott-näher als die unmündige Welt.« [ebd., 246] Der in Christus offenbare Gott ist der ohnmächtige und leidende Gott, der uns in der Welt leben lässt. Solch paradoxe Sätze lassen Bonhoeffers theologische Anerkennung des modernen Lebens anklingen. Gotteserfahrung gibt es nur durch die Christusbegegnung, in der Gott offenbar ist als »Dasein-für-andere«. Dementsprechend ist auch die Kirche als der gegenwärtige Christus dadurch gekennzeichnet, dass sie für andere da ist. Diese Einsicht prägt insbesondere die Theologie in der DDR. Bonhoeffers fragmentarische und nicht in jeder Hinsicht ausgearbeitete Überlegungen entfalten besondere Wirkung durch ihre Rückbindung an sein persönliches Engagement und Schicksal.

Eine Variante theologischer Würdigung der modernen Welt findet sich bei Friedrich Gogarten in Göttingen, der den ursprünglich aus der Rechtswissenschaft stammenden Begriff der Säkularisierung in seinem Buch »Verhängnis und Hoffnung der Neuzeit. Die Säkularisierung als theologisches Problem« (1953) aufgreift. Gogarten versteht unter »Säkularisierung« negativ die Entsakralisierung der Wirklichkeit, positiv die Verweltlichung der Welt. Der Begriff hat heilsgeschichtliche und strukturelle Bedeutung. Das Erscheinen Jesu Christi bedeutet zunächst eine weltgeschichtliche Wende. Der Mensch vor diesem Ereignis lebt in einer Welt, die von göttlichen Ordnungen, heiligen Mächten und Kräften durchwaltet ist. Mit dem Wirken und Geschick Jesu Christi zerbricht diese Weltordnung, Das Verhältnis des Menschen zur Welt wandelt sich grundsätzlich, denn er wird frei und steht der Welt in einem versachlichten Verhältnis gegenüber. Das frühere »Eingebettet-Sein« in die Welt gilt jetzt als Sünde und Gottlosigkeit. In dieser Säkularisierung liegt nun ein Sollen, das als Verantwortung aufgegriffen wird. Zur Gestaltung der Welt nutzt der Mensch die Vernunft. Besondere ethische Impulse aus dem Geist des Christentums gibt es nicht. Die Aufgabe des Glaubens liegt vielmehr darin, die Welt im Modus der »Säkularität« zu halten. Hier zeigt sich die strukturelle Dimension. Die Welt ist von allen religiösen, metaphysischen oder ideologischen Überhöhungen frei zu halten. Diese Aufgabe stellt sich dem Glauben in jeder Gegenwartssituation, wie Gogarten mit Blick auf die Nationalismen des 20. Jahrhunderts deutlich macht.

Für diese Phänomene verwendet Gogarten den Begriff des Säkularismus. Er bezeichnet die Konstellation, in der der säkulare Mensch für sein Verhältnis zur Welt erneut eine quasi religiöse Dignität in Anspruch nimmt, sei es, indem er sich selbst zum Heilsbringer ermächtigt, sei es, indem er die Vernunft überschätzt, wie Gogarten kritisch mit Blick auf Marxismus und Nihilismus ausführt. Das »Verhängnis« der Neuzeit bestehe darin, dass die befreite Vernunft sich zu Ganzheitsaussagen über die Wirklichkeit überdehnt und zur Ideologie wird. Insofern hält Gogartens Theologie neben dem positiven Zugriff auf die säkulare Welt immer auch kritische Distanz zu ihr.

Hohe Aufmerksamkeit, ja öffentliche Erregung provoziert das Programm der Entmythologisierung der neutestamentlichen Verkündigung des Marburger Theologen Rudolf Bultmann. Er legte es bereits 1941 in seinem Aufsatz »Neues Testament und Mythologie« vor. Seine zum Teil krasse Wirkung entfaltete es aber erst nach dem Krieg. Die Kritik an Bultmann steigerte sich bis zu der Forderung, man möge ihm die kirchliche Prüfungserlaubnis entziehen. Diese Forderung wirft ein bezeichnendes Licht auf die damalige Lage. Denn anders als Barths Theologie, deren kritische Stoßrichtung sich dogmatisch zunehmend verflüchtigt und die nun ein wesentlicher Baustein der kirchlichen Restauration wird, schien Bultmanns kritische Lesart des Neuen Testaments das Fundament der Kirche, die sich als starke Institution präsentierte, in Frage zu stellen. Mit der Radikalität des Historikers führt Bultmann aus, dass das Neue Testament das Heilsgeschehen in mythologischen Anschauungen bezeugt. Dem modernen Menschen bleibt das unverständlich, weil er nicht mehr in den Vorstellungen des antiken Weltbildes lebt. Soll es also zu einer echten Begegnung kommen, muss die neutestamentliche Botschaft entmythologisiert werden. Das ist für Bultmann kein gewaltsamer Akt, denn diese Forderung widerspricht dem biblischen Zeugnis nicht. Das mythische Weltbild ist als solches gar nicht ein spezifisch christliches, sondern das Weltbild einer vergangenen Zeit, das noch nicht durch wissenschaftliches Denken geformt ist. Deshalb können viele Vorstellungen des Neuen Testaments, etwa der Geister- und Dämonenglaube oder die Wunder einschließlich der Auferstehung, beiseitegestellt werden. Bultmann will mit der Entmythologisierung nicht das Wagnis des Glaubens ermäßigen, sondern Verstehenshindernisse beseitigen, um das Paradox des christlichen Glaubens, das Wort vom Kreuz als Wort der Versöhnung, zum Ausdruck zu bringen. Dem dient die existentiale Interpretation, die er mit unterschiedlichen Argumenten begründet. *Einmal* bleibt auch für den Glauben die Forderung nach intellektueller Redlichkeit verpflichtend. Er muss verstehen, woran er sich orientiert. *Sodann* ist der Mythos selber auf existentiale Interpretation angelegt, da er, so Bultmann, nicht auf ein objektives Weltbild, sondern auf das Selbstverständnis des Menschen zielt. *Schließlich* verweist auch das Neue Testament selbst in diese Richtung. Denn einerseits enthält es eine Vielzahl widersprechender Aussagen, deren Sinn nur durch kritische Interpretation geklärt werden kann, andererseits sind in ihm selbst schon Ansätze zur Entmythologisierung erkennbar, wie Bultmann vor allem mit Verweis auf das Johannes-Evangelium mit seiner präsentischen Eschatologie deutlich macht.

Bultmann hat mit diesem Programm eine über Theologie und Kirchen hinausreichende breite Wirkung erzielt und Zustimmung und Ablehnung gleichermaßen auf sich gezogen. Die Folgeprobleme dieses Programms sind innertheologisch durchdiskutiert worden. Dazu gehört vor allem die christologische Frage, denn die existentiale Interpretation bewegt sich auf einer anderen Ebene als die historisch-kritische Analyse. Letztere erforscht historische Sachverhalte auf distanziert-objektive Weise. Die existentiale Interpretation fragt nach der Bedeutsamkeit geschichtlicher Phänomene für den Menschen. Deshalb sehen sich die Schüler und Freunde Bultmanns zu kritischen Einsprüchen und Abgrenzungen veranlasst. Insbesondere der Aufsatz »Das Problem des historischen Jesus« von Ernst Käsemann eröffnet die Kontroverse über die Bedeutung des historischen Jesus für den Glauben, die ein Jahrzehnt die theologische Diskussion bestimmt. Auch in ihr äußert sich das moderne Bewusstsein, denn Bultmanns Desinteresse am historischen Jesus und seine Anknüpfung am verkündigten Christus der Kirche steht im Verdacht, selbst mythologisch zu sein oder durch Überbetonung der kirchlichen Überlieferungstätigkeit autoritäre Strukturen mit dem Glauben zu verknüpfen, wohingegen sich mit der Berufung auf den historischen Jesus ein emanzipatives Interesse verbindet. So steht Bultmann trotz hoher Reputation auf einmal zwischen den Fronten. An den Kontroversen um seine Theologie werden die in dieser Epoche sich vollziehenden Wechsel der Denkparadigmen sichtbar.

Bultmanns Programm einer zeitgemäßen Auslegung der neutestamentlichen Überlieferung nimmt in den hermeneutischen Theologien von Ernst Fuchs und Gerhard Ebeling eine andere Gestalt an. Ernst Fuchs, habilitierter Neutestamentler, engagiert in der Bekennenden Kirche und wegen seiner Beteiligung im kirchlichen Streit um Bultmanns Entmythologisierungsprogramm von der Kirchenleitung der Württembergischen Landeskirche mit einem mehrmonatigen Predigtverbot belegt, wirkte akademisch in Tübingen, ab 1955 in Berlin, wo er bis zum Mauerbau Studierende aus dem Westen und Osten erreichte und insbesondere Theologen der ostdeutschen Landeskirchen prägt: »Hermeneutik ist im Bereich der Theologie Sprachlehre des Glaubens.« [Fuchs, III] Mit diesem Satz eröffnet Fuchs seine Hermeneutik von 1954. Die Sprache hat für das Problem des Verstehens grundlegende Bedeutung, sofern Wirklichkeit sich nur sprachlich erschließt. Wirklich ist nur das, was als gegenwärtig zur Sprache gebracht werden kann. Ohne Sprache bleibt die Wirklichkeit stumm, gibt es keine Bedeutung und also auch kein Verstehen. Für die Theologie ergibt sich über diesen grundsätzlichen Zusammenhang von Wirklichkeit und Sprache hinaus die Bedeutung der Sprache für das Problem des Verstehens aus der Besonderheit des Wortes Gottes, das in historischen Texten überliefert ist und in der Begegnung mit dem durch die Verkündigung vermittelten Wort Gottes zum »Sprachereignis« wird. Der Begriff bezeichnet das Geschehen, in dem sich Gottes Liebe zum Menschen zur Sprache bringt und sich als Wirklichkeit für den Menschen erschließt.

Gerhard Ebeling in Tübingen, ab 1954 in Zürich, nimmt Anregungen Friedrich Schleiermachers auf, der die Hermeneutik als Kunstlehre des Verstehens etabliert und damit der Entwicklung des Selbstverständnisses der Geisteswissenschaften im 19. Jahrhundert einen wichtigen Impuls gegeben hat. Diese Tradition wird nun in sprachphilosophischer Zuspitzung und sowohl für die Luther-Forschung als auch für die Systematische Theologie fruchtbar gemacht. Programmatisch tritt Ebeling mit seinem Aufsatz »Die Bedeutung der historisch kritischen Methode für die protestantische Theologie und Kirche« hervor, mit dem er die nach dem Zweiten Weltkrieg neu erscheinende »Zeitschrift für Theologie und Kirche« eröffnet. Hier gibt Ebeling seiner Theologie den Rahmen, den er in den folgenden Jahren füllen wird. Die historisch-kritische Forschungsmethode ist ein Instrumentarium zum Verstehen geschichtlicher Texte und zugleich fest im reformatorischen Schriftprinzip verankert. Denn die Theologie des Wortes Gottes, die die Bezeugung dieses Wortes in der heiligen Schrift ernst nimmt, ist zu dessen genauem Verständnis angehalten. Das schließt kritische Wahrnehmung ein und verbindet die Theologie mit anderen historisch arbeitenden Wissenschaften. Die Theologie verfügt über keine Sonderhermeneutik. Der Sachzusammenhang von modernem historischem Denken und reformatorischer Theologie lässt sich auch am reformatorischen Verständnis von Glaube und Rechtfertigung bewähren. Danach richte sich der Glaube allein auf Gottes zusprechendes Wort und vertraue ihm ohne jede Sicherung. Die Ablehnung einer historisch kritischen Wahrnehmung biblischer Texte entspricht dem Versuch, den Glauben durch historische Absicherung mit einer Stütze zu versehen, die ihn aber um seinen Wagnischarakter bringt. Sofern das historisch-kritische Verfahren ein solches Sicherungsbedürfnis durchkreuzt, entspricht es der Bewegung des Glaubens, der auf Gott vertraut. Die Aufgabe der hermeneutischen Theologie besteht darin, das in der Bibel bezeugte und im Glauben als Wahrheit vergewisserte Geschehen durch umfassende Verständnisbemühungen mit der stets sprachlich vermittelten Wirklichkeit der Menschen zu verknüpfen und in ihr neu zur Sprache zu bringen.

3. Neue Themen: Ethik in den Nachkriegsgesellschaften

Auch auf dem Gebiet der Ethik wirkt Bonhoeffers Vermächtnis. Seine Fragmente zur Ethik werden von Bethge 1948 herausgegeben und entfalten alsbald ihre Langzeitwirkung. Im Denk- und Sprachstil lutherisch-traditionell angelegt will Bonhoeffer das von ihm sogenannte »Denken in zwei Räumen« christologisch überwinden. Die Ethik hat es mit der Welt zu tun, der Gott sich in Jesus Christus zugewendet hat. In diesem Zusammenhang führt Bonhoeffer die wirkungskräftige Unterscheidung zwischen den letzten und vorletzten Dingen ein und gewichtet beide Pole in charakteristischer Weise. Gottes letztes Wort ist die Rechtfertigung aus Gnade und Glaube, um derentwillen das Vorletzte zur Sprache gebracht werden muss. Weil im Glauben an den menschgewordenen, gekreuzigten und auferstandenen Gott die Liebe Gottes über die Sünde des Menschen offenbar wird, gilt die »vorletzte« menschliche Wirklichkeit als Welt, die Gott erhalten will. Die christliche Verantwortung stellt das Diesseits des Lebens in den Fokus. Bonhoeffer weist in seiner originellen Neufassung der reformatorischen Obrigkeitslehre der Kirche ein Wächteramt zu, durch das die Obrigkeit am Maßstab der Königsherrschaft Christi an ihren göttlichen Auftrag zu erinnert werden soll, deren Grenzen in der Freiheit der göttlichen Mandate in »Ehe und Familie« und »Arbeit« bestehen. Mit der »Königsherrschaft Christi« als ethischer Norm für die ganze Wirklichkeit begründet, bahnt Bonhoeffer die Abkehr von der traditionellen Ordnungsethik an und etabliert eine situationsorientierte Verantwortungsethik, die er insbesondere am Widerstand durchbuchstabiert hat. An diesem Thema kann Bonhoeffer plausibel einschärfen, dass christliche Verantwortungsübernahme und notwendige Schuldreflexion stets korrespondieren. Bonhoeffers Ethik und die Barmer Theologische Erklärung von 1934 bilden die Fußpunkte im theologischen Ringen um das christliche Verhältnis zum Staat, das in der DDR und in der BRD unterschiedliche Formen annimmt. Die Verfassung der DDR hatte – ähnlich wie das westdeutsche Grundgesetz – den Kirchen Religionsfreiheit und weitere Rechte zugestanden. Die Kirchenpolitik des SED-Regimes zielte jedoch auf Ausschaltung der volkskirchlichen Strukturen. Mittel dazu waren u. a. die Abschaffung des schulischen Religionsunterrichts, die Einführung der Jugendweihe und die Forderung einer kirchlichen Loyalitätserklärung gegenüber der DDR-Regierung. Im Anschluss an die Barmer Theologische Erklärung und die Erfahrungen der Bekennenden Kirche berufen sich die Theologen in der DDR auf das Wächteramt der Kirchen im Verhältnis zum Staat und weisen die Ansprüche des totalitären Staates zurück. Man fordert, dass der Staat das »heilige Recht Gottes« und »die Würde und die Freiheit des Menschen« achtet, wie es in einer Erklärung der Synode der EKD in Berlin-Weißensee vom April 1950 heißt. Neben dieser kritischen Haltung dem DDR-Staat gegenüber werden zunehmend Stimmen vernehmbar, die für ein theologischen Arrangement mit dem atheistischen Staat plädieren. Auf der EKD-Synode im Juni 1956 vertritt der Cottbusser Generalsuperintendent Günter Jacob die These vom Ende des Konstantinischen Zeitalters und zielt darauf, dass sich die Kirchen in der DDR darauf einzustellen hätten, ihre Arbeit ohne staatliche Privilegien zu verrichten. Gerade die Rechtsunsicherheit in der DDR biete die Chance zu einer wahrhaft authentischen Evangeliumsverkündigung. Diese Position wird von Karl Barth öffentlich unterstützt. Dementsprechend formuliert Martin Fischer, Professor für Praktische Theologie in Berlin, dass eine Verchristlichung der Staatsgewalt nicht erforderlich sei, um die Obrigkeit theologisch anzuerkennen.

Dagegen wendet sich der Berliner Bischof und EKD-Ratsvorsitzende Otto Dibelius in seinem Buch »Obrigkeit« von 1959 und stellt fest, dass das neutestamentliche Verständnis von »Obrigkeit« nicht auf jede Form von Staatlichkeit übertragen werden kann. Gerade der demokratische Staat, in dem die Parteien die Regierung stellen, könne allenfalls eine »gebrochene Autorität« haben. Dieser Vorbehalt gilt umso mehr für Staaten, die – wie das NS-Regime oder die DDR – als totalitäre Staaten anzusehen sind, die nicht nur das Christentum als sittliches Fundament ablehnen, sondern es auch bekämpfen. In diesem Fall könne man nicht von Obrigkeit sprechen. Kriterium für die christliche Anerkennung einer staatlichen Ordnung sei, dass die sittlichen Grundlagen eines Staates den Dekalog und das Gebot der Nächstenliebe zur Geltung bringen. Die dem Staat zugrunde liegende sittliche Wertordnung wird zur Voraussetzung für christliche Loyalität und christliches Engagement. Damit zielt Dibelius auf eine Differenzierung zwischen dem atheistischen Staat und dem Rechtsstaat, die sich nebeneinander im Nachkriegsdeutschland etabliert hatten. Weniger relevant ist dabei die Staatsform, entscheidend ist die mit der sittlichen Substanz verknüpfte Rechtsstaatlichkeit. Insofern liegt in Dibelius' Obrigkeitsschrift keine Aneignung der Demokratie vor: Ziel seiner Kritik ist vielmehr die Überwindung der Äquidistanz zu jeder Staatsform, die man in den Kirchen der DDR zu diesem Zeitpunkt anstrebte.

Die Hinwendung zur Ethik und die Erschließung neuer Themen zeigt sich vorzüglich bei Helmut Thielicke, der die lutherischen Impulse seines Lehrers Althaus eigenständig weiterverarbeitet. Thielicke ist seit 1945 Professor für Systematische Theologie in Tübingen, 1954 wechselt er an die neu gegründete Fakultät in Hamburg, wo er auch als sehr beliebter Prediger Einfluss nimmt. Mit seiner geschichtstheologischen Deutung der lutherischen Unterscheidung von Gesetz und Evangelium hält er an der christologischen Fokussierung des Offenbarungsverständnisses fest und öffnet es für die gesellschaftlichen Realitäten. Die Gegebenheiten der Wirklichkeit können nach Thielicke als »Gesetz« verstanden werden, das einer Christin oder einem Christen den Charakter der Gefallenheit alles Weltlichen und dessen Rechtfertigungsbedürftigkeit vor Augen führt. Zugleich weiß er aus der Offenbarung des Evangeliums um den gnadenhaften Beistand Gottes und seine Zusage, dass Mensch und Welt eine heilvolle Zukunft haben werden. Dieser Glaube befreie den Menschen und beauftrage ihn zum Handeln an den Mitmenschen und der Welt. Dieses Verhältnis gilt in den verschiedenen Ordnungen wie Ehe und Familie, Recht, Wirtschaft und Staat. An der politischen Ethik wird exemplarisch deutlich, wie Thielicke den Schritt über die Ordnungstheologie hinaus macht. Das Politische fällt in die Sphäre des Gesetzes, denn die obrigkeitliche Macht hat die heilsgeschichtliche Funktion von Ordnungsstiftung in der durch die Sünde geprägten Welt, es ist Teil der göttlichen »Notverordnung der gefallenen Welt« [Thielicke, 174]. Für eine zeitgemäße Bestimmung der Staatsaufgaben ist allerdings dem Wandel der Epochen Rechnung zu tragen. Im ursprünglichen Sinn ist die reformatorische Obrigkeitslehre nicht in die Gegenwart übertragbar, gleichwohl gibt es Kontinuitätsaspekte. Während die Tatsache, dass es einen Staat geben muss, nicht zur Disposition steht, ist die konkrete Staatsform durch den Menschen gestaltbar. Leitbegriff dafür ist die »empfangende

Vernunft«, die von Gott gegeben und begrenzt ist. Ihr ist die Gestaltung des Staatswesens anvertraut. Dieses Verständnis setzt ihren pragmatischen und instrumentellen Gebrauch frei, der die theologische Anerkennung der Menschenrechte und des Grundrechtskatalogs des Grundgesetzes ermöglicht. Sie gelten als irdische Abschattung derjenigen Grenze, die der menschlichen Machtausübung durch Gott gesetzt ist. Demokratie wird als eine Form der von Gott ermöglichten und begrenzt vernünftigen Selbstbestimmung des Menschen aufgefasst. Auch das politische Handeln der Christinnen und Christen orientiert sich an einem pragmatischen Vernunftverständnis und verhält sich unideologisch. In allen ethischen Konfliktsituationen bewährt sich die durch Glauben ermöglichte Freiheit sachlicher Einsicht *und* sachlichen Handelns. Der Kompromiss ist daher die christlich gebotene Lösung, der sein Urbild in dem Kompromiss Gottes mit der gefallenen Welt hat.

Wolfgang Trillhaas, wie Thielicke geprägt durch eine Erlanger Bildungsbiographie, ist seit 1946 Professor in Göttingen mit einer großen Zahl an akademischen Schülern. Seit seiner Habilitation ist Trillhaas Anregungen Friedrich Schleiermachers verpflichtet und in dieser Linie versteht er die »ethische Frage« als »die Frage des Menschseins. [...] Sie ist die Frage der steten Menschwerdung des Menschen.« [Trillhaas, 13] In enger »Nachbarschaft zur philosophischen Ethik« [ebd., VI] greift er in seiner 1959 erstmals publizierten »Ethik« die Phänomenologie des Philosophen Alexander Pfänder auf und geht methodisch so vor, dass er zunächst die ethischen Probleme in ihrem Wesensgehalt und ihrer humanen Allgemeinheit beschreibt, bevor er sie im Licht des christlichen Glaubens erörtert und deutet. Dabei eröffnet er ein sehr breites Spektrum von Themen wie Medizin-, Technik- und Kunstethik. In der Sozialethik werden gesellschaftswissenschaftliche, wirtschaftsethische und politische Fragen zur Sprache gebracht. Hellsichtig thematisiert er hier die zentrale Bedeutung der Macht, deren Eigengesetzlichkeit insbesondere auf dem Gebiet des Wirtschaftslebens durch christliche Verantwortung eingehegt werden kann. Trillhaas sieht in der Sozialpartnerschaft von Wirtschaftsverbänden und Gewerkschaften eine sozialethische Umsetzung dieses Gedankens. Wie Thielicke betont auch er die ethische Bedeutung des Kompromisses. Die Kirche wird von Trillhaas in seiner Ethik wie in der späteren Dogmatik nachgeordnet. Bei ihm werden Konturen einer Theorie des Christentums sichtbar, die über dessen kirchliche Verfassung hinausweist. Dafür gehen wesentliche Impulse von dem 1955 in Münster gegründeten »Institut für christliche Gesellschaftslehre« aus. Dessen Gründer Heinz-Dietrich Wendland initiiert methodisch innovative sozialethische und soziologische Forschungen in den Gebieten Politik und Recht, Wirtschaft und Arbeitswelt, Ehe, Familie und Geschlechterbeziehungen. Hier beginnt sich die interdisziplinäre Öffnung der Theologie abzuzeichnen, die sich in den 1960er Jahren vollziehen wird.

Albrecht, Christian / Anselm, Reiner (Hg.): Teilnehmende Zeitgenossenschaft. Studien zum Protestantismus in den ethischen Debatten der Bundesrepublik Deutschland 1949–1989 (RBRD 1). Tübingen 2015.

Fischer, Hermann: Protestantische Theologie im 20. Jahrhundert. Stuttgart 2002.

Rohls, Jan: Protestantische Theologie der Neuzeit. Bd. II: Das 20. Jahrhundert. Tübingen 1997.

Scherf, David: Gesetz und Evangelium im Nachkriegsprotestantismus. Tübingen 2019.

Scheliha, Arnulf von: Der deutsche Protestantismus auf dem Weg zur Demokratie, in: Hermann-Josef Große Kracht / Gerhard Schreiber (Hg.): Wechselseitige Erwartungslosigkeit? Die Kirchen und der Staat des Grundgesetzes – Gestern, Heute, Morgen. Berlin/Boston 2019, 57–78.

Arnulf von Scheliha

VII. Bildung und Kultur

A Bildung

Die Kirchenpolitik der Alliierten gestaltete sich verschieden. Während die englische und amerikanische Politik von den Kirchen eine positive Wirkung auf die demokratische Ausrichtung des deutschen Volkes erwartete, versuchte man in der russischen und französischen Verwaltungszone ihren Einfluss auf die Politik möglichst zu limitieren. Dies blieb nicht ohne Auswirkungen auf die Bildungsarbeit der Kirchen, die mit einem erheblichen Pfarrermangel sowie der Betreuung der Flüchtlingsströme rangen [Greschat 2002, 53–73].

1. Begriffsklärungen

Das Grundgesetz (GG) vom 23. Mai 1949 übernahm die wesentlichen religionsrechtlichen Regelungen der Weimarer Reichsverfassung [Munsonius, 51f.]: Die Glaubens- und Bekenntnisfreiheit wird als Freiheit des weltanschaulichen Bekenntnisses in öffentlichen Räumen (§4.1) sowie durch das Recht auf ungestörte gemeinschaftliche Religionsausübung geschützt (§4.2). »Positive Religionsfreiheit« wird im Sinne der Ermöglichung von religiöser Bildung durch Einrichtung von Religionsunterricht (RU) garantiert (§7.2), »negative Religionsfreiheit« durch Abwehr eines staatlichen Zwangs zur Erteilung von RU (§7.3) [Campenhausen, 63f.].

Die Verfassung der DDR vom 7. Oktober 1949 (VDDR) nahm die kirchenpolitischen Regelungen der Weimarer Reichsverfassung auf, gewährte aber die Religionsfreiheit nur eingeschränkt: Kirchliche Feiertage und konfessioneller RU wurden abgeschafft [Dienst, 62–65].

2. Schulwesen

Der Wiederaufbau des Schulsystems lehnte sich im Westen eng an das Reichsgrundschulgesetz von 1920 sowie – in den ehemals preußischen Gebieten – an die Richertschen Richtlinien von 1925/26 an. Die EKD-Synode erarbeitete 1958 das in die Zukunft weisende »Wort zur Schulfrage«, das in einem Bekenntnis zur Selbstständigkeit der Schulen gipfelte: »Die Kirche ist zu einem freien Dienst an einer freien Schule bereit«.

Die Volks- oder Grundschule galt als gemeinsame Schule für alle und bereitete den Eintritt in das mittlere und höhere Schulwesen vor. In Berlin, Hamburg und Schleswig-Holstein erstreckte sie sich auf sechs statt ansonsten auf vier Jahre. In einigen Ländern – u. a. in Bayern, Nordrhein-Westfalen und Niedersachen – wurde sie als Bekenntnisschule in den Länderverfassungen implementiert. Die Rekonfessionalisierung erfolgte in Reaktion auf die nationalsozialistische Gemeinschaftsschule. In anderen Ländern führten die konfessionell homogenen Gebiete mit sich durchmischenden Bevölkerungsverschiebungen zur Einführung von Gemeinschaftsschulen [Dienst, 121]. Das dreigliedrige Schulsystem wurde ebenfalls übernommen. Die Volksschuloberstufe (ab 1964 Hauptschule) wurde zur Pflichtschule für Jugendliche, die Mittelschule (ab 1964 bundeseinheitlich Realschule) orientierte sich zu den gehobeneren Berufen – u.a. in der Berufsfachschule – hin. Das Gymnasium adressierte die begabten Schülerinnen und Schüler. Seit 1952 diskutierte man die Abhängigkeit des Begabungsbegriffs (Heinrich Roth) vom Sozialstatus der Eltern, dem Geschlecht, der Konfession, aber auch der sozial-räumlichen Struktur [Furck, 282–308].

Anders als in der BRD erstrebte man in der DDR eine vollkommene Neuordnung des aus der Weimarer Republik überkommenen Schulsystems, da dieses in demokratischer Hinsicht versagt habe. Zum neuen Schultyp bestimmte man die »demokratische Einheitsschule«, die eine achtjährige Grundschul- sowie eine vierjährige Oberschulzeit vorsah, zu der als Alternative die dreijährige Berufsschule vorgesehen war. Seit 1949 wurden die Lehrpläne im Rückgriff auf sowjetpädagogische Bildungs- und Erziehungsziele unter Federführung des Deutschen Pädagogischen Zentralinstituts umgestaltet. Der polytechnische Unterricht wurde 1958 als wesentliches Element der weiteren Schulentwicklung implementiert [Baske, 162–171]. In den östlichen Gebieten wurde die Verbindung von Kirche und Schule »einem fortschreitenden Auflösungsprozess« [Dienst, 113] unterworfen. Die grundständigen Schulen gerieten immer stärker unter den ideologischen Einfluss eines staatlich verordneten Sozialismus, der jegliche Mitverantwortung der Kirchen für den öffentlichen Sektor zurückwies. Privatschulen waren bereits 1945 verboten worden.

3. Religionsunterricht

Der RU wurde – in weitgehender Übereinstimmung mit der Weimarer Reichsverfassung – in der BRD als ordentliches Lehrfach vom Grundgesetz garantiert (GG § 7.3). Seine besondere Stellung wurde im Einzelnen in Staatsverträgen der Länder mit den (Landes-)Kirchen geregelt. Bremen, Hamburg und Berlin gehen – unter Berufung auf die Bremer Klausel (GG § 149) – mit dem Biblischen Geschichtsunterricht, dem RU für alle sowie dem freiwilligen RU in Trägerschaft der Kirchen eigene Wege.

In den östlichen Gebieten wurde der RU in der »demokratischen Einheitsschule« verboten, auch wenn die Verfassung den selbstorganisierten und -finanzierten RU in den Räumen der Schule (VDDR §§ 40, 44) garantierte. Die zu Beginn der 1950er Jahre einsetzenden kirchenfeindlichen Maßnahmen erschwerten die Durchführung eines freiwilligen RU. Seit 1958 durfte er lediglich an der acht Jahre umfassenden Grundschule erteilt werden. Seit Anfang der 1960er Jahre wurde er ausschließlich in Form der – aus der Bekennenden Kirche übernommenen – gemeindlich-katechetischen Christenlehre erteilt.

4. Religions- und Gemeindepädagogik

In den westlichen Gebieten knüpfte man an die neuhumanistischen und reformpädagogischen Traditionen der Weimarer Republik an. In den östlichen Gebieten orientierte man sich tendenziell an deren sozialistischen (Deutungs-)Varianten.

Nach 1945 wurde ein neuer katechetisch-pädagogischer Ansatz in der Schrift »Vom Religionsunterricht zur Evangelischen Unterweisung« (1947) programmatisch entfaltet. Ihr Verfasser, der Religionspädagoge Helmuth Kittel, wandte sich gegen den ideologieanfälligen Religionsbegriff, in dem er den Ansatz auf Bibel, Gesangbuch und Katechismus stützte. Die drei Elemente prägten die Unterrichtsvorstellungen der Reformatoren und wurden von ihm auf die gegenwärtige Wirklichkeit bezogen: Biblischer Zusagecharakter der sich in Jesus Christus ereignenden Liebe Gottes, das Lernen lebendigen Betens mit dem Gesangbuch sowie die Übersetzung des Katechismus in die Gegenwart standen im Zentrum eines Ansatzes, den die Lehrkraft vom geistlichen Auftrag der Kirche her inhaltlich dynamisch erschloss. Der Ansatz breitete sich bis weit in die 1960er Jahre hinein im Schulwesen aus [Lähnemann, 260].

Der Pädagoge Oskar Hammelsbeck plädierte zwar für eine Beibehaltung der konfessionellen Lehrkräftebildung. Den RU verstand er aber als kirchliche Aufgabe und verknüpfte ihn mit anderen Feldern kirchlicher Bildungsarbeit – wie etwa dem Kindergottesdienst oder der Erwachsenenbildung. Kirchliche Bildungsarbeit begriff er als einen die Biographie der Christinnen und Christen umspannenden, pädagogischen Handlungszusammenhang. Dessen ungeachtet stellte er die Eigenständigkeit der Erziehung gegenüber Theologie und Kirche heraus. Pädagogik begriff er als hermeneutisch-pragmatische Wissenschaft, nicht ohne das Schulwort der EKD-Synode in seine religions- und gemeindepädagogischen Überlegungen mit einzubeziehen. Er sprach sich entschieden gegen die Bekenntnisschule und für die Gemeinschaftsschule aus. Seine Einstellung speiste sich aus der Überzeugung, dass es keine evangelische Erziehung gebe, wohl aber die Möglichkeit, »evangelisch zu erziehen« [Adam, 245].

Der Religionspädagoge Martin Stallmann nahm ebenfalls religions- und gemeindepädagogische Verschiebungen vor, insofern die Trennung von Kirche und Gesellschaft theologisch nicht bewältigt worden sei. Gegenüber einer ghettohaften Abseitsstellung der Kirche plädierte er für einen öffentlichen Dialog, in dem sich die Kirche ihrer Verantwortung für die moderne Welt auch theologisch stellt. Einer Funktionalisierung von Religionspädagogik für eine Erziehung zur Religion oder einer religiösen Begründung von Erziehung im Allgemeinen stand er kritisch gegenüber. Die Aufgabe der Religions- und Gemeindepädagogik sah er in der Wahrnehmung von Verantwortung gegenüber dem heranwachsenden Menschen ebenso wie gegenüber der christlichen Tradition.

In den Kirchen der DDR wurde der Ausdruck »Evangelische Unterweisung« nicht übernommen. Die Christenlehre galt als ein auf die Kirche hinführender Unterricht, der sich weniger der zeitgenössischen Theologie als vielmehr dem kulturpolitischen Status von Kirche verdankte. Der Ansatz der Christenlehre markierte jene katechetische Ausrichtung, mit der die christlichen Inhalte vor Methodenfragen priorisiert werden konnten. Otto Güldenberg sichert als maßgeblicher Verfasser der Lehrpläne für die Christenlehre (1952/1959) den Schulbezug eines kirchlichen Unterrichts, der auf dem biblischen Verkündigungsanliegen fußte [Dienst, 62–65].

5. Kindergartenarbeit

Bei der Wiedereröffnung der überwiegend nicht-staatlichen Kindergärten in den westlichen Gebieten knüpfte man an die in der Weimarer Republik entwickelten Traditionen an. Man orientierte sich zunächst an Fröbelschen Gedanken, griff aber auch auf sozialpolitische Überlegungen zurück: Kinder waren einerseits vor Reizüberflutung abzuschirmen, andererseits in einem Schonraum auf die gesellschaftliche Wirklichkeit vorzubereiten. In Folge des Sputnikschocks (1957) kam es in den USA zu einer Neuausrichtung der Kindergartenarbeit, die sich gezielt sozial benachteiligter Kinder annahm. Der Ansatz wurde auch in Deutschland aufgegriffen [Hielscher, 276f.].

In den östlichen Gebieten hielt eine politisch-ideologische Prägung in die Kindergärten Einzug. Der Staat baute Kinderkrippen und Kindergärten – aus sozioökonomischen und bildungspolitischen Überlegungen – heraus. Beide Elternteile sollten dem Produktionsprozess zur Verfügung stehen, zugleich war für die Erziehung ihrer Kinder zu einer sozialistischen Persönlichkeit Sorge zu tragen. Für das Personal in den etwa 300 evangelischen Kindergärten richteten die Kirchen spezielle Ausbildungsseminare ein [Dienst, 65].

6. (Religions-)Lehrkräfte

Die Neugestaltung der Lehrkräftebildung erfolgte durch bildungspolitische Vorgaben der Besatzungsmächte. Während es im Osten zu einer radikalen Entlassungspolitik kam, vollzog sich die Entnazifizierung in den westlichen Territorien auch insofern zögerlicher, als die föderalistischen Zuständigkeiten einerseits erhalten blieben, andererseits das Niveau der Lehrkräftebildung erst allmählich gesteigert wurde. Hinzu kam ein erheblicher Lehrkräftemangel [Müller-Rolli, 399f.]. Eine Diskussion um die Neuordnung insbesondere der Volks- und Mittelschullehrkräfte hob in den 1950er Jahren an, konfessionelle und quasi-seminaristische Lehrkräftebildung standen auf dem Prüfstand. Die (Aus-)Bildung gymnasialer Lehrkräfte blieb den Universitäten und Hochschulen vorbehalten [ebd., 403].

An Lehrkräften für das Fach Christenlehre herrschte in der DDR ein erheblicher Mangel, da die »Neulehrer« – auch an den Universitäten – nach 1945 keine religionsbezogene Ausbildung mehr erhielten. Katechetisches Personal für die Volksschulen wurde berufsbegleitend u.a. im Johannisstift Berlin ausgebildet. Die Christenlehre an der (erweiterten) Oberschule erfolgte in Katechetischen Oberseminaren [Dienst, 65].

7. Kirchliche und schulbezogene Jugendarbeit

In den westdeutschen Landeskirchen kam es zu einer Entwicklung, die insbesondere den Konfirmationsunterricht (KU) betraf. Während nach 1945 der KU zunächst eine starke Nachfrage erfuhr, war er zunehmend von innen gefährdet. Eine kirchliche Sozialisation konnte immer weniger vorausgesetzt werden. Vor diesem Hintergrund kam es Ende der 1950er Jahre zu konzeptionellen Überlegungen, die für neue Formen der Arbeit mit Konfirmandinnen und Konfirmanden und für ein Zugehen auf die Gesellschaft plädierten. Die Kirchen richteten den KU an einer veränderten Zielvorstellung aus: »Lernen, was es heißt, als Christ in unserer Zeit zu leben«.

In Ostdeutschland fanden sich seit 1945 junge Christinnen und Christen zusammen. Bei der »Jungen Gemeinde« handelte es sich nicht um eine Jugendorganisation, sondern um eine geduldete Form evangelischer Gemeindearbeit. Seit dem Aufstand von 1953, an dem etliche ihrer Mitglieder beteiligt waren, führte die sozialistische Propaganda einen Kampf gegen die

»Junge Gemeinde«. Gegen Ende der 1950er Jahre verstärkte sich auch der Druck auf den kirchlichen KU. Die staatliche Jugendweihe verpflichtete auf eine materialistische Weltanschauung. Jugendliche wurden zum Kirchenaustritt gedrängt [Mau, 67f.].

8. Medien und Zeitschriften

1952 wurde der »Evangelische Erzieher« im Verlag Moritz Diesterweg neu – bzw. unter neuem Namen – gegründet. Die Zeitschrift widmete sich der evangelischen Erziehung in RU, Schule, Haus und kirchlicher Gemeinschaft. Auch wenn sie zunächst der Evangelischen Unterweisung nahe stand, lehnten ihre Herausgeber – darunter Hammelsbeck – eine Konfessionalisierung des Schulwesens oder eine Verchristlichung der anderen Fächer ab. Der Versuch, mit dem Allgemeinen deutschen Lehrer- und Lehrerinnen-Verband (ADLV) zusammenzuarbeiten, scheiterte trotz gemeinsamer Ablehnung der Konfessionsschule an dem Umgang mit der Vokation.

1948 gab Herwig Hafa erstmals »Die Christenlehre« heraus, eine Zeitschrift, die sich an Katechetinnen und Katecheten in der DDR richtete. Da der RU in der Schule immer unter dem Zwang stehe, sich mit dem Bildungsideal des Staates zu arrangieren, sei die Entwicklung hin zur kirchlichen Unterweisung zu begrüßen. Die Christenlehre richtete sich an die jungen, getauften Glieder der Kirche.

Campenhausen, Axel Freiherr von: Der heutige Verfassungsstaat
    und die Religion, §2, in: Dietmar Pirson / Joseph Lists (Hg.):

Handbuch des Deutschen Staatskirchenrechts. Bd. 1. Berlin ²1994, 47–84.

Dienst, Karl: Bildungspolitik und Kirchen, in: Handbuch VI.2, 54–67.

Furck, Carl-Ludwig: Das Schulsystem: Primarbereich – Hauptschule – Realschule – Gymnasium – Gesamtschule, in: Handbuch VI.1, 282–356.

Greschat, Martin: Die evangelische Christenheit und die deutsche Geschichte nach 1945. Weichenstellungen in der Nachkriegszeit. Stuttgart 2002.

Mau, Rudolf: Der Protestantismus im Osten Deutschlands (1945–1990). Leipzig 2005.

Antje Roggenkamp

B. Kultur

1. Die Kirche als Kulturträgerin und Wegbereiterin der Demokratie

Die »Stunde Null« war die »Stunde der Kirche«. So schien es in der unmittelbaren Nachkriegszeit. Denn die Kirche war der einzige Großverband, der seine Arbeit direkt nach dem Ende der Kampfhandlungen fortsetzen, im Vakuum der ersten Wochen Position beziehen und die Bevölkerung bei den Siegermächten vertreten konnte. Ihre Organisationsstruktur hatte Gleichschaltung und Krieg überstanden. Ihr ansatzweise geleisteter Widerstand gegen die NS-Diktatur machte sie bei allen Besatzungsmächten zu einer moralischen Instanz, der man die Mitarbeit am Aufbau des Landes zutraute. Sie allein schien in der Lage, die Sprachlosigkeit zu überwinden, Verantwortungsbewusstsein und Urteilskraft zu wecken und die Bevölkerung neu auszurichten, ohne ihr die »Problematik von Schuld und Sühne« (Vollnhals) zu ersparen. So kam sie für kurze Zeit zu enormem Ansehen und Einfluss – nicht nur im Binnenraum, sondern auch in der Öffentlichkeit, wo sie als Wegbereiterin des demokratischen Neubeginns fungieren und als Kulturträgerin erzieherisch wirken sollte. Die Amerikaner banden sie in ihr Reeducation-Programm ein, aber auch die sowjetische Militärregierung versprach sich von ihr Mithilfe beim gesellschaftlichen Wiederaufbau. Die Kirche selbst hatte schon auf der Kirchenführerkonferenz in Treysa im August 1945 erklärt, die christliche Lebensordnung ins öffentliche Leben hineinbringen zu wollen, und realisierte diesen Öffentlichkeitswillen in Bereichen, in denen Kultur und Bildung eng verbunden sind: durch Gründung der Evangelischen Akademien (1945), des Evangelischen Kirchbautags (1946/49), des Evangelischen Kirchentags (1949) sowie durch Präsenz in Rundfunk und Presse, wo sie ihr Wächteramt in kritischer Zeitgenossenschaft auszuüben gedachte.

2. Kirchbau

Der Aufbau einer neuen kirchlichen Öffentlichkeit begann mit dem Kirchbau im kriegsverwüsteten Land. Bei der Unterzeichnung der Kapitulationsurkunde hatten Kirchenglocken den Neubeginn eingeläutet, doch die Kriegsfolgen waren erdrückend. Großstädte lagen in Schutt und Asche. Ein Drittel aller kirchlichen Gebäude war zerstört und mit ihnen das Stadtbild verloren. Wohnraum war knapp, die Versorgungsnot groß, der Alltag ins Freie verlegt. Pfarrhäuser dienten als Anlaufstelle für Versprengte. Kirchliche Bauwerke wurden notgesichert, und obwohl es an Gesangbüchern fehlte, wurde Dankgottesdienst in Ruinen gefeiert und mit dem Wiederaufbau begonnen. Einzelprojekte von großer Identifikationskraft wurden sofort angegangen und trotz Materialknappheit realisiert – darunter der Aufbau der Lübecker Marienkirche, die nach dem Angriff britischer Bomber an Palmarum 1942 als komplett zerstört galt. 1947 begann eine Spendenaktion, um die Stadt der sieben Türme wiederaufzurichten. Dabei wurden die Glocken des Süderturms, die durch den Angriff herabgestürzt und zerborsten waren, als Mahnmal am Boden belassen. Sie symbolisierten das Strafgericht Gottes für die Hybris des Menschen. Um sie herum entstand eine Gedenkkapelle für die ehemaligen Ostgebiete, deren Wappen und Ortsnamen man in die Fenster integrierte, während die Kapelle durch ein Gitter verschlossen und so die alte Heimat als unzugänglich markiert wurde. Dem aus Danzig geflüchteten Pastor Gerhard Gülzow gelang es, die Glocken der Danziger Marienkirche in die Lübecker Marienkirche zu holen und so den Bedarf nach neuem Geläut mit Erinnerungsarbeit zu verbinden. Solche materiellen Bezugnahmen und Einbauten von Gedenkorten, die den Vertriebenen das Ankommen in den neuen Gemeinden erleichtert hätten, blieben aber selten. Wo gerettetes Abendmahlsgerät gestattet wurde, geschah dies aus pragmatischen Gründen – sofern es sich einfügte.

Der Kirchbau erfolgte zunächst aus Kriegsruinen und Trümmersteinen, um die Gemeinden früh zu versorgen, aber auch um Denkmäler von kulturhistorischem Wert für die Gesellschaft zu erhalten. Er wurde mit Hilfe der Alliierten, durch Spenden ausländischer Kirchen sowie die Tatkraft der Bevölkerung ermöglicht und von namhaften Architekten wie Gerhard Langmaack realisiert. Bekanntestes Beispiel der Trümmersteinarchitektur ist das Notkirchenprogramm (1948–1951) von Otto Bartning. Bartning war Mitbegründer des Kirchbautags, galt seit der Weimarer Zeit als Erneuerer des evangelischen Kirchenbaus und wurde oft mit Karl Friedrich Schinkel verglichen. Nun entwarf er, vom Bauhaus geprägt, 48 Notkirchen, die serielle Vorarbeit mit individueller Gestaltung verbanden und von denen 43 in Ost und West realisiert wurden. Obwohl als Provisorien gedacht, sind die meisten bis heute erhalten und als Weltkulturerbe im Gespräch.

Die Arbeit umfasste Rekonstruktionen, Neubauten in moderner Formensprache und purifizierte Wiederaufbauten. Dabei ging es weniger um historisierende Überdeckung als um Versuche, das Alte im Neuen aufscheinen zu lassen. Eingebaute Trümmersteine hielten den Krieg präsent, und Einbauten aus Stahl und Beton setzten spannungsvolle Kontraste. Zum Teil gelangte Kriegsgerät in die Kirchen, wenn Altarleuchter mit Geschosshülsen versilbert wurden. Mitunter wurden Steine aus NS-Gebäuden neben Steinen von Opferorten verbaut, ohne dass dies zu denken gab. Zu Umwidmungen kam es nur gelegentlich. So wurde die Frankfurter Paulskirche, Wahrzeichen deutscher Demokratie, 1948 zu einem profanen Versammlungsort, an dem die erste Buchmesse stattfand und der Friedenspreis des Deutschen Buchhandels – auch an Theologen – vergeben wurde. Einige Kirchen blieben Ruinen »zur Mahnung an Schuld und Sühne« [Kappel, 367]: die Aegidienkirche in Hannover, St. Nikolai in Hamburg und die Dresdner Frauenkirche. Die bekannteste Symbolruine ist die Kaiser-Wilhelm-Gedächtniskirche in Berlin. Der Architekt Egon Eiermann wollte die Turmruine ursprünglich abreißen, musste aber auf Druck der Bevölkerung Alt und Neu zusammenbringen. Er beließ den toten Turm und rahmte ihn durch einen Neubau mit blauen Glaswänden zu einem Meisterwerk des evangelischen Kirchbaus. Die Rolle der Kirche als Kultur tragende, Werte bildende Institution wird auf diesem Gebiet besonders sichtbar. Die Bautätigkeit wurde oft von Andachten und Vortragsreihen begleitet, wo man gemeinsam nach Sinn und Deutung suchte. Kirchliche Präsenz an den Orten der Opfer, wie beispielsweise im ehemaligen Konzentrationslager Flossenbürg, suchte man gleich nach dem Krieg und ab den späten 1950er Jahren zu realisieren. Zu diesem Zeitpunkt wurden die Kirchen des Westens schon vom Wirtschaftswunder überragt: Banken schossen in den Himmel, Bartnings Düsseldorfer Dankeskirche musste einem Versicherungsbau weichen, und in Frankfurt hatte die Kirche »den Wettstreit um die ›Lufthoheit‹ 1961 bereits verloren« [Berkemann, 65].

3. Rundfunk, Presse, Filmarbeit

Der Kirchbauboom der 1950/60er Jahre war architektonisch interessant – er zog aber keine Gemeinden an. Die meisten Mitglieder blieben distanziert und suchten die Auseinandersetzung mit religiösen Themen in anderen Bereichen. Dabei spielte das Radio eine zentrale Rolle. Während Post und Print noch ›Funkstille‹ hatten, setzte das Radio gleich mit Kriegsende ein. Morgenfeiern zählten zu den meistgehörten Sendungen und erreichten auch Gegenden, in denen kein Gottesdienst stattfand. Die Siegermächte banden die Stimme der Kirche bewusst ein: zur seelsorglichen Begleitung (Verlesung von Vermisstenlisten), Umerziehung der Bevölkerung und Strukturierung des Nachkriegsalltags, etwa durch die neu eingeführte, werktäglich gesendete Morgenandacht nach britischem Vorbild. Initiator war der NWDR in Hamburg, dessen Funkhaus an der Rothenbaumchaussee als einziges unzerstört war. Ab dem 4. Mai 1945 konnte es senden und begann im Juni mit der Ausstrahlung der Morgenandachten und anderer kirchlicher Formate, die Vortrag und Nachrichten einschlossen. Die Idee brachten die Briten von der BBC mit und überführten sie allmählich in kirchliche Hoheit. Bis 1949 war der Prozess in den Westzonen abgeschlossen und als Ausdruck demokratischer Freiheit breit akzeptiert. Die Kirche war hier in den Aufsichtsratsgremien der Sendeanstalten vertreten und mit Privilegien versehen (Drittsenderecht als Körperschaft öffentlichen Rechts), geriet aber unter Anpassungsdruck: Ihre Sprecher sollten nach Rundfunkeignung ausgewählt, rhetorisch geschult und für journalistische Informationsvermittlung geöffnet werden, was zu Spannungen führte (»Verwässerung der Botschaft« versus »technisch unter der Linie«). Zum Rundfunk gehörte ab 1952 auch das Fernsehen. Während man für das Radio auf Erfahrungen aus der Weimarer Zeit zurückgreifen konnte, war die Arbeit am Bildschirm für die Kirche des Wortes neu. Ihre Fernseharbeit begann damit, dass sie noch vor dem Start des neuen Mediums zum Schutz von Familie und Gesundheit eine Begrenzung der Sendezeit verlangte, ehe sie selbst auf Sendung ging: mit Gottesdienstübertragungen und dem »Wort zum Sonntag« (1954), der ältesten Sendung nach der Tagesschau.

Im Print wirkten Lizenz und Zensur verzögernd. Zwar konnten Gemeindeblätter früh erscheinen (Württemberg), doch eine freie Pressearbeit war auch für die kirchliche Publizistik erst mit Aufhebung des Lizenzzwangs 1949 möglich. Der evangelische Pressedienst (epd) nahm nach dem Krieg seine Arbeit als unabhängiger Nachrichtendienst wieder auf. Religiöse Zeitungen wurden in der Bevölkerung breit gelesen, und die Kirche setzte viele ihrer Vorkriegsschriften fort. Dabei wurden auch der alte Titelkopf und die Jahrgangszählung weitergeführt. Ein Blatt setzte sogar den 1941 unterbrochenen Roman fort, als wenn dazwischen nichts gewesen wäre. Den größten Anteil an der evangelischen Presse hatten die landeskirchlichen Sonntagsblätter als das nach innen gerichtete Organ mit engem Kontakt zur Leserschaft. Daneben entstand 1948 ein Typ überregionaler Wochenzeitschrift, der sich über den Binnenraum hinaus als Teil der allgemeinen Presse behaupten sollte: Das »Sonntagsblatt« mit seinem theologischen

Chefredakteur Heinz Zahrnt wurde als liberale Wochenzeitung von Hanns Lilje in Hamburg herausgegeben, und das Konkurrenzblatt »Christ und Welt«, das Eugen Gerstenmaier von Stuttgart aus zum führenden Wochenblatt der politischen Konservativen machte, hatte phasenweise eine höhere Auflage als DIE ZEIT. Hier volontierte der Pfarrerssohn Klaus Harpprecht. Aber auch Rechtsintellektuelle und ehemalige NSDAP-Mitglieder kamen unter. Ein Grund des Erfolgs war die frühe Thematisierung der Kriegsvergangenheit. Sie gab Raum für das Schicksal der Kriegsgefangenen, die Opfer der Zivilbevölkerung und zeichnete die Diktatur so, dass man sich die Schuldfrage nicht persönlich stellen musste.

Beim Film stand die Kirche trotz konservativer Grundhaltung (»Film als Gefahr«) vor einem Neubeginn. Die Alliierten nutzten das Kino als Unterhaltungsort und Informationsmedium. Wochenschauen sollten aufklären, Dokumentarfilme wie »Die Todesmühlen« (1945) und »Nürnberg und seine Lehren« (1947) umerziehen. Lizenzen wurden auch aus wirtschaftlichen Gründen früh vergeben – die Lichtspielhäuser lockten Millionen in die Welt der Farbe. Die kirchliche Filmarbeit begann 1948 mit den Zeitschriften »Evangelischer Filmbeobachter« für die Zielgruppe Gemeinde und »Kirche und Film« für die Filmbranche, die eine evangelische Filmkritik begründeten. Im Westen begann 1949 auch die Mitarbeit in der Freiwilligen Selbstkontrolle der Filmwirtschaft (FSK), die Verbote erteilen und Schnittauflagen machen konnte. So trat der Filmbeauftragte der EKD 1951 zurück, weil er ein Totalverbot der »Sünderin« mit Hildegard Knef nicht durchsetzen konnte. Öfter aber erfolgte die Filmerziehung indirekt über die Matthias-Filmgesellschaft, die den Verleih an Gemeinden übernahm, und die »Evangelische Filmgilde«. Sie benennt seit 1951 monatlich einen besten Film, um das kirchliche Wächteramt nicht nur durch Protest zu realisieren.

4. Kirche und Kultur in der DDR

Der Kulturbereich ließ in der DDR gewisse Freiheiten. Zwar versuchte die SED, die Kirche aus der Öffentlichkeit zu verdrängen, war aber an Vorgaben gebunden, die ihr die Sowjetische Militäradministration in Deutschland (SMAD) hinterlassen hatte. Diese hatte die Kirche in den »antifaschistisch-demokratischen Aufbau« einbezogen und mit Privilegien versehen, die es in anderen Ländern des Ostblocks nicht gab. Die Kirche konnte Grundbesitz und Gebäude behalten. Auch kirchliche Sendungen im Staatsrundfunk waren in geringem Umfang zugelassen. Der Berliner Rundfunk begann im Juli 1945 mit der Ausstrahlung kirchenmusikalisch gerahmter Andachten. 1946 ordnete die SMAD wöchentliche Morgenfeiern im MDR an. Auch ein kirchlicher Rundfunkbeauftragter wurde eingesetzt. Nach dem Militärseelsorgevertrag (1957) wurden Morgenfeiern im Rundfunk verboten. Religiöse Sendungen im Fernsehen waren erst ab 1978 gestattet.

Die Herausgabe von Gemeindeblättern war nicht lizenzabhängig, aber wegen der restriktiven Genehmigungspraxis schwierig. Kirchliche Amtsblätter waren erlaubt, Presseverbände wurden aber nicht genehmigt. Die SMAD lizensierte schon 1946 kirchliche Wochenzeitungen wie »Die Kirche« und »Der Sonntag«. Eigentliches »Rückzugsgebiet der christlichen Kultur« [Maser, 94] aber waren die kirchlichen Verlage: Insbesondere die Evangelische Verlagsanstalt (EVA), die im Mai 1946 ihre Lizenz erhielt und sich zum größten evangelischen

Verlag im deutschen Sprachraum entwickelte, ist an dieser Stelle zu nennen. Zu ihr gehörten die Monatsschriften »Zeichen der Zeit« und die »Theologische Literaturzeitung«, die als Rezensionsorgan Kontakt zur Fachwelt hielt. Auch die Betreuung des evangelischen Nachrichtendienstes Ost (eno) lag bei der EVA. Lizenzgebühren wurden meist von den Westkirchen gezahlt, die auch für Papier sorgten. Der Vertrieb erfolgte über die 80 konfessionellen Buchhandlungen in der DDR. Die Buchproduktion unterlag der Zensur des Kultusministeriums, das auch in die kirchliche Presse eingriff (Verbot der Jugendzeitung »Stafette« 1953), doch ließ sich manches zwischen den Zeilen unterbringen. Der CDU-eigene Union-Verlag konnte Werke christlicher Autorinnen und Autoren und Randbücher publizieren, zumal wenn sie exportfähig und damit devisenträchtig waren. Auch Westautoren wie Heinrich Böll, Luise Rinser und der Pfarrer Albrecht Goes konnten hier erscheinen. Goes stand für das andere, aufrechte Deutschland und machte früh Schuldfrage (»Schuldsorge«, 1947) und Shoah (»Brandopfer«, 1954) zum Thema.

Die Kirche war nicht Teil der offiziellen Kulturpolitik, fand aber trotz Repressionen Möglichkeiten, christliche Traditionen wachzuhalten und existentiellen Fragen Raum zu geben. Sonntagsgottesdienste wurden flächendeckend angeboten, waren gut besucht und lieferten Informationen aus der gesamtdeutschen Kirche. Predigten wurden aufmerksam gehört, demokratische Prozesse in Gemeinden eingeübt, und am Erhalt von Kirchengebäuden beteiligten sich auch Kirchenfremde. Einzelne Felder wie die Christliche Kunst und die Kirchenmusik konnten sich besonders entfalten und waren auch im Ausland anerkannt. Hier spielten mitteldeutsche Traditionen (Bach, Händel, Schütz) im »Orgelland« DDR [Maser, 98] mit seiner reichen Chortradition eine wichtige Rolle (Thomaner in Leipzig, Kruzianer in Dresden). Im Sommer 1945 gab der Dresdner Kreuzchor sein erstes Konzert nach Kriegsende mit der Motette »Wie liegt die Stadt so wüst«, die der Kantor Rudolf Mauersberger unter dem Eindruck des zerstörten Dresdens geschrieben hat. Die SED förderte die Kirchenmusik, für die es in der DDR fünf Ausbildungsstätten gab, als Kulturerbe (Händelfestspiele Halle) und ließ Rundfunkübertragungen von Konzerten zu. In die Arbeit am neuen »Evangelischen Kirchengesangbuch« (1953) mit Stammteil und Regionalliteratur wurden die östlichen Landeskirchen von der EKD nicht eingebunden. Im Juli 1961 fand der letzte gesamtdeutsche Kirchentag in Berlin statt. Die eben fertiggestellte Kaiser-Wilhelm-Gedächtniskirche war dabei ein zentraler Veranstaltungsort. Mit dem Mauerbau wenige Tage später hatte der Kirchentag seine Klammerfunktion zwischen Ost und West verloren.

5. Literatur

Die Alliierten hatten die Kirche nach dem Krieg gefördert, um Halt zu geben und Sprachlosigkeit zu überwinden. Doch ihre Schulderklärungen und Deutungen vom Krieg als Strafgericht für Glaubensabfall führten in Wendungen ohne Zeitbezug. Sie galten einem vagen Kollektiv, betrafen aber nicht einzelne Menschen. Auch Predigten gingen nicht auf konkrete Schwierigkeiten ein, was Eugen Gerstenmaier als »ziemliche Predigtpleite« (1946) empfand. Raum für Auseinandersetzung gab es dagegen in der Literatur: Hier wurden die Realitäten benannt (Hans Erich Nossack: »Der Untergang«, 1948; Gert Ledig: »Vergeltung«, 1956). Hier war Raum für den Schrecken, aber auch für die Schuld, die, bis dahin mit Dostojewskijs Romantitel »Schuld und Sühne« chiffriert, Ende der 1950er Jahre deutlicher angesprochen werden konnte. Anna Seghers Roman »Das siebte Kreuz«, 1942 im Exil entstanden, hatte bereits die Flucht aus einem Konzentrationslager beschrieben; er wurde Pflichtlektüre in der DDR. Die zertrümmerte Sprache wurde »Trümmerliteratur«, führende Gattung die short story und die Literatur der Ort, an dem Abbrüche, auch religiöse, zur Sprache kamen: In Wolfgang Borcherts Hörspiel »Draußen vor der Tür«, 1947 im NWDR ausgestrahlt, steht der Heimkehrer Beckmann vor dem Nichts, und der liebe Gott antwortet nicht. Im selben Jahr eröffnete Wolfdietrich Schnurre die Gruppe 47 mit der Kurzgeschichte »Das Begräbnis«. Sie handelt vom Begräbnis Gottes, dessen Tod mit einer Traueranzeige publik gemacht wird – was aber keinen mehr berührt.

Altmannsperger, Dieter: Der Rundfunk als Kanzel? Die evangelische Rundfunkarbeit im Westen Deutschlands 1945–1949 (HTSt 4). Neukirchen-Vluyn 1992.

Berkemann, Karin: Nachkriegskirchen in Frankfurt am Main (1945–76). Herausgegeben vom Landesamt für Denkmalpflege Hessen. Stuttgart 2013.

Kappel, Kai: Erinnerung aus Stein. Kirchbau aus Trümmern des Zweiten Weltkriegs, in: PTh 99 (2010), 357–373.

Maser, Peter: Die Kirchen in der DDR. Bonn 2000.

Quaas, Anne Kathrin: Evangelische Filmpublizistik 1948–1968. Beispiel für das kulturpolitische Engagement der evangelischen Kirche in der Nachkriegszeit. Erlangen 2007.

Maike Schult

VIII. Ökumene

In der Zeit des Nationalsozialismus hatten sich die Vertreter der internationalen ökumenischen Bewegung im Wesentlichen für eine Zusammenarbeit mit der Bekennenden Kirche in Deutschland und nicht mit der deutsch-christlich geprägten »offiziellen« Reichskirche entschieden und umgekehrt hatte sich die Bekennende Kirche immer wieder sehr um solche internationalen ökumenischen Kontakte bemüht. Der nationalsozialistische Staat und der vom deutsch-christlichen Reichsbischof zum Auslandsbischof ernannte Theodor Heckel hatten eine solche Zusammenarbeit massiv behindert, etwa durch Reiseverbote zu ökumenischen Versammlungen im Ausland. Der Zweite Weltkrieg brachte es mit sich, dass die Arbeit der ökumenischen Bewegung weitgehend zum Erliegen kam und beispielsweise der Plan, einen Ökumenischen Rat der Kirchen (ÖRK) zu gründen, auf die Zeit nach dem Krieg verschoben werden musste. Allerdings gelang es verschiedenen Vertretern der Bekennenden Kirche, wie z. B. Dietrich Bonhoeffer, Eugen Gerstenmaier und Hans Asmussen – auch noch während des Krieges –, Kontakte zu Vertretern der Ökumene im Ausland aufrecht zu erhalten und teilweise sogar neue Kontakte zu knüpfen [vgl. Müller]. Hieran konnte man nach dem Ende des Krieges und der nationalsozialistischen Gewaltherrschaft anknüpfen.

1. Die Stuttgarter Schulderklärung 1945

Als im Oktober 1945 der Rat der sich in Gründung befindlichen Evangelischen Kirche in Deutschland (EKD) in Stuttgart zu seiner zweiten Sitzung zusammenkam, erschienen dort überraschend und ohne Einladung acht hochrangige Vertreter der internationalen Ökumene, darunter der anglikanische Bischof von Chichester, George Kennedy Allen Bell, der Generalsekretär des sich ebenfalls in Gründung befindlichen ÖRK, der reformierte Niederländer Willem Adolf Visser 't Hooft, der ebenfalls reformierte Schweizer Kirchenbundpräsident Alphons Koechlin, sowie aus den USA der Generalsekretär der christlichen Kirchen Amerikas, der Presbyterianer Samuel McCrea Cavert, und der Präsident des Rates der lutherischen Kirchen Amerikas Sylvester Clarence Michelfelder. Die Ratsmitglieder Otto Dibelius und Hans Asmussen entwarfen ad hoc jeweils ein »Wort des Rates an die Ökumene« [Nicolaisen/Schulze, 73 f.]. Diese Entwürfe bildeten die Grundlage für die vom Rat dann einmütig verabschiedete »Erklärung des Rates an die Ökumene« [ebd., 60 f.], die als »Stuttgarter Schulderklärung« bzw. »Stuttgarter Schuldbekenntnis« in die Geschichte einging. Die wegen ihrer bekannten relativierenden Komparative (»wir klagen uns an, dass wir nicht mutiger bekannt, nicht treuer gebetet, nicht fröhlicher geglaubt und nicht brennender geliebt haben.«) und wegen ihres Schweigens etwa zum millionenfachen Massenmord am jüdischen Volk heute meist als unzulänglich empfundene Erklärung wurde von den ökumenischen Vertretern sofort dankbar begrüßt und ermöglichte die volle und gleichberechtigte Wiederaufnahme des deutschen landeskirchlich verfassten Protestantismus in den Kreis der weltweiten Ökumene. Wie brisant der Text damals war, zeigte sich an der zunächst nicht beabsichtigten Veröffentlichung in Deutschland sowie an der überwiegend scharfen, ablehnenden Reaktion in der deutschen Öffentlichkeit, nachdem die Erklärung dann doch an die Presse gelangt war [Greschat 1985, 16]. Bereits bei der Überreichung der Erklärung an die Ökumenevertreter hatte der designierte EKD-Ratsvorsitzende, der württembergische Landesbischof Theophil Wurm, vor dem Hintergrund der gewaltsamen Vertreibungen der deutschen Bevölkerung auf die Gefahr einer »Ausrottung« der evangelischen Kirche »im deutschen Osten« sowie auf den leidenschaftlich geführten Streit »um politische Schuldbekenntnisse« nach dem Ersten Weltkrieg hingewiesen und vor einer missbräuchlichen Verwendung der Erklärung gewarnt [Nicolaisen/Schulze, 48; 50f.]. Visser 't Hooft hatte dafür Verständnis gezeigt und versichert: »Wir wollen helfen, daß die Erklärung recht aufgenommen wird überall.« [ebd., 51]

2. Der ÖRK und die EKD

Amsterdam 1948

Bereits im Jahre 1937 war auf den Weltkirchenkonferenzen der Bewegungen für Praktisches Christentum (life and work) in Oxford sowie für Glauben und Kirchenverfassung (faith and order) in Edinburgh die Gründung eines gemeinsamen ÖRK beschlossen worden. Elf Jahre später, im August 1948, konnte dieser Beschluss in Amsterdam endlich in die Tat umgesetzt werden. Vertreterinnen und Vertreter von 147 Kirchen aus mehr als 40 Ländern kamen dort zur ersten Vollversammlung zusammen und verabschiedeten eine Verfassung, deren erster

Artikel als »Grundlage« Teile der »Basisformel« des Christlichen Vereins junger Menschen (CVJM) von 1855 übernahm, auf die sich auch bereits die Bewegung für Glauben und Kirchenverfassung bezogen hatte:

> »Der Ökumenische Rat der Kirchen ist eine Gemeinschaft von Kirchen, die unseren Herrn Jesus Christus als Gott und Heiland anerkennen.« [Lüpsen 1948, 21]

Ganz bewusst wollte man den Eindruck vermeiden, man wolle so etwas wie eine »Über-Kirche« mit einem klaren dogmatischen Profil sein oder werden. Vielmehr einigte man sich auf einen christologischen Minimal- bzw. Fundamentalkonsens, der für unterschiedliche Interpretationen offen war. Ebenso offen waren das Kirchenverständnis bzw. die Ekklesiologie: Die sich zusammenschließenden Kirchen konnten und sollten ihr jeweiliges konfessionelles Selbstverständnis beibehalten und sich auf gleicher Augenhöhe begegnen. Alle sechs bis acht Jahre tritt die Vollversammlung des ÖRK als deren oberstes Organ zusammen, in dem jede Mitgliedskirche mit mindestens einem oder je nach Größe mehreren Delegierten vertreten ist. Ein aus 150 Personen bestehender Zentralausschuss, der von einem sechzehnköpfigen Exekutivausschuss und zudem sechs Präsidenten geleitet wird, tagt jährlich zwischen den Vollversammlungen. Für die laufende Geschäftsführung wurde ein Generalsekretariat in Genf eingerichtet [Frieling, 75].

An der Amsterdamer Weltkirchenkonferenz nahmen zwanzig Delegierte aus der EKD – neunzehn Männer und eine Frau – teil, darunter die Bischöfe Otto Dibelius (Berlin-Brandenburg), Hanns Lilje (Hannover), der auch Vorsitzender der ersten der vier Sektionen war, Hans Meiser (Bayern) und Wurm (Württemberg) sowie der hessen-nassauische Kirchenpräsident Martin Niemöller und der Moderator des Reformierten Bundes, Wilhelm Niesel. Die »Ostzone« wurde neben Dibelius durch den Leipziger Religionswissenschaftler Walter Baetke repräsentiert, der bemerkenswerterweise seit 1946 SED-Mitglied war. Eine eigenständige ökumenische »Profilierung« des ostdeutschen Protestantismus gegenüber der EKD war im Übrigen erst nach dem Mauerbau 1961 und vor allem nach der Gründung des Bundes der Evangelischen Kirchen in der DDR 1969 feststellbar [Albrecht-Birkner, 218]. Neben den EKD-Mitgliedskirchen waren in Amsterdam aus Deutschland jeweils mit einem Vertreter noch die alt-katholische Kirche, die Herrnhuter Brüderunität, die mennonitischen und die methodistischen Gemeinden vertreten [Lüpsen 1948, 283]. Das Generalthema der Amsterdamer Konferenz, zu dem Karl Barth den einleitenden Vortrag hielt, lautete: »Die Unordnung der Menschen und Gottes Heilsplan«. Barth blieb seiner typischen radikal-christozentrischen Theologie treu, wenn er in diesem Vortrag forderte:

»Wir haben also nicht auf irgendwelche christlichen Marschrouten zu sinnen, sondern wir haben uns im konkreten Gehorsam gegen diesen lebendigen Herrn [sc. Jesus Christus] zu üben. Es könnte sonst nicht ausbleiben, daß das, was wir der Welt unter der Autorität des Wortes Gottes meinen anzeigen zu sollen, ein Programm wie ein anderes und – wer weiß? – dem Programm bestimmter Parteien, Klassen und Nationen nur zu verwandt sein könnte.« [ebd., 149]

Überschattet wurde die Konferenz vom beginnenden Kalten Krieg. Das zeigte sich vor allem bei den beiden Vorträgen zum Thema der IV. Sektion: »Die Kirche und die internationale Unordnung«. Der presbyterianische Politiker John Foster Dulles, von 1953 bis 1959 US-Außenminister, machte keinen Hehl aus seiner Ablehnung des atheistischen Kommunismus und verteidigte dagegen die Werte der westlichen freien Welt, deren Grundlage ein allgemeines Sittengesetz sei, das wiederum auf religiösen Voraussetzungen beruhe. Dulles lehnte allerdings eine gewaltsame Lösung des Ost-West-Konfliktes vehement ab und baute stattdessen auf die »ansteckend[e]« Wirkung des Sittengesetzes und seiner Wirkungen [ebd., 197–207]. Der Prager Theologieprofessor Josef Lukl Hromádka, Mitglied der unierten Evangelischen Kirche der Böhmischen Brüder, sah dagegen die liberalen Demokratien des Westens im Niedergang begriffen. Gemäß dem marxistischen historischen Materialismus ging er von einer »dynamischen Fortentwicklung« [ebd., 212] der Geschichte aus, die über das »Zeitalter des westlichen Menschen« [ebd., 209] hinweggegangen sei. Hromádka sah die kommunistische Herrschaft keineswegs unkritisch: »Die Massen, die nach der herrschenden marxistischen Philosophie ausgerichtet sind, zeigen viel Grobheit, Rohheit und Primitivität.« Dennoch war er der Überzeugung:

>»Der Kommunismus enthält jedoch, wenn auch in atheistischer Form, viel von der sozialen Dynamik, die in der lebendigen Kirche seit der apostolischen Zeit über die Zeit der christlichen Orden bis zur Reformation und zum liberalen Humanismus wirksam war.« [ebd., 216]

In dem »Problem Deutschland« sah Hromádka bemerkenswerterweise das aktuelle Hauptproblem der Weltpolitik: »Niemand kann sich mit den augenblicklichen internationalen Ereignissen beschäftigen, ohne der deutschen Situation die ernsthafteste Betrachtung zu widmen.« [ebd., 212]

Während unter den Vortragenden der vier Sektionen der Delegiertenkonferenz kein deutscher Redner war, waren unter den sieben Rednern der öffentlichen Versammlungen gleich zwei Deutsche unterschiedlicher theologischer und politischer Prägung: der schon erwähnte hessen-nassauische Kirchenpräsident Niemöller, der sofort in den ÖRK-Exekutivausschuss berufen wurde und ganz auf der Linie Barths argumentierte, und Gerstenmaier, lutherischer Theologe und CDU-Politiker und ab 1954 Bundestagspräsident. Was die beiden miteinander verband, war, dass sie von den Nationalsozialisten wegen ihrer Widerständigkeit verfolgt und inhaftiert worden waren.

Die erste ÖRK-Vollversammlung befasste sich u. a. noch mit den folgenden Themen bzw. gelangte zu folgenden Ergebnissen: Man einigte sich nach den Erfahrungen zweier Weltkriege auf die Formel: »Krieg soll nach Gottes Willen nicht sein.« Man musste jedoch darüber hinaus konstatieren, dass »[d]rei verschiedene Grundhaltungen [...] in unserer Mitte vertreten« würden: erstens die Meinung, dass sich Kriege zwar nicht gänzlich vermeiden ließen, jedoch – zumal unter den gegenwärtigen Bedingungen – »niemals ein Akt der Gerechtigkeit sein« könnten, zweitens die traditionelle Lehre vom Krieg als ultima ratio, »um dem Recht Geltung zu verschaffen« und drittens die pazifistische Ablehnung jeglichen Kriegsdienstes [ebd., 65].

Auch bei dem Thema »Leben und Arbeit der Frauen in der Kirche« gelangte man zu keiner Einigung – insbesondere bei der Frage der Frauenordination schieden sich die Geister –, man empfahl jedoch immerhin, diesem Thema »weitere Aufmerksamkeit zu schenken« [ebd., 82].

Beim Thema »Die christliche Haltung gegenüber den Juden« [ebd., 82–86] war man sich einig, dass die Judenmission auch weiterhin zu den Pflichten der christlichen Kirchen gehöre, man dabei jedoch »jeden Druck und jedes unlautere Mittel vermeiden« und »den Antisemitismus [...] bis zu den Wurzeln« austilgen müsse [ebd., 86]. Aus dem neu entfachten Nahostkonflikt nach der Gründung des Staates Israel im Mai 1948 wollte man sich indes heraushalten; die Kirchen seien zu Gebet und Hilfe verpflichtet, »ohne Partei zu ergreifen«.

Angenommen wurde zudem eine Entschließung zur Religionsfreiheit [ebd., 73–77; 79].

Die innerprotestantischen konfessionellen Spannungen in Deutschland, die die offizielle Gründung der EKD mehr als drei Jahre lang verzögert hatten – sie war erst kurz vor der Amsterdamer Konferenz im Juli 1948 in Eisenach erfolgt –, zeigten sich auch beim Beitritt zum ÖRK. Während die in der Vereinigten Evangelisch-Lutherischen Kirche Deutschlands (VELKD) zusammengeschlossenen lutherischen Landeskirchen im Jahre 1950 einzeln dem ÖRK beitraten und bis heute als eigene ÖRK-Mitglieder gezählt werden, traten die unierten und reformierten Landeskirchen sowie die nicht zur VELKD gehörenden lutherischen Landeskirchen Oldenburg und Württemberg niemals eigenständig dem ÖRK bei, sondern ließen bzw. lassen sich durch die EKD vertreten [vgl. Kap. IV].

Evanston 1954

Die zweite Vollversammlung des ÖRK fand 1954 in der nördlich von Chicago im US-Bundesstaat Illinois gelegenen Stadt Evanston statt. Dass die EKD im Kreis der Ökumene bereits neun Jahre nach dem Zweiten Weltkrieg und dem Ende der NS-Herrschaft offenbar voll akzeptiert war, zeigte die Wahl von Dibelius zu einem der sechs Präsidenten des ÖRK. Dem nunmehr 90-köpfigen Zentralausschuss gehörte neben fünf westdeutschen Kirchenrepräsentanten aus der DDR der sächsische Landesbischof Gottfried Noth an. Bereits zwei Jahre vor der Vollversammlung von Evanston hatte sich in Lund die (dritte) Weltkonferenz für Glauben und Kirchenverfassung auf das sogenannte »Lund-Prinzip« verständigt: Um über das bloße Konstatieren von Gemeinsamkeiten und Unterschieden der verschiedenen Konfessionen hinauszukommen, schlug man unter Berufung auf das allen gemeinsame Christuszeugnis vor, dass die Kirchen möglichst in allen Angelegenheiten gemeinsam handeln sollten, in denen nicht tiefgreifende Differenzen sie zu einem getrennten Handeln nötigten [Frieling, 79f.]. In Evanston wurde dieses »Lund-Prinzip« im offiziellen Bericht der Sektion I ausdrücklich übernommen [Lüpsen 1954, 64].

Das Hauptthema der Vollversammlung von Evanston lautete: »Christus – die Hoffnung der Welt«. Es bezog sich also auf die eschatologische Dimension der Christusbotschaft. Den einleitenden Vortrag hielt diesmal der lutherische Heidelberger Theologieprofessor Edmund Schlink. Schlink verwies zunächst und vor allem auf den (wieder-)kommenden Christus als den Richter der Welt an deren Ende. Christus sei »die Hoffnung der Welt, nicht als Garant für den Bestand dieser Welt, sondern als Erlöser aus den Bindungen dieser Welt« [ebd., 137]. Als »erste Tat der Hoffnung« sei den Christinnen und Christen »die Verkündigung des Evangeliums an die ganze Welt« aufgetragen [ebd., 139]. Den »Einsatz für die gerechte Ordnung dieser Welt« bezeichnete Schlink als die »zweite Tat der Hoffnung« [ebd., 140], wobei er sehr deutlich den eschatologischen Vorbehalt artikulierte:

> »Die Bemühung um die gerechte Ordnung der Welt ist nicht die Verwirklichung des Reiches Christi auf Erden. [...] Wir haben das Evangelium nicht zu verkündigen, um dadurch die Welt zu erhalten. Aber wir haben uns für die Erhaltung der Welt einzusetzen, auf daß viele durch das Evangelium aus der Welt errettet werden, denn Gott erhält die Welt um der Errettung durch das Evangelium willen; nicht aber errettet er, um diese Welt zu erhalten.« [ebd., 141 f.]

Der hannoversche Landesbischof Lilje berichtete später, dass in der Vollversammlung »scharfe Gegensätze theologischer Auffassungen zum Ausdruck gekommen« seien, was er zunächst positiv als Zeichen »einer ungewöhnlich lebhaften kritischen Diskussion« würdigte. Insbesondere hob Lilje den Gegensatz zwischen den »angelsächsischen Modernisten«, die »alle eschatologische Erwartung in die Gegenwart, etwa in die Verbesserung der sozialen Bedingungen oder den Kampf gegen den Krieg, verlegen«, und denen, die wie Schlink im Sinne einer futurischen Eschatologie den Akzent auf den »transzendenten Aspekt« setzten, hervor [Lilje, 67 f.].

Von den in Evanston beschlossenen Texten ist vor allem der Appell »an alle Regierungen und Völker« erwähnenswert, auf ein »Verbot aller der Massenzerstörung dienenden Waffen einschließlich der Atom- und Wasserstoffbomben« hinzuwirken [Lüpsen 1954, 104]. Für einen gewissen Eklat sorgte das Thema Israel. Mit einer Mehrheit von 195 zu 150 Stimmen wurde aufgrund einer Intervention arabischer Kirchen beschlossen, eine Passage zur »Hoffnung für Israel« nicht in die offizielle Erklärung zum Hauptthema mit aufzunehmen [vgl. Kap. X.6].

Neu-Delhi 1961

Ende November und Anfang Dezember 1961 tagte mit insgesamt mehr als 1.000 Teilnehmerinnen und Teilnehmern aus knapp 200 Kirchen die – dritte – ÖRK-Vollversammlung erstmals in einem nicht christlich geprägten asiatischen Land der sogenannten Dritten Welt, nämlich in Neu-Delhi, der Hauptstadt Indiens, wo die ganz überwiegende Bevölkerungsmehrheit der hinduistischen Religion zuzurechnen ist. Neben dem Ost-West-Konflikt, der nach dem Mauerbau und angesichts der sich bereits anbahnenden Kubakrise auf einen gewissen Höhepunkt zusteuerte, wurde die Versammlung am Ende des Zeitalters des Kolonialismus vom Nord-Süd-Konflikt zwischen den reichen Industriestaaten und den sogenannten Entwicklungsländern überschattet. Die Delegierten der letzteren, deren Anzahl sich durch den in Neu-Delhi vollzogenen Beitritt von 15 Kirchen der südlichen Hemisphäre – darunter erstmals auch zwei Pfingstkirchen – deutlich erhöhte [Visser 't Hooft, 16 f.], meldeten sich selbstbewusst zu Wort. Schon in der Predigt des Eröffnungsgottesdienstes sprach der burmesische baptistische Pfarrer U Ba Hmyin das Problem der westlichen Prägung der christlichen Botschaft durch deren Hellenisierung im Neuen Testament bzw. in der Zeit der Alten Kirche an und warf die Frage auf:

»Läßt sich der radikale Bruch mit der rein westlichen Denkweise vollziehen, können wir in Asien tun, was die Christen des ersten Jahrhunderts in der griechischen Welt taten?« [ebd., 10.]

Der sich zuspitzende Kalte Krieg machte sich etwa dadurch bemerkbar, dass fünf Delegierten aus der DDR die Ausreise nach Neu-Delhi verweigert worden war. Auf Initiative des Erzbischofs von York wurde ihnen eine eigene Grußbotschaft übersandt [ebd., 348]. Vor diesem Hintergrund wurde es allgemein als ein Zeichen der Entspannung und Versöhnung gewertet, dass sich in Neu-Delhi nunmehr auch die orthodoxen Kirchen Osteuropas, einschließlich der Russisch-Orthodoxen Kirche, dem ÖRK anschlossen [ebd., 16f.].

Ein weiteres wichtiges Ergebnis der dritten Vollversammlung war die Eingliederung des Internationalen Missionsrates, der zu Beginn des Jahrhunderts die ökumenische Bewegung mit angestoßen hatte, in den ÖRK [ebd., 14]. Damit wurde zugleich der Abschied der bisherigen Praxis eingeläutet, dass die Kirchen der (früheren) europäischen und nordamerikanischen Kolonialmächte die Völker der (ehemaligen) Kolonien in ihrem Sinne bekehrten.

Auch in Neu-Delhi war ein starkes Engagement von deutscher Seite zu beobachten. Das zeigte sich schon daran, dass Deutsch neben Englisch und Französisch die offizielle Konferenzsprache war. Wie schon in Evanston hielt erneut ein deutscher Lutheraner, jetzt allerdings aus der DDR, nämlich Noth, den Eröffnungsvortrag, diesmal zu dem Generalthema: »Jesus Christus das Licht der Welt«. Wie schon Schlink warnte auch Noth vor den Illusionen einer möglichen Weltverbesserung im politischen Sinne und einer menschengemachten präsentischen Eschatologie:

»Daß Christus das Licht der Welt ist, bedeutet nicht, daß wir Christen im Unterschied zu anderen Menschen *die* Lösung der Probleme in der Hand hätten. Es ist uns nicht zugesagt, daß wir Christen die klügsten und geschicktesten Politiker, Wissenschaftler, Techniker, Wirtschaftler sind. [...] Bleiben wir nüchtern. Es wird bis zum Jüngsten Tag Finsternis in der Welt geben, und Menschen werden sie nicht überwinden.« [ebd., 488 – Hervorhebung im Original]

Obwohl Noth direkte politische Bezugnahmen vermied, konnte das auch als Kritik an der kommunistischen Ideologie verstanden werden.

In das neu gewählte Präsidium wurde mit Niemöller abermals ein Deutscher gewählt. Niemöller hielt auch die Predigt im Abschlussgottesdienst. Neu war in Neu-Delhi, dass erstmals fünf offizielle römisch-katholische Beobachter an einer Vollversammlung des ÖRK teilnahmen. Ein wesentlicher Schritt war schließlich die Erweiterung der »Basisformel« um eine Bezugnahme auf die Bibel und die Trinität sowie um eine – wenn auch sehr vage formulierte – gemeinsame Berufung und Aufgabe. Aus einem Minimalkonsens war nun doch so etwas wie ein gemeinsames Bekenntnis geworden. In Artikel I der ÖRK-Verfassung hieß es von nun an:

> »Der Ökumenische Rat der Kirchen ist eine Gemeinschaft von Kirchen, die den Herrn Jesus Christus gemäß der Heiligen Schrift als Gott und Heiland bekennen und darum gemeinsam zu erfüllen trachten, wozu sie berufen sind, zur Ehre Gottes, des Vaters, des Sohnes und des Heiligen Geistes.« [ebd., 457]

Mit der ausdrücklichen Erwähnung des Heiligen Geistes kam man auch den neu hinzugekommenen orthodoxen Kirchen entgegen.

Verlief die Vollversammlung insgesamt sehr harmonisch, so kam es bei politischen Fragen doch immer wieder zu kontroversen Debatten. Das zeigte sich z. B. bei der Diskussion um eine Entschließung gegen Antisemitismus, die von einigen Delegierten als überflüssig angesehen wurde, da man sich doch schon auf eine allgemeine Entschließung gegen Rassismus verständigt habe [ebd., 43-48].

Einmütig wurde dagegen eine »Botschaft an die Christen in Südafrika« verabschiedet, in der es hieß, dass niemand »auf Grund seiner Farbe oder Rasse von irgendeiner Kirche ausgeschlossen werden« dürfe [ebd., 346]. Drei südafrikanische Kirchen, die das Apartheidsystem unterstützten, hatten allerdings bereits im Vorfeld den ÖRK verlassen.

3. Der Lutherische Weltbund (LWB)

Der weltweite Zusammenschluss lutherischer Kirchen vollzog sich parallel zur Gründung des ÖRK. Vergleichbar mit letzterem, der aus den Weltkirchenkonferenzen der Zwischenkriegszeit heraus und wegen des Zweiten Weltkrieges mit Verzögerung entstand, ging jener aus dem schon 1923 gegründeten Lutherischen Weltkonvent hervor, der lediglich eine Vereinigung von Einzelpersonen und noch nicht von Kirchen gewesen war, und auch hier hatte der Zweite Weltkrieg eine raschere Entwicklung zu einem engeren und verbindlicheren Organ zunächst vereitelt. Vielfach wurden und werden die lutherischen Vereinigungsbestrebungen insbesondere in Deutschland als ein Konkurrenzunternehmen zur konfessionsübergreifenden Ökumene wahrgenommen. Das entsprach und entspricht aber nicht dem Selbstverständnis der Lutheraner. Im Gegenteil: Die Lutheraner konnten sich sogar auf die ausdrückliche Empfehlung der Weltkirchenkonferenz für Glauben und Kirchenverfassung in Lausanne 1927 berufen, nach der sich international zunächst die lehr-, verfassungs- und kultmäßig verwandten Kirchen enger zusammenschließen sollten [Schneider 2019, 186]. Auch engagierten sich zahlreiche namhafte lutherische Theologen sowohl im ÖRK als auch im LWB wie schon in deren Vorläuferorganisationen.

Bereits gut ein Jahr vor der Gründung des ÖRK kamen im schwedischen Lund etwa 200 Delegierte aus 47 lutherischen Kirchen sowie noch einmal doppelt so viele Gäste zur ersten Vollversammlung des LWB zusammen. Die Teilnehmerinnen und Teilnehmer kamen aus 26 Ländern, vor allem aus Deutschland – auch aus der »Ostzone« (Mecklenburg, Sachsen, Thüringen), wobei die Vertreter aus Ost- und West-Deutschland bis zum Mauerbau 1961 einen gemeinsamen »Block« bildeten und auch so wahrgenommen wurden –, den nordeuropäischen Staaten und aus Nordamerika. Die anderen Regionen waren zwar zahlenmäßig deutlich schwächer, aber durchaus auch vertreten, selbst Länder wie China und Indien. Geleitet wurde die Vollversammlung von dem schwedischen Erzbischof Erling Eidem, der 1945 interimistisch das Präsidentenamt des Lutherischen Weltkonventes von dem wegen seiner Haltung zum Nationalsozialismus als belastet geltenden hannoverschen Landesbischof August Marahrens übernommen hatte [Schjørring et al., 303–309].

Hauptereignis der Lunder Vollversammlung war die Annahme einer Verfassung. Lehrgrundlage waren danach die Heilige Schrift »als die alleinige Quelle und unfehlbare Norm alles Lehrens und Handelns« sowie »als deren unverfälschte Auslegung« die lutherischen Bekenntnisschriften, »insbesondere die unveränderte Augsburgische Konfession und Luthers Katechismus«. Wie der ÖRK keine »Über-Kirche« sein wollte, so definierte sich auch der LWB als »eine freie Vereinigung von lutherischen Kirchen«, die »den Gliedkirchen gegenüber keine Vollmacht« beanspruche. Sechs Ziele wurden in der Verfassung beschrieben:

1. Die einmütige Bezeugung des Evangeliums »vor der Welt«,
2. die Pflege der »Einigkeit des Glaubens und Bekennens unter den lutherischen Kirchen«,
3. die Weiterentwicklung »[b]rüderliche[r] Gemeinschaft und gemeinsame[r] Studienarbeit unter Lutheranern«,
4. die Förderung der »lutherische[n] Beteiligung an ökumenischen Bewegungen«,
5. gemeinsame Initiativen bei »der Erfüllung missionarischer und katechetischer Aufgaben«,
6. die geistliche und materielle Unterstützung bedürftiger »[l]utherische[r] Gruppen« [zit. nach ebd., 307].

Zum ersten Präsidenten wurde der Schwede Anders Nygren gewählt, damals noch Professor für Systematische Theologie an der Universität in Lund, ab 1948 dann Bischof von Lund. Der oben schon erwähnte US-Amerikaner Michelfelder, der bereits Exekutivsekretär des Lutherischen Weltkonventes gewesen war, wurde in diesem Amt bestätigt. Dem sechzehnköpfigen Exekutivkomitee gehörten jeweils vier Mitglieder aus Deutschland, den nordeuropäischen, den nordamerikanischen und den übrigen Ländern an. Der LWB hat seinen Sitz in räumlicher Verbindung mit dem ÖRK in Genf, wo neben dem Sekretariat auch verschiedene Abteilungen des LWB eingerichtet wurden.

Auch die zweite und die dritte Vollversammlung des LWB fand jeweils vor den ÖRK-Vollversammlungen statt, nämlich 1952 in Hannover und 1957 in Minneapolis, einem Zentrum des nordamerikanischen Luthertums. In Hannover wurde der dortige Landesbischof Lilje zum neuen LWB-Präsidenten gewählt, in Minneapolis der US-Amerikaner Franklin Clark Fry. Nachfolger von Michelfelder als Exekutivsekretär wurde 1952 Carl Elof Lund-Quist, ebenfalls aus den USA. Die Vollversammlung in Hannover war die erste Tagung einer großen internationalen Organisation im Nachkriegsdeutschland und erzielte deswegen eine breite öffentliche Resonanz. In seinem Eröffnungsvortrag warnte der scheidende Präsident Nygren vor restaurativen Tendenzen im Luthertum und gab die Parole aus: »Vorwärts zu Luther«. Viel beachtet wurde auch der Vortrag des Osloer Bischofs Eivind Berggrav zum Verhältnis von Staat und Kirche. Berggrav, der dem norwegischen Widerstand gegen die NS-Besatzung angehört hatte, bezeichnete den Gehorsam gegenüber einer »teuflischen Macht« als ein Missverständnis der lutherischen Lehre von den zwei Regimenten. In indirekter Anspielung auf die totalitären Züge in den kommunistischen Staaten forderte er, dass die lutherische Kirche nach den Erfahrungen der NS-Zeit als Anwalt der Freiheit u. a. sowohl über individuelle Freiheitsrechte als auch über den notwendigen Freiraum für diakonische Arbeit wachen müsse. Durch Quotenregelungen wurde in Hannover sowohl der Einfluss der »Laien« als auch der Jugendlichen gestärkt. In Minneapolis ging es vor allem um die aktuelle Bedeutung der Rechtfertigungslehre. Unter den sechs Hauptreferenten waren gleich drei Deutsche, neben dem scheidenden Präsidenten Lilje der Heidelberger Missionswissenschaftler Hans-Werner Gensichen und aus der DDR der Greifswalder Bischof Friedrich-Wilhelm Krummacher.

4. Die römisch-katholische Kirche und die ökumenische Bewegung

Bis zum Ende des Pontifikats Pius' XII. – er starb im Oktober 1958 – behielt die römisch-katholische Kirche grundsätzlich bzw. offiziell die ablehnende Haltung gegenüber der ökumenischen Bewegung bei, die schon sein Vorgänger, Pius XI., 1928 in seiner Enzyklika »Mortalium animos« unmissverständlich artikuliert hatte [Schneider 2019, 191f.]. In seinem Mahnschreiben (Monitum) »Cum compertum« vom Juni 1948 bekräftigte Pius XII. noch einmal, dass »gemischte Zusammenkünfte zwischen Nichtkatholiken und Katholiken«, bei denen es um Glaubensfragen jeglicher Art ging, ohne ausdrückliche Erlaubnis des Heiligen Stuhls schlicht »verboten« seien [Wortlaut nach Kathpedia]. Auch eine Reihe weiterer Verlautbarungen zeigte, dass Pius XII. an dem antimodernistischen Exklusivitätsanspruch der römisch-katholischen Kirche festhielt. Insbesondere gilt das für die 1950 erfolgte Dogmatisierung der leiblichen Himmelfahrt Mariens, bei der Pius XII. zugleich als bisher einziger Papst das Unfehlbarkeitsdogma von 1870 in Anspruch nahm. Nahezu alle nichtkatholischen Kirchen werteten damals das Dogma von 1950 als unüberwindliche Barriere für eine interkonfessionelle Verständigung.

Was Deutschland betrifft, so muss klar zwischen der Situation in der »Ostzone« bzw. der DDR und den Westzonen bzw. der Bundesrepublik unterschieden werden. Als verschwindend kleine Minderheit verfolgten die Katholiken im religionsfeindlichen Osten einen Kurs strikter Abschottung, was jedoch eine intensive praktische Zusammenarbeit mit der evangelischen Mehrheitskonfession nicht ausschloss, etwa die Nutzung evangelischer Kirchen für Messen oder gar als Wallfahrtsziele [Hürten, 139].

Wie sehr im Westen dagegen auch nach 1945 die konfessionellen Spannungen zwischen den beiden großen Konfessionen weiter andauerten bzw. teilweise sogar neu entflammten, mögen die folgenden Beispiele illustrieren: Als der Papst 1954 zum hundertjährigen Jubiläum des Dogmas von der unbefleckten Empfängnis Mariens ein Marianisches Jahr ausrief und daraufhin in dem ganz überwiegend katholischen Saarland auf öffentlichen Plätzen Mariensäulen errichtet wurden, protestierten sämtliche saarländischen evangelischen Kreissynoden unter Berufung auf die Barmer Theologische Erklärung von 1934 scharf dagegen und erklärten gleichsam den Bekenntnisnotstand (status confessionis) [Schneider 2017, 116 f.]. Nach der Entkonfessionalisierungspolitik der Nationalsozialisten wurden in vielen Bundesländern zunächst konfessionelle Volksschulen wieder eingeführt, die die Schülerschaft und die Lehrkräfte – diese auch schon während ihrer Ausbildung – je nach »Gesangbuch« strikt voneinander trennten. In dem neu gegründeten, überwiegend katholischen Bundesland Rheinland-Pfalz versuchte man, bei der Auswahl und Ansiedlung von Flüchtlingen und Heimatvertriebenen aus dem Osten auch konfessionelle Gesichtspunkte zu berücksichtigen [Offerhaus, 373].

Freilich gab es auch in der katholischen Kirche ambivalente Tendenzen. Die Erfahrungen während der NS-Zeit und insbesondere während des Zweiten Weltkrieges hatten die scharfen Abgrenzungen zwischen den Konfessionen relativiert und das Zusammengehörigkeitsgefühl gestärkt. Die Zahl der konfessionsverschiedenen Ehen stieg rapide an, wohl auch wegen der hohen Zahl der Flüchtlinge und Heimatvertriebenen, die die konfessionelle Landkarte Deutschlands zum Teil stark veränderte. An der Basis entwickelte sich nicht selten so etwas wie eine »Ökumene von unten«, die die Hierarchie oft nolens volens stillschweigend dulden musste [Frieling, 131–133]. Die 1938 von dem Priester Max Josef Metzger gegründeten Una-Sancta-Kreise wurden auch nach 1945 weitergeführt. Nach der Hinrichtung Metzgers durch die Nationalsozialisten im Jahre 1944 wurden sie von dem Koblenzer Pfarrer Matthias Laros geleitet, der nicht nur, aber auch wegen seines ökumenischen Engagements, das ihm u.a. den Vorwurf des Verlustes der eigenen Glaubensidentität einbrachte, in zum Teil heftige Konflikte mit der Amtskirche geriet [Seiler, 23–26]. Mehr Erfolg war dem von dem Paderborner Erzbischof Lorenz Jaeger ins Leben gerufenen Arbeitskreis für ökumenische Fragen beschieden, der ab 1946 mit einem von dem lutherischen Bischof von Oldenburg, Wilhelm Stählin, initiierten informellen Kreis evangelischer Theologen zusammenarbeitete (Jaeger-Stählin-Kreis). 1957 gründete Jaeger, dessen Mutter evangelisch war, in Paderborn das Johann-Adam-Möhler-Institut für Konfessions- und Diasporakunde (seit 1966: für Ökumenik), das u. a. mit dem bereits zehn Jahre zuvor gegründeten Konfessionskundlichen Institut des Evangelischen Bundes in Bensheim zusammenarbeitete [Frieling, 133f.].

Ende 1958 kam spürbare Bewegung in die evangelisch-katholischen Beziehungen mit dem Beginn des Pontifikats des als Reformpapst geltenden Johannes XXIII. Bereits Anfang 1959 kündigte der neue Papst die Durchführung eines Konzils an, in das sowohl innerhalb als auch außerhalb der katholischen Kirche hohe Erwartungen gerade auch im Hinblick auf Fortschritte in der Ökumene gesetzt wurden und das dann von 1962 bis 1965 als Zweites Vatikanisches Konzil tagte. Im Jahre

1960, also noch vor Beginn des Konzils, errichtete Johannes XXIII. ein neues Sekretariat zur Förderung der christlichen Einheit, dessen erster Präsident der aus Deutschland stammende Jesuit und Kurienkardinal Augustin Bea war, der maßgeblich an der Abfassung des im Jahre 1964 beschlossenen Ökumenismus-Dekrets »Unitatis redintegratio« des Zweiten Vatikanischen Konzils beteiligt war.

5. Das Außenamt der EKD

In seiner ersten Sitzung Ende August 1945 hatte der Rat der sich in Gründung befindlichen EKD beschlossen, dem wegen seiner Konflikte mit dem NS-Staat international angesehenen Martin Niemöller, der auch stellvertretender Ratsvorsitzender wurde, die Leitung des Kirchlichen Außenamtes zu übertragen. Damit war Niemöller verantwortlich für die ökumenischen Beziehungen und für die deutschen Auslandsgemeinden [Nicolaisen/Schulze, 3]. Niemöllers Tätigkeit in dieser Funktion war von Anfang an mit Problemen und Konflikten behaftet. Zu der mangelhaften Ausstattung des Amtes kamen zunächst Konkurrenzstreitigkeiten mit dem Leiter des Evangelischen Hilfswerkes, Gerstenmaier, hinzu, der über gute Auslandskontakte verfügte und beträchtliche Mittel einwerben konnte [Ziemann, 325f.]. Ab 1947 gelang es Niemöller dann zwar, in Frankfurt am Main das Außenamt institutionell aufzubauen, jedoch hatte er insbesondere wegen seiner Vortragsreisen – Ende 1946 trat er z. B. eine sechsmonatige USA-Reise an – kaum Zeit, sich intensiv um das Außenamt zu kümmern [ebd., 327–329; 336–338]. Bereits im Sommer 1946 machte ihm der EKD-Ratsvorsitzende Wurm deswegen Vorhaltungen [ebd., 330]. Solche Probleme wurden überlagert durch Konflikte, die bis weit in die Zeit des »Kirchenkampfes« zurückreichten. Niemöller witterte hinter Kritik an seiner Amtsführung meist Intrigen der sich zur VELKD zusammenschließenden Landeskirchen, die den Anspruch erhoben, eine eigene, lutherisch geprägte Auslandsarbeit aufzubauen [ebd., 331–334]. Allerdings stieß Niemöller auch bei anderen Kirchenrepräsentanten zunehmend auf Ablehnung. Das lag zum einen an seiner ungestümen Persönlichkeit, die etwa auch der ihm eigentlich wohl gesonnene Gustav Heinemann beklagte, zum anderen an seiner politischen Haltung, die vielfach als naiv Kommunismus-affin wahrgenommen wurde. Vor allem Niemöllers Moskaureise im Januar 1952 auf Initiative des Generalsekretärs des SED-nahen Friedensrates der DDR, Heinz Willmann, sowie seine Teilnahme an Treffen des ebenfalls kommunistisch dominierten Weltfriedensrates stießen auf breite Ablehnung. Als der Rat der EKD schließlich im Juni 1956 den lutherischen Osnabrücker Landessuperintendenten Adolf Wischmann, der allerdings auch dem Niemöller-nahen Bruderrat angehört hatte, zum neuen Leiter des Außenamtes ernannte, zog sich Niemöller vollständig aus dem Rat der EKD zurück [ebd., 333–335; 339 f.]. Wischmann gelang es, die EKD-Auslandsarbeit in ruhigeres Fahrwasser zu lenken. Obwohl Niemöller den Anspruch erhoben hatte, die offizielle EKD-»Außenpolitik« zu bestimmen, wurden immer auch andere Kirchenvertreter als Repräsentanten der EKD in der Ökumene wahrgenommen, u. a. Asmussen, Dibelius und Lilje.

Frieling, Reinhard: Der Weg des ökumenischen Gedankens (Zugänge zur Kirchengeschichte 10). Göttingen 1992.

Lüpsen, Focko (Hg.): Amsterdamer Dokumente. Berichte und Reden auf der Weltkirchenkonferenz in Amsterdam 1948. Bethel o. J. [1948] (1. Beiheft zur Ev. Welt).

Lüpsen, Focko (Hg.): Evanston Dokumente. Berichte und Reden auf der Weltkirchenkonferenz in Evanston 1954. Witten ³1954.

Schjørring, Jens Holger / Kumari, Prasanna / Hjelm, Norman (Hg.): Vom Weltbund zur Gemeinschaft. Geschichte des Lutherischen Weltbundes 1947–1997. Hannover 1997.

Visser 't Hooft, Willem (Hg.): Neu-Delhi 1961. Dokumentarbericht über die dritte Vollversammlung des Ökumenischen Rates der Kirchen. Stuttgart ²1962.

Kathpedia, die freie katholische Enzyklopädie: Monitum cum compertum [http://www.kathpedia.com/index.php?title= Cum_compertum_(Stand: 10. 05. 2021)].

Thomas Martin Schneider

IX. Diakonie

1975 veröffentlichte Johannes Degen die Arbeit »Diakonie und Restauration. Kritik am sozialen Protestantismus in der BRD«, die drei Jahre zuvor an der Ruhr-Universität Bochum mit dem weniger ideologischen Titel »Die protestantische Diakonie in der BRD von 1945 bis 1971. Entwicklung und Strukturprobleme« als Dissertation angenommen worden war. Die Veröffentlichung wie auch schon das Promotionsverfahren erregten Aufsehen und Kritik. Dabei stellte Degens Arbeit, die er selbst eine »zeitgeschichtlich-systematische Untersuchung« [Degen, 193] nannte, trotz der offenkundigen Schwächen in der historischen Darstellung und des zeitgebundenen, selektiven und ideologisch linken Blickes auf die Geschichte nach 1945, praktisch die erste kritische Aufarbeitung der Diakonie der unmittelbaren Nachkriegsjahre dar. Bis dahin hatte eine eher als Meistererzählung zu beschreibende Lesart der Ereignisse vorgeherrscht, die von der unmittelbaren und selbstlosen Hilfe berichtete, vielfach ermöglicht durch die ökumenische Welt, und von der Parallelität und Konkurrenz zweier Organisationen erzählte, die sich im Verlauf der 1950er annäherten und dann auch fusionierten. Es war die Erzählung einer als Erfolgsgeschichte empfundenen Einpassung der Wohlfahrtsverbände in die Nachkriegsgesellschaft. In diesem Sinne brach die Darstellung Degens in den 1970er Jahren mit den herkömmlichen Vorstellungen und Interpretationen und ermöglichte einen kritischen Blick auf die Geschichte. Erst spätere Darstellungen sollten dann zu einer differenzierten und sachgemäßen Sicht kommen.

Dabei ist der Ausgangspunkt, die Kapitulation am 7./8. Mai 1945, unbestritten, auch wenn die Interpretation der Ereignisse sehr unterschiedlich ausfiel. Der Zweite Weltkrieg und das NS-Regime hinterließen ein in weiten Teilen zerstörtes Deutschland, welches nicht nur militärisch eine völlige Niederlage erlebte. Die Beschreibungen der »Zusammenbruchgesellschaft«, wie der Historiker Christoph Kleßmann die Zeit beschrieben hat, sind vielfältig: Von weitgehend zerstörten Städten, in Großstädten waren über 50 % der Wohnungen dem Bombenkrieg zum Opfer gefallen, war die Rede, die Infrastruktur war desolat und viele Industrieanlagen zunächst kaum funktionstüchtig. Vor allem aber hatte sich die Bevölkerungsstruktur grundlegend verändert: Allein auf dem Gebiet der vier Besatzungszonen stieg die Zahl der deutschen Einwohner gegenüber dem Jahr 1938 um 3,8 Mio. auf 46,8 Mio., wobei es einen eklatanten Überschuss an Frauen gab. Bis zum Herbst 1946 kamen über 12 Millionen Menschen aus den ehemaligen deutschen Ostgebieten, deren Aufnahme und Versorgung eine Mammutaufgabe darstellte. Zerstört waren auch viele Kirchen, Gemeindehäuser und Kindergärten, wobei der Grad der Zerstörung regional sehr unterschiedlich war. Eine Darstellung vom Anfang der 1950er Jahre geht davon aus, dass ein Drittel der gesamten kirchlichen Vermögenswerte (Gebäude, Inventar) zerstört wurden. Dazu kam, gerade für manche diakonische Einrichtungen, dass ein Teil der Gebäude noch als Lazarett oder für Einquartierungen von Evakuierten beschlagnahmt war. So erhielt beispielsweise die Diakonissenanstalt Neuendettelsau erst 1948 alle ihre Gebäude zurück, so dass sich die Lage langsam normalisieren konnte. Während es gerade bei den Arbeitsbereichen in der Stadt Nürnberg große Zerstörungen gab – etwa in der dortigen Klinik –, waren die Gebäude in Neuendettelsau weitgehend intakt geblieben. Dennoch erforderte es für die Gesamteinrichtung einen enormen personellen und finanziellen Aufwand, wieder zu arbeitsfähigen Strukturen zu finden. Insgesamt zog sich die Rückgabe in der sowjetischen Besatzungszone/DDR erheblich länger hin: Manche Häuser, die von der sowjetischen Armee beschlagnahmt worden waren, wurden erst nach 1990 zurückgegeben – zum Beispiel ein Teil des Diakonissenkrankenhauses Halle.

Eine noch einmal andere Geschichte erlebten die östlichen Diakonissenhäuser. Allein über 250 Schwestern des Mutterhauses in Königsberg starben im und unmittelbar nach dem Krieg. 21 Mutterhäuser mit größeren und kleineren Schwesternschaften flüchteten und mussten sich als Gemeinschaft eine neue Existenz aufbauen, 23 weitere Häuser hatten größere Bombenschäden zu verzeichnen. Viele der Häuser mussten komplett neu anfangen und die Arbeitsbereiche ohne eigenes Vermögen wieder aufbauen.

Die Aufgaben blieben dabei bestehen oder nahmen noch zu: Die Arbeit in den Krankenhäusern und Altenheimen, den Erziehungseinrichtungen und Schulen lief, soweit es ging, weiter, die Sorge um die den Einrichtungen der Inneren Mission anvertrauten Menschen blieb. Trotz der existentiellen Krise war es für die übergroße Mehrheit der Verantwortlichen in den diakonischen Einrichtungen keine Frage, sich direkt um den Wiederaufbau der Arbeit zu kümmern, eine kritische Rückschau fand nicht statt. Der Vorsteher der Kaiserswerther Diakonissenanstalt, Siegfried Graf von Lüttichau, machte in einem »Gruß nach langer, schwerer Zeit« an die Mitglieder des Kaiserswerther Verbandes im November 1945 unmissverständlich deutlich, dass er für die Mutterhäuser eine Zukunft sah und zunächst auch keine größeren Veränderungen anstrebte: »Wir brauchen viel Geduld, bis alles wieder geordnet ist, was der Krieg zerbrach«. [Rundschreiben des Kaiserswerther Verbandes vom 11. November 1945] Dabei sah er die theologische und diakonische Basis der Arbeit trotz Irrtümer in der NS-Zeit weiter als zentral an, es sei »nicht unsere Aufgabe [...,] Hütten zu bauen, sondern auf das Wort zu hören.«

1. Der Centralausschuss für Innere Mission

Auch der Centralausschuss (CA) für Innere Mission bemühte sich, nahtlos seine Arbeit fortzusetzen. Trotz einer bis in die Weimarer Republik zurückreichenden Organisationsstruktur, die zu einer Professionalisierung der Arbeitsstrukturen des Verbandes geführt hatte, war die gesamte Struktur weiterhin heterogen und offen, eine zentrale Entscheidungsgewalt gab es trotz der Gleichschaltungsbemühungen in der NS-Zeit und der latenten Verkirchlichung der Arbeit nicht. Gerade die Autonomie der verschiedenen Ebenen – einzelne Vereine und Werke sowie Provinzialausschüsse – sicherte nun die Funktionsfähigkeit. Dabei setzte sich für den CA selbst schnell eine Zweiteilung der Organisation durch: Es entstand in Bremen bzw. Bethel ein CA-West, die Geschäftsstelle in Berlin blieb erhalten (CA-Ost). Beide agierten zunächst, insbesondere wegen der schwierigen Kommunikation zwischen den Besatzungszonen, relativ unabhängig voneinander. Waren es im Westen neben dem langjährigen Präsidenten Constantin Frick vor allem Friedrich von Bodelschwingh und auch Otto Ohl, die eine Sicherstellung der Arbeitsfähigkeit des CA erreichen wollten, trat in Berlin Theodor Wenzel, der Direktor des Provinzialausschusses für Innere Mission Berlin-Brandenburg, in die Verantwortung.

Neben den organisatorischen Fragen, die für die nahtlose Arbeit des CA als unabdingbar angesehen wurden, trat schnell auch die Frage des personellen Neubeginns. Der 68-jährige Constantin Frick, seit 1934 Präsident des CA, konnte nicht glaubwürdig für einen gewünschten »Neubeginn« stehen, zu sehr standen der neutrale Kurs des CA und dessen Haltung zur Bekennenden Kirche in der Kritik. Im Frühjahr 1946 wurde schließlich Hanns Lilje, zu diesem Zeitpunkt Oberlandeskirchenrat in Hannover und – dies dürfte mit ausschlaggebend gewesen sein – Mitglied im Rat der EKD, zum ehrenamtlichen Präsidenten des CA gewählt. Lilje erhielt zwei Stellvertreter, Paul Gerhard Braune, der den CA-Ost repräsentierte, sowie Otto Ohl für den Westen. Gleichzeitig berief man mit dem Pfarrer Friedrich Münchmeyer auch einen hauptamtlichen Direktor für den CA-West, eine Entscheidung, die nicht allein als eine Wiederherstellung der organisatorischen Verhältnisse der Weimarer Republik und als Entlastung für den Präsidenten gesehen werden kann. Sie dürfte auch als Signal zu interpretieren sein, die Eigenständigkeit der Inneren Mission zu bewahren. Es sollte noch bis 1948 dauern, bis die satzungsgemäßen Organe, der Hauptausschuss und die Mitgliederversammlung, in Bethel wieder tagen konnten.

Zu diesem Zeitpunkt hatte sich die Lage für den CA schon grundlegend verändert, da mit der im Juli 1948 in Eisenach verabschiedeten Grundordnung der EKD eine grundlegende Anerkennung der diakonischen Arbeit erfolgt war, sowohl für die Innere Mission als auch für das Hilfswerk der Evangelischen Kirche in Deutschland, welches im Sommer 1945 entstanden war.

2. Das Evangelische Hilfswerk

Trotz aller Bemühungen um Kontinuität und Weiterarbeit der Einrichtungen der Inneren Mission stellt die Etablierung des Hilfswerkes 1945 einen tiefen Einschnitt in der Geschichte des sozialen Protestantismus dar, entstand doch – als eine Gründung ohne Vorläufer – eine zunächst explizit den verfassten Kirchen zugeordnete Institution, die wiederum im ökumenischen Kontext betrachtet werden muss. Dabei reicht die Geschichte des Hilfswerkes in die ersten Jahre des Zweiten Weltkrieges zurück. Ab Frühsommer 1942 gab es in Genf beim Ökumenischen Rat konkrete Überlegungen für ein kirchliches Hilfs- und Wiederaufbauprogramm für die Nachkriegszeit. Es war insbesondere Eugen Gerstenmaier, Mitarbeiter des Kirchlichen Außenamtes in Berlin, der früh von den Plänen wusste und diese unterstützte. Sein Versuch, die deutsche Innere Mission einzubinden, scheiterte bei einem Gespräch mit Constantin Frick Ende 1942 in Bremen. Die Enttäuschung darüber, verbunden mit der Kritik an Fricks Haltung in der NS-Zeit, prägten dann zunächst auch die Beziehungen zwischen den Organisationen – und Personen – nach 1945. Gezielt suchte Gerstenmaier die Unterstützung von Landesbischof Theophil Wurm, den er immer wieder über seine Pläne und Absichten informierte. Gerstenmaier selbst forcierte die Pläne eines kirchlichen Aufbauwerkes, welches nach dem Prinzip der »Hilfe zur Selbsthilfe« arbeiten sollte, als ein nationales, beide Kirchen verbindendes Unternehmen. Diese Idee gab er aber im Sommer 1945 auf, nachdem er dem Vorsitzenden der Fuldaer Bischofskonferenz und Kölner Erzbischof, Joseph Frings, seine Idee vorgestellt hatte, aber auf wenig Resonanz gestoßen war.

Gerstenmaiers Bemühungen um den Aufbau des Hilfswerkes waren durch seine Verhaftung am 20. Juli 1944 im Zusammenhang mit dem Attentat auf Adolf Hitler unterbrochen worden. Direkt nach seiner Befreiung aus dem Bayreuther Zuchthaus durch die amerikanischen Truppen im April 1945 setzte er seine Bemühungen zur Realisierung eines »Hilfswerkes der Deutschen evangelischen Kirche« fort. Neben seinen guten Kontakten zum Ökumenischen Rat in Genf, wohin er bereits im Frühsommer reiste, waren es die amerikanischen Besatzungstruppen, die ihn unterstützten. Gerstenmaier erhielt dann auf der Kirchenversammlung in Treysa vom 27. bis 30. August 1945 die Möglichkeit, seine Idee vorzustellen. Ohne größere Konflikte und Diskussionen wurde die Gründung des Hilfswerkes beschlossen und Gerstenmaier zu dessen Leiter berufen. Dabei war seine Person gerade im Bereich der Bekennenden Kirche und der Ökumene nicht unumstritten, er galt jedoch auch als durchsetzungsstark und organisationserfahren. Beides half, das Hilfswerk schnell zu einem wirksamen und effizienten Instrument der Solidarität werden zu lassen. Es führte aber auch früh zu Spannungen und Konflikten, warf man ihm doch immer wieder einen starken Zentralismus vor. Tatsächlich gelang es Gerstenmaier zwar, eine zentrale Organisation zu schaffen – durch die enge Anbindung an die Kirche und ihre landeskirchliche Struktur bestand aber eine Spannung zu den Verantwortlichen in den einzelnen Landeskirchen, die oftmals zugleich Vertreter der Inneren Mission waren. Die Konflikte ließen erst nach dem Ausscheiden Gerstenmaiers 1951 aus der Leitung und der Fusion der Werke 1957 nach.

Als Organisation wurde das Hilfswerk 1945 sowohl in die Ökumene als auch eng in die deutschen Kirchen eingebunden.

Schnell kamen die Freikirchen dazu und beteiligten sich an der Arbeit, eine wichtige Erweiterung gegenüber der Zeit vor 1945. Die Grundsätze der Arbeit wurden bereits in dem Aufruf vom 31. August 1945 niedergelegt. Dort hieß es programmatisch: »Das deutsche Volk ist auf Selbsthilfe angewiesen« [Schäfer/Maaser, 419] und Aufgabe des Hilfswerkes sei es, »diese Selbsthilfe über den ganzen deutschen Volksboden hin in Gang zu setzen«. Damit hatte man nicht primär die Verteilung von Spenden im Blick, sondern vielmehr, die Idee der Subsidiarität aufgreifend, eine Idee der Stärkung der Eigenkräfte. Die Bereiche und Angebote des Hilfswerkes waren sehr vielfältig. Gesammelt wurden im Rahmen der »allgemeinen Nothilfe« beispielsweise Geld- und Sachspenden wie Lebensmittel – beispielsweise die sogenannten CARE-Pakete – und Kleidung, aber auch vieles andere mehr. Empfängerinnen und Empfänger waren neben den Bedürftigen in den Städten in der Regel Flüchtlinge und Vertriebene. Die Verteilung vor Ort erfolgte zumeist durch Gemeinden oder kirchlich-diakonische Strukturen. Gerade die Sachspenden aus dem Ausland waren eine sehr große Hilfe. Es wird von Schuhen aus Neuseeland, von Talaren und Fahrrädern für Pfarrer aber auch von Wolle und Büchern – um nur einige Beispiele zu nennen – berichtet. Die Arbeit des Hilfswerkes war ganz im Sinne Gerstenmaiers von einer sachbezogenen Pragmatik gekennzeichnet. Dies wird auch daran deutlich, dass man immer wieder auch unternehmerisch tätig wurde, etwa bei der Verarbeitung von gespendeten Rohstoffen (»Veredelungswirtschaft«). In diesen Bereich fallen auch die entstehenden sog. Hilfswerksiedlungen für Flüchtlinge, beispielsweise in und bei Heidelberg oder in Espelkamp/Westfalen. Für diese Wohnsiedlungen entstand 1948 eine eigene »Gemeinnützige Siedlungsgesellschaft«. So entstand um das Hilfswerk herum ein diakonischer Konzern. Als weiteren Bereich neben der Hilfe zur Selbsthilfe sah schon der Aufruf vom August 1945 eine Unterstützung für den »kirchlichen Wiederaufbau« vor, diese Arbeit entsprach ganz den Ideen des Ökumenischen Rates. Gespendet wurde vielfach von Kirchen für Kirchen. Es gab materielle Hilfe für Kirchengemeinden, es kam Material und Geld für den Bau von Kirchen – wie die Notkirchen von Otto Bartning – oder Baracken und Gemeindehäusern.

Die Arbeit erstreckte sich auf die Bundesrepublik und die DDR. Nach den ersten Jahren, in denen die akuten Notlagen im Vordergrund gestanden hatten, kümmerte man sich später weiterhin um die in Deutschland ankommenden Heimatvertriebenen sowie um die Russlanddeutschen oder auch, wie es hieß, um »Deutsche jenseits der Grenze«, die mit Paketen und Briefen unterstützt wurden. Nach der Konstituierung der DDR lief auch dort die Hilfswerksarbeit weiter, wobei sich gerade Heinrich Grüber, der auch für das Hilfswerk zuständig war, um Handlungsräume für die Arbeit bemühte, während man sich im Westen auf effizient helfende Patenschaftsprogramme und direkte Hilfe für die Häuser in der DDR konzentrierte.

Hilfswerk und CA verstanden sich gerade in den 1950er Jahren ebenso wie die EKD als gesamtdeutsche Institutionen. Dabei half diese Klammer den diakonischen Einrichtungen in der SBZ/DDR sehr bei der eigenen Existenzsicherung, denn das Weiterbestehen als eigenständige Einrichtungen in der gesamten Zeit der DDR – innerhalb einer einheitlichen und zentralistischen staatlichen Sozialpolitik – war weder selbstverständlich noch von Beginn an so vorgesehen. Doch die über das Hilfswerk kommenden ökumenischen Hilfen und die finanziellen und materiellen Unterstützungen aus der Bundesrepublik sicherten eine Weiterexistenz. Dabei kam es allerdings zu zwei signifikanten Entwicklungen. Zum einen kam es zu einem Abdrängen in die Anstaltsfürsorge, gerade für Menschen mit Schwertbehinderung, dagegen wurden Beratungsangebote wie etwa die Bahnhofsmission in der Regel verboten. Auch wurden Kirche und Diakonie weitgehend aus dem Bildungsbereich herausgedrängt. Bestehen bleiben konnten die meisten konfessionellen Krankenhäuser, hier profitierte man von den direkten Hilfen aus dem Westen. Die andere Entwicklung betraf die mit dem Stichwort der »Verkirchlichung« zu beschreibende Tendenz, dass die Diakonie in der DDR in die kirchlichen Strukturen eingegliedert wurde.

3. Auf dem Weg zur Vereinigung

Trotz des dynamischen Wachstums und der anerkannten Leistungsfähigkeit des Hilfswerkes stellte sich in der Realität die Frage nicht, ob das Hilfswerk tatsächlich an die Stelle des bestehenden CA treten könnte. Die starke Anstaltsdiakonie und die trotz aller Probleme weiter bestehenden Strukturen der landes- bzw. provinzialkirchlichen Vereine der Inneren Mission hatten eine enorme Beharrungskraft. Dies bestätigte sich auch, trotz mancher Konflikte auf lokaler und regionaler Ebene, schnell in der praktischen Arbeit. Oftmals arbeiteten beide Institutionen zusammen, kooperierten, zudem gab es in den Kirchenkreisen oft personelle Überschneidungen. Die immer wieder auftretenden Konflikte, beispielsweise im Rheinland zwischen dem selbstbewussten Vertreter der Inneren Mission, Otto Ohl, auf der einen und Eugen Gerstenmaier sowie dem späteren rheinischen Präses, Heinrich Held, auf der anderen

Seite, belegen auch, dass die Entstehung des Hilfswerkes, dessen enge Bindung an die Kirche und die parochialen Strukturen als eine Bedrohung der bestehenden Inneren Mission wahrgenommen wurde.

Die Dualität wird auch deutlich, wenn man sich die 1948 beschlossene Grundordnung der EKD anschaut, die in Artikel 15 grundlegende Aussagen zur Diakonie trifft. Dieser Artikel war nach intensiven Debatten entstanden, er trägt einen protestantischen Kompromisscharakter und ist bis heute unverändert Teil der kirchlichen Ordnung. Einerseits nahm er eine Formulierung von 1940 auf und bezeichnete die Diakonie als »Wesens- und Lebensäußerung der Kirche« [Maaser/Schäfer, 431], womit man damals die Nähe zur Kirche hervorheben wollte, andererseits nahm man nunmehr verstärkt die Eigenständigkeit in den Blick. Dass man explizit von »diakonisch-missionarischen Werke(n)« sprach, ist dabei eine Formulierung ganz im Sinne der Inneren Mission, stand doch nach 1945 gerade die volksmissionarische Arbeit unter einem gewissen Verdacht der NS-Nähe. Der gleiche Paragraf sprach aber auch von dem »Diakonat der Kirche«, eine Formulierung, die die Kirchlichkeit der Diakonie betonen sollte, seien doch, wie es ebenfalls dort heißt, »alle Glieder der Kirche zum Dienst« berufen. Indem die Grundordnung so die diakonische Realität der Vielfalt der Institutionen anerkannte, war die Grundlage dafür geschaffen, dass sich beide Institutionen in den 1950er Jahren weiter annäherten – ein schmerzhafter und langwieriger Prozess.

Die Debatten, die schließlich 1957 zur Gründung des gemeinsamen Werkes, welches zunächst den additiven Namen »Innere Mission und Hilfswerk der Evangelischen Kirche in Deutschland« erhielt, drehten sich nicht allein um die Frage, welchen Ort die beiden Werke innerhalb der Kirche und der kirchlichen Öffentlichkeit haben konnten und sollten. Es ging auch darum, wie sich »Kirche und Diakonie in der sich verändernden Welt« – so die EKD Synode 1957 – positionieren sollte, eine Debatte, die dann mehr noch die 1960er Jahre bestimmte. Auch wenn mit der Vereinigung das Projekt eines eigenen kirchlichen Werkes Geschichte war und man sich in zentralen Forderungen wie etwa der Schaffung eines »Diakonischen Amtes der EKD« nicht hatte durchsetzen können, war es dem Hilfswerk doch zugleich gelungen, Themen auf die Tagesordnung der kirchlichen Öffentlichkeit zu setzen, die bisher in der Inneren Mission behandelt worden waren. Dies war in allen Diskussionen in den 1950er Jahren auf dem Weg zur Vereinigung deutlich geworden.

Dabei spielt vor allem die insbesondere von Gerstenmaier forcierte Idee, die dieser in Anlehnung an Johann Hinrich Wicherns Grundimpuls der »rettenden Liebe« als »Wichern Zwei« bezeichnete, eine zentrale Rolle. Gerstenmaiers Forderungen einer engeren Verbindung von »Diakonie und Sozialpolitik«, wie er 1953 schrieb, zielten darauf ab, eine Politisierung der Kirche zu erreichen. Das Hilfswerk und die führenden Protagonisten sollten sich aktiv in die gesellschaftlichen Auseinandersetzungen einbringen, sie sollten als »Anreger, Korrektiv, Mitgestalter politisch-sozialen Handelns in Staat und Gesellschaft fungieren« [Kaiser, 86]. Mit diesem Konzept wollte Gerstenmaier die Diakonie/Innere Mission aus der Verklammerung mit dem Staat lösen, sah er doch die führenden Vertreter des 19. und beginnenden Jahrhunderts in ihrer engen Bindung an den Staat gefangen. Dabei habe man sich auf die Einzelhilfe konzentriert (Wicherns »rettende Liebe«) und die Arbeit zu einem Teil eines missionarischen Programmes werden lassen. Gerstenmaier wollte diese überwinden und ergänzen und die

Diakonie selbst zu einem Teil der Sozialpolitik machen. Die von ihm propagierte »gestaltende« oder »absichtslose Liebe«, die die Arbeit der Diakonie prägen sollte, kann gleichwohl als eine »Chimäre« [Degen, 196] bezeichnet werden, denn die Idee war nicht, wie Gerstenmaier suggerierte, ein von der christlichen Nächstenliebe ausgehendes Angebot an die Gesellschaft. Es war vielmehr Ausdruck der konservativen Politik der Nachkriegszeit. So war Gerstenmaiers Weg in die Politik nur konsequent, nicht zuletzt, als er seine Ideen für ein kirchliches diakonisches Amt nicht durchsetzen konnte.

Dennoch waren die Gründung des Hilfswerkes und die spätere Fusion mit der Inneren Mission nicht allein eine äußere Erweiterung der Arbeit des CA gegenüber der Zeit vor 1945. Es war auch eine wesentliche thematische Veränderung, wobei die 1950er Jahre dann auch verstärkt dazu genutzt wurden, inhaltliche Debatten zu führen. Diese betrafen nicht allein das Verhältnis von Kirche und Diakonie und den Ort der Diakonie in der deutschen Nachkriegsgesellschaft.

4. Der Sozialstaat

Für die Arbeit der diakonischen Einrichtungen vor Ort weit wesentlicher wurde, gerade in der Bundesrepublik Deutschland, das im Grundgesetz verankerte Sozialstaatsprinzip – »Die Bundesrepublik Deutschland ist ein demokratischer und sozialer Bundesstaat.« [GG 20.1] –, welches zwar die Vielzahl der sozialen Regelungen der Weimarer Reichsverfassung nicht aufzählte, gleichwohl aber bewusst in dieser Tradition stand. So war die Politik der 1950er Jahre auch zunächst – trotz vieler theoretischer Debatten – eine Politik der Wiederherstellung der wohlfahrtsstaatlichen Regelungen, die mit den Bismarck'schen Sozialgesetzen begonnen hatten und 1927 eine wesentliche Ergänzung durch die Arbeitslosenversicherung erfahren hatte. Bei dieser Politik konnte der Staat sich der Unterstützung der beiden Kirchen und auch der Diakonie in der Regel gewiss sein, nicht zuletzt, da damit eine Planungssicherheit für die eigene Arbeit hergestellt wurde.

Das 1952 verabschiedete Lastenausgleichsgesetz war sicher ein neuer sozialpolitischer Meilenstein. Die Idee dazu wurde schon seit der unmittelbaren Nachkriegszeit diskutiert, wobei sich die Frage zunächst darauf konzentrierte, wie man mit den Kriegsschulden umgehen müsse und wie man zu einem Ausgleich zwischen denjenigen, die alles verloren hatten, und denjenigen, die keine Schäden oder gar Gewinne durch den Krieg zu verzeichnen hatten, kommen könne. Durch die millionenfache Flucht und Vertreibung erhielten diese Überlegungen dann ein Gefälle, welches sich in den Gesetzgebungsdiskussionen nachdrücklich bemerkbar machte. Auch für die Kirche und die diakonischen Einrichtungen war es ein wichtiges Thema. Hier behandelte diese Frage insbesondere der Betheler Verwaltungsdirektor und Schatzmeister des CA Johannes Kunze, der später als CDU-Bundestagsabgeordneter sozialpolitische Verantwortung übernahm. Weil durch die Kriegszerstörungen und die Währungsreformen keine finanziellen Spielräume vorhanden waren, war die Frage zentral, ob ein möglicher Lastenausgleich zu allgemeinen finanziellen Belastungen führen würde. Das 1952 verabschiedete Gesetz trug vielen Bedenken Rechnung und schuf ein komplexes, über Jahrzehnte laufendes Ausgleichssystem (Entschädigungen, Finanz- und Sachhilfen etc.), eine tatsächliche Umschichtung von Vermögen fand aber nicht statt. Kunze hat seine Arbeit gerade beim Lastenausgleich als eine »politische Diakonie« bezeichnet. Wie auch Gerstenmaier und andere wollte er eine Gesellschaft, die von dem Wunsch nach sozialer Gerechtigkeit, aber auch von Anerkennung der christlichen Normen und Werte getragen ist.

Noch weitere Gesetze prägten die Sozialpolitik der 1950er Jahre: 1957 wurde die Rentenreform mit der Einführung der dynamisierten Rente verabschiedet, die allerdings in der diakonischen Öffentlichkeit wenig Resonanz fand. Im gleichen Jahr kam es auch zur Verabschiedung des »Körperbehindertengesetzes«, welches für die Einrichtungen, die mit Menschen mit Behinderung arbeiteten, zentral wurde. Das 1961 verabschiedete Bundessozialhilfegesetz mit seiner Abkehr vom alten Fürsorgeprinzip der Weimarer Republik und der NS-Zeit prägte im Folgenden die soziale Arbeit entscheidend. Dieses Gesetz war von Seiten von Kirche und Diakonie intensiv im Vorfeld begleitet und geprägt worden, wobei es insbesondere darum ging, die eigene Position, konkret die Einrichtungen im Sozialstaat, abzusichern.

5. Die Frage nach dem Personal

Nicht zuletzt nach der Fusion von 1957 etablierte sich die Diakonie als wichtige Partnerin der Kirche und beide hatten gute Kontakte in die Politik. Gleichzeitig traten nun verstärkt Themen und Probleme in den Vordergrund, die bereits seit langer Zeit diskutiert worden waren. Dies gilt insbesondere für die Frage nach dem, wie man gerne schrieb, »Nachwuchs«. Allgemeiner formuliert, die Suche nach Mitarbeiterinnen und Mitarbeitern wurde mehr und mehr virulent. Die Diakonissenhäuser kannten das Thema eines fehlenden Nachwuchses schon länger. Auch wenn es nach 1945 zu kurzen temporärem Ansteigen der Eintrittszahlen gekommen war, gingen die Zahlen insgesamt kontinuierlich zurück. Die gesellschaftlichen Veränderungen und der langsame Abschied von patriarchalen Strukturen in den Einrichtungen ließen Amt und Beruf der Diakonisse immer weniger attraktiv erscheinen. Die Rückgänge waren für die Diakonissenhäuser existentiell, beruhte doch ihre gesamte Arbeit gerade in den Krankenhäusern und den Gemeindestationen darauf.

Dabei waren die 1950er Jahre von einer allgemeinen Krisenrhetorik und der Vorstellung, dass sich die Entwicklung noch ändern würde, geprägt. So wurde die Frage nach der »sterbenden Mutterhausdiakonie« (1954) von Heinrich Leich explizit verneint. Die Erkenntnis der Transformation der Tradition setzte erst später ein. Die 1960er Jahren wurden dann die Jahre der Abbrüche und versuchten Neuanfänge. Doch unabhängig von der speziellen Lage in den Diakonissenhäusern verschärfte sich die Personalsituation allgemein. Schlechte Bezahlung und Arbeitsbedingungen, aber auch sich erhöhende Anforderungen an Fachlichkeit und Professionalisierung stellten die Einrichtungen vor große Herausforderungen. Zugleich setzte auch eine wichtige Entwicklung im Arbeitsrecht ein, die in langfristiger Perspektive gerade für die diakonischen Unternehmen immer wichtiger wurde. Der »dritte Weg« einer einvernehmlichen Gestaltung der Beziehungen von Arbeitnehmenden und Arbeitgebenden in Kirche und Diakonie begründete sich auf dem verfassungsrechtlich verankerten Selbstbestimmungsrecht der Kirchen. Es entstand die Idee einer »Dienstgemeinschaft« in den Unternehmen: Konflikte sollten immer konsensual gelöst werden, nicht zuletzt, da man sich einer gemeinsamen Idee verpflichtet fühlte. Diese Vorstellung prägte auch die in den 1950er Jahren entstehenden Mitarbeiterausschüsse als Vorläufer der späteren Mitarbeitervertretungen, auch wenn diese erst in den 1960er Jahren mit einer fortschreitenden Pluralisierung der Mitarbeitenden sowohl ihre Wirkung als auch ihr Konfliktpotential entfalten konnten. Die Herausnahme der Kirchen aus den Regelungen des 1952 verabschiedeten Betriebsverfassungsgesetzes, die eigene arbeitsrechtliche Regelungen ermöglichten, geschah übrigens gerade auf Wunsch der Kirchen, die dabei die Lage der Kirchen in der DDR im Blick hatten. Dort hatten die Kirchen – auch für die diakonischen Einrichtungen – schon eigene Regelungen für eine Mitbestimmung der Mitarbeitenden getroffen, die gefährdet worden wären, wenn es in der Bundesrepublik zu einer einheitlichen Regelung gekommen wäre.

Auf die Herausforderung von Personalmangel, Qualifizierung und Weiterbildung und auch auf die Suche nach inhaltlicher Profilierung antworteten besondere Projekte: 1949 entstand in Friedewald (Westerwald) in Kooperation mit anderen Partnern (Hilfswerk, CA, Männerarbeit) die Sozialakademie, die sich der Ausbildung von Sozialsekretären verpflichtete und die sozialethische Profilierung förderte. Sie war später weitgehend unabhängig von der Diakonie. Noch wichtiger war 1954 die Eröffnung des Diakoniewissenschaftlichen Instituts in Heidelberg, welches neben akademischer Grundlagenforschung vor allem das Ziel hatte, Nachwuchs für Kirche und Diakonie zu bilden.

Einen anderen Aspekt bediente das 1954 von der Diakonissenanstalt Neuendettelsau ausgerufene »Diakonische Jahr«. Zielgruppe waren zunächst Frauen – Männer kamen erst später hinzu –, bei denen man Interesse an sozialen und pflegerischen Berufen wecken und Verantwortung und christliche Werte vermitteln wollte. Die Idee wurde von vielen Landeskirchen aufgenommen und populär, 1964 kam es mit dem »Freiwilligen Sozialen Jahr« zu einer gesetzlichen Regelung.

Nach 1945 konnten auch die großen Verbände innerhalb der Inneren Mission ihre Arbeit fortsetzen, etwa in den Bereichen der evangelischen Krankenhäuser oder der Erziehungshilfe, wobei in der Regel doppelte Strukturen für die beiden deutschen Staaten entstanden. Nicht nur in der Hilfe für Menschen mit Behinderung begann man zunächst zaghaft, sich mit der eigenen Vergangenheit auseinanderzusetzen, dabei liefen die ethischen Debatten um Eugenik und Sterilisationen zunächst weiter.

Auch wenn die Verbände alle in Verbindung mit den Strukturen des späteren Diakonischen Werkes standen, entwickelten sie sich mehr und mehr zu fachlich orientierten Institutionen, die das Interesse ihre Mitglieder gegenüber Staat und Öffentlichkeit vertraten. Auffällig ist dabei, dass – etwa beim Deutschen Evangelischen Krankenhausverband – die Fragen nach einer guten Wirtschaftsführung sowie nach einer Professionalisierung der Arbeit mehr und mehr in den Vordergrund traten. Die Kaufleute (»Wirtschaftsleiter«) wurden zunehmend zu einflussreichen Größen in den Werken und Einrichtungen.

6. Brot für die Welt

Ein für die Diakonie nach 1945 besonders einschneidendes Ereignis war die im Jahr 1959 erstmals erfolgte Sammlung für »Brot für die Welt«. Damit wurde die sich langsam profilierende »ökumenische Diakonie« institutionalisiert. Die Internationalisierung diakonischer Arbeit war nicht neu, man denke etwa an die vielen Auslandsarbeitsfelder der Diakonissen oder an die »Kontinentale Konferenz für Innere Mission und Diakonie« in der Weimarer Republik. 1945 hatte sich aber durch die Gründung des Hilfswerkes, welches in ein großes ökumenisches Netzwerk eingebunden war und von dort Hilfsleistungen erhielt, eine neue Dimension ergeben. Nachdem sich in den 1950er Jahren die wirtschaftliche Lage in Deutschland besserte, entstand der Wunsch, selbst Hilfe zu leisten. Konkrete Unterstützung wurde 1953 während der Flutkatastrophe in den Niederlanden organisiert, ein Jahr später gründete der damalige Leiter des Hilfswerkes, Herbert Krimm, eine entsprechende Abteilung. Das war der Beginn der heutigen »Diakonie Katastrophenhilfe«. Diese Arbeit erfuhr 1956 einen großen Aufschwung, als man aus Anlass des Volksaufstandes in Ungarn und der großen Flüchtlingsströme die »Ungarnhilfe« organisierte. Es war auch die Zeit, in der die Not der Menschen in Asien und Afrika im Prozess der Dekolonisation mehr und mehr in das Blickfeld gerieten, Hilfe aber gleichzeitig immer auch Teil des Kalten Krieges war. Nachdem 1958/59 die katholische Hilfsaktion »Misereor« entstanden war, regte Christian Berg, Leiter der Berliner Stelle von Hilfswerk und Innerer Mission und ein maßgeblicher Protagonist der ökumenischen Hilfswerkarbeit, die Initiierung einer evangelischen Hilfsaktion unter dem Namen »Brot für die Welt« an. In der Adventszeit 1959 fand die erste, sehr erfolgreiche Sammlung in beiden deutschen Staaten statt. Die Aktion wurde schnell institutionalisiert, zunächst noch als eine gemeinsame Veranstaltung von Kirche und Diakonie, später dann ganz im Kontext des Diakonischen Werkes.

7. Fazit

Hanns Lilje sprach in der ersten Nachkriegsnummer der Verbandszeitschrift »Innere Mission« 1947 von der »Stunde der Barmherzigkeit«, die nunmehr die Arbeit der Einrichtungen und des gesamten Verbandes prägen sollte. Diese demütig klingende Formulierung wollte nach vorne schauen und die diakonischen Aufgaben in den Mittelpunkt rücken. Sie diente aber auch als Klammer zwischen dem neuen Hilfswerk und der seit dem 19. Jahrhundert bestehenden Innere Mission. Man sah sich – trotz aller Rivalität – gemeinsam vor der Herausforderung, die soziale Arbeit in der Nachkriegsgesellschaft zu prägen und zu gestalten. Dies gelang nach 1949 zunächst sehr erfolgreich und pragmatisch, wobei man sich schnell auf die neuen Bedingungen einließ und sich in Westdeutschland in die bestehenden Strukturen einpasste bzw. – mit der katholischen Caritas – zu einem Partner von Politik und Gesellschaft wurde. Erst nach der Vereinigung der beiden Werke 1957 und angesichts der einsetzenden Diskussionen um Reform und Veränderung begannen intensivere Debatten um den Ort der Diakonie in der Gesellschaft, diese bestimmten dann die 1960er Jahre.

Degen, Johannes: Diakonie und Restauration. Kritik am sozialen Protestantismus in der BRD. Neuwied 1975.

Friedrich, Norbert / Kunze, Johannes: Diakonie, Ökonomie und Politik, in: Matthias Benad / Kerstin Winkler (Hg.): Bethels Mission (2). Bethel im Spannungsfeld von Erweckungsfrömmigkeit und öffentlicher Fürsorge (BWFKG 20). Bielefeld 2001, 57–82.

Hübner, Ingolf / Kaiser, Jochen-Christoph (Hg.): Diakonie im geteilten Deutschland. Zur diakonischen Arbeit unter den Bedingungen der DDR und der Teilung Deutschlands. Stuttgart 1999.

Kaiser, Jochen-Christoph: Eugen Gerstenmaier in Kirche und Gesellschaft nach 1945, in: Wolfgang Huber (Hg.): Protestanten in der Demokratie. Positionen und Profile im Nachkriegsdeutschland. München 1990, 69–92.

Kehlbreier, Dietmar: »Öffentliche Diakonie«. Wandlungen im kirchlich-diakonischen Selbstverständnis in der Bundesrepublik der 1960er- und 1970er-Jahre. Leipzig 2009.

Maaser, Wolfgang / Schäfer, Gerhard K. (Hg.): Geschichte der Diakonie in Quellen. Vom Anfang des 19. Jahrhunderts bis zur Gegenwart. Neukirchen-Vluyn 2016.

Wischnath, Johannes Michael: Kirche in Aktion. Das Evangelische Hilfswerk 1945–1957 und sein Verhältnis zu Kirche und Innerer Mission (AKIZ. B 14). Göttingen 1986.

Norbert Friedrich

X. Christen und Juden

1. Jüdinnen und Juden im Nachkriegsdeutschland

Von den ungefähr 500.000 Jüdinnen und Juden, die 1933 in Deutschland lebten, konnten bis 1939 etwa 250.000 Personen auswandern; mindestens 165.000 wurden Opfer der Shoa. In den Monaten nach Kriegsende fanden die Alliierten noch etwa 15.000 Jüdinnen und Juden vor; die meisten hatten in sogenannten privilegierten Mischehen überlebt, etwa 2.000 Personen unter tagtäglicher Bedrohung als »U-Boote« und ein kleiner Teil kehrte aus Konzentrationslagern – vornehmlich aus Theresienstadt – zurück. Zu diesen ›deutschen‹ Juden kamen 40.000 aus Konzentrationslagern Befreite, die nun als sogenannte Displaced Persons (DPs) in Lagern lebten und in ihrer großen Mehrzahl auf Auswanderungsmöglichkeiten nach Israel oder die USA warteten. Nach einer Intensivierung des Antisemitismus in Polen stieg diese Zahl durch die damit ausgelöste Fluchtwelle bis 1947 auf etwa 182.000 Personen an. In den großen Lagern wie in Ulm, Landsberg, Feldafing, Pocking und Kassel entwickelte sich ein reiches kulturelles Leben. Nach der Gründung des Staates Israel 1948 ging die Zahl der DPs rapide zurück.

Äußerst heterogen zusammengesetzte jüdische Gemeinden entstanden unter anderem in Berlin, München, Stuttgart, Frankfurt oder Hamburg, wobei oft die deutsche Gruppe dominierte – trotz einer Mehrheit von Gemeindemitgliedern aus dem Kreis der ehemaligen DPs. Die jüdischen Gemeinden in

Deutschland bestanden fort, obwohl der Jüdische Weltkongress 1948 gefordert hatte, dass sich Juden nie wieder »auf dem blutgetränkten deutschen Boden ansiedeln« sollten und die Jewish Agency im August 1950 Juden ultimativ aufrief, Deutschland zu verlassen [Herzig, 271]. Bald bildeten sich übergemeindliche Strukturen: Im Juli 1950 wurde in Frankfurt der Zentralrat der Juden in Deutschland gegründet und 1951 eine Zentralwohlfahrtsstelle; ab 1952 tagte auch wieder eine Rabbinerkonferenz. Bereits 1946 war mit dem Jüdischen Gemeindeblatt für die Nord-Rheinprovinz und Westfalen ein Publikationsorgan gegründet worden, aus dem die Allgemeine Jüdische Wochenzeitung – ab 2002 Jüdische Allgemeine – hervorging.

Boten zunächst noch Militärrabbiner an den hohen Feiertagen Gottesdienste an, so wurden die ca. 80 Gemeinden, die sich in 15 Landesverbänden und -gemeinden organisiert hatten, 1960 von gerade einmal sieben ausgebildeten Rabbinern im Haupt- und einigen weiteren im Nebenamt betreut. Zu dieser Zeit waren die Gemeinden in Westdeutschland größer geworden: Durch Rückwanderer nahm die Zahl der Gemeindeglieder bis 1959 auf 21.500 zu. Im Osten hingegen gingen die Zahlen dramatisch zurück: Von 1.500 registrierten Mitgliedern im Jahre 1945, die sich in acht Gemeinden zusammenfanden, auf 350 1990. Insbesondere nach einer staatlich gelenkten Antisemitismuskampagne flohen bis zum 30. März 1953 550 Juden – darunter sämtliche Gemeindevorsteher – in den Westen. Mitte 1953 kam es zu einer plötzlichen Änderung der Politik der SED gegenüber den Jüdinnen und Juden. Die Berliner Gemeinde spaltete sich 1953 aufgrund der sich verschärfenden politischen Konfrontation zwischen den Machtblöcken.

Die neu entstandenen Gemeinden hatten nicht nur interne Probleme zu bewältigen – Differenzen zwischen ›deutschen‹ und neuen Mitgliedern; Integration verschiedener Herkunftsgruppen; Streit, welche Traditionen gelten sollten; Ausgleich zwischen Sozialarbeit und Pflege der Religion –, sondern sahen sich im Westen Deutschlands immer wieder mit antisemitischen Wellen konfrontiert. Umfragen belegen, dass in der bundesrepublikanischen Gesellschaft der Antisemitismus mit dem Ende des NS-Regimes keineswegs überwunden war. Meinungsumfragen aus dem Jahre 1946 zeigen, dass neben 30 % leicht antisemitischen bis indifferenten Personen »ungefähr 20 % der Befragten als klar antisemitisch gelten können, während knappe 50 % sich tolerant bis philosemitisch geben.« [Bergmann/Erb, 113] Dabei ist festzustellen, dass der Antisemitismus einen Wandel vollzogen hatte: Er war nicht mehr politisch verordnete Ideologie, sondern funktionierte in einem Umfeld fast ohne Juden »als ein diffuses, offiziell unterdrücktes Vorurteil weiter« [ebd., 118].

2. Evangelische Gremien zur »Judenfrage« und zur Schuld angesichts der Shoa

Bereits im Juni 1945 wandte sich der württembergische Landesbischof Theophil Wurm an die neu gegründete »Israelitische Religionsgemeinschaft in Stuttgart« und brachte in einem Schreiben seine »herzliche[] Teilnahme an dem Schweren, das über Sie und Ihre Glaubensgenossen gekommen ist und das noch auf Ihnen liegt«, zum Ausdruck [Hermle, 283]. Eine Mitschuld der Kirche an der »Vernichtung des Judentums in Deutschland und Europa« vermochte Wurm nicht einzugestehen, vielmehr betonte er, dass man »jene entsetzlichen Vorkommnisse leider nicht [habe] verhindern können«; man habe »an den satanischen Maßnahmen« »schwer getragen«. In diesem ›Kondolenzschreiben‹ suchte Wurm zum einen das Versagen der Kirche – freilich vermischt mit Selbstrechtfertigungsfloskeln – zum Ausdruck zu bringen, zum anderen durch einen Verweis auf Ps 126,5f. Trost zu spenden und zudem durch die bekundete Anteilnahme einer persönlichen Begegnung mit jüdischen Repräsentanten den Weg zu bahnen.

Als erstes kirchliche Gremium sprach die Synode der Bekennenden Kirche (BK) von Berlin, die Ende Juli 1945 in Spandau tagte, in ihrer Botschaft von einer deutschen Schuld. Eine Passage dieses Textes wurde auf Veranlassung von Martin Niemöller in ein Wort an die Gemeinden der Ende August tagenden Treysaer Kirchenversammlung übernommen. Hier hieß es:

> »Wo die Kirche ihre Verantwortung ernst nahm, rief sie zu den Geboten Gottes, nannte bei Namen Rechtsbruch und Frevel, die Schuld in den Konzentrationslagern, die Mißhandlung und Ermordung von Juden und Kranken und suchte der Verführung der Jugend zu wehren.« [ebd., 263]

Ein eindrückliches Schuldbekenntnis übersandte am 31. Juli der Münsteraner Pfarrer Gottlieb Funcke an Wurm. In ihm wurde unmissverständlich die Schuld an der Judenverfolgung benannt. Funcke stellte ganz konkret die »unerhörten Grausamkeiten gegen deutsche, polnische, russische und vor allem jüdische Menschen« heraus [Greschat 1982, 70]. Indem die Kirchen »die unmenschliche Mißhandlung des deutschen Judentums [...] duldeten, sind wir mehr oder minder mitschuldig geworden.« Notwendig sei nun, »durch mannhaftes Bekenntnis und freiwillige Sühne dem Deutschtum wieder den Weg zu bahnen in die abendländische Kulturgemeinschaft, in die Familie der christlichen Völker.« Allerding fand dieser Appell keine Resonanz. In der Stuttgarter Erklärung des Rates der Evangelischen Kirche in Deutschland (EKD) vom Oktober 1945 fehlte ein direkter Hinweis auf den Völkermord.

So blieb es landeskirchlichen Synode und Gremien vorbehalten, in Erklärungen, die den Stuttgarter Text ergänzten und weiterführten, auf die Schuld an den Juden einzugehen. Neben wenig tiefgründigen Aussagen in Worten der oldenburgischen Synode und der brandenburgischen Bekenntnissynode im November 1945 war es vor allem die württembergische Sozietät, die in einer Erklärung vom 9. April 1946 nachdrücklich die kirchliche Schuld benannte:

> »Wir sind mutlos und tatenlos zurückgewichen, als die Glieder des Volkes Israel unter uns entehrt, beraubt, gepeinigt und getötet worden sind. Wir ließen den Ausschluß der Mitchristen, die nach dem Fleisch aus Israel stammten, von den Ämtern der Kirche, ja sogar die kirchliche Verweigerung der Taufe von Juden geschehen. Wir widersprachen nicht dem Verbot der Judenmission. [...] Wir haben indirekt dem Rassedünkel Vorschub geleistet durch die Ausstellung zahlloser Nachweise der arischen Abstammung und taten so dem Dienst am Worte der frohen Botschaft für alle Welt Abbruch.« [Rendtorff/Henrix, 531]

Hinzuweisen ist noch auf drei Verlautbarungen von Landeskirchen: Im Juli 1946 erklärte die westfälische Landessynode, es sei Schuld der Kirche, dass man »gegen die Ausrottung der Juden und anderer Verfemter nicht laut genug unsere Stimme erhoben« habe [Greschat 1982, 259], und im September bezeichnete es die rheinische Provinzialsynode in einem Wort an die Gemeinden als Abfall von Gott, als man »lieblos gegen unsern Nächsten« gewesen sei, und fragte: »Haben wir laut und vernehmlich genug gerufen, als Juden, Geisteskranke und Wehrlose ihren Henkern übergeben wurden?« [ebd., 265] Zuletzt sei noch auf eine »Erklärung zur Schuld am jüdischen Volk« der Synode der Evangelisch-Lutherischen Landeskirche Sachsens vom April 1948 verwiesen. In ihr wurde zum Ausdruck gebracht, dass es »tief beschämend« sei,

> »daß der umfassendste und grausamste Versuch zur gewaltsamen Ausrottung des Judentums, den die Weltgeschichte kennt, im Namen des deutschen Volkes unternommen worden ist. […] Es wäre aber zu billig, die Verantwortung dafür auf die damaligen Machthaber […] abzuschieben. Sofern der Rassenhaß unter uns gehegt oder doch ohne ernstlichen Widerstand geduldet worden ist, sind wir mitschuldig geworden.« [Rendtorff/Henrix, 544]

Signifikant ist, dass in keiner der Erklärungen ein Zusammenhang zwischen der über Jahrhunderte seitens der Kirchen geprägten Sicht auf die Juden und den unfasslichen Ereignissen in der Zeit des Nationalsozialismus hergestellt wurde; auch wurden die Juden in fast allen Worten nicht als besondere Opfergruppe angesehen. Zudem wird in den Texten nahtlos an die Zeit vor der NS-Herrschaft angeknüpft, wenn beispielsweise als angemessene Haltung der Kirche eine Intensivierung der Judenmission propagiert wurde.

In besonderer Weise wird die Verhaftung an den traditionellen antijudaistischen Aussagen in einem Wort des Bruderrates der EKD vom 8. April 1948 deutlich, in dem die Verwerfungstheorie ebenso vorausgesetzt wird wie die Vererbungslehre. Zum Ausdruck gebracht war, dass Gottes Treue »Israel, auch in seiner Untreue und seiner Verwerfung, nicht« loslasse, dass Israel unter dem Gericht stehe und dass »die Kirche im Juden den irrenden und doch für Christus bestimmten Bruder erkennt«. [ebd., 542] Daher sei es der Kirche »verwehrt, die Judenfrage als ein rassisches oder völkisches Problem zu sehen«. Man müsse »mit Scham und Trauer [erkennen], wie sehr wir uns an Israel verfehlt haben«; man habe »es unterlassen, als Kirche das rettende Zeugnis für Israel zu sein.« [ebd., 543] Sodann wurden die Gemeinden und Pfarrer aufgerufen, »gegenüber Israel mit besonderer Sorgfalt und mit vermehrtem Eifer das Zeugnis des Glaubens und die Zeichen eurer Liebe« aufzurichten. In diesem Text kommt Israel nur im Zusammenhang von Verwerfung und als unter dem Gericht-stehend in den Blick; das unfassbare Verbrechen des Völkermords wird weder ausdrücklich verurteilt, noch wird ein Impuls erkennbar, die bisherige Sichtweise des Judentums zu hinterfragen.

3. Aktivitäten im Umfeld der Judenmission

Die Wiedergründung der Judenmissionsgesellschaften

Persönlichkeiten, die sich in der Judenmission engagiert hatten, sahen für sich die Verpflichtung, die mit den Verboten der Judenmissionsgesellschaften unterbrochene Arbeit weiterzuführen. Daher wurde noch im Oktober 1945 der »Evangelisch-lutherische Zentralverein für Mission unter Israel« wieder gegründet. In einer Erklärung wurde zum Ausdruck gebracht, dass man sich darüber im Klaren sei, dass »eine unmittelbare evangelistische Tätigkeit unter den Juden seitens einer deutschen kirchlichen Stelle einstweilen nicht möglich ist.« [ebd., 530] Man wolle daher zunächst Verständnis für die Geschichte sowie die äußere und innere Lage des Judentums wecken und »über Israels Bedeutung im Plane Gottes« informieren. Getreu dem Missionsbefehl werde der Zentralverein »alle Bestrebungen nach Kräften unterstützen, die der Verbreitung des Evangeliums unter den Juden dienen.« Der Verein suchte zunächst in Gemeindeveranstaltungen Informationen über das Judentum zu vermitteln, gegen den Antisemitismus anzugehen, Christinnen und Christen jüdischer Herkunft Betreuung und Unterstützung zu gewähren und in bescheidenem Maße – weitgehend vergeblich – Mission in den DP-Lagern zu betreiben.

Die »Gesellschaft zur Beförderung des Christentums unter den Juden« wurde 1948 in Berlin wiederbegründet; ihre Arbeit blieb recht bescheiden. Auch der Basler »Verein der Freunde Israels« nahm wieder Kontakt zu seinen süddeutschen Freundeskreisen auf, führte Besinnungsfreizeiten und Studienwochen durch, unterstützte Christen jüdischer Herkunft und engagierte sich in der Bekämpfung des Antisemitismus. Mit der Ergänzung des Namens durch »Schweizerische Evangelische Judenmission« und der Verlegung des Vereinssitzes 1950 nach Zürich wurde eine gewisse Abkehr vom oberrheinisch-süddeutschen Bereich vollzogen.

Der »Deutsche Evangelische Ausschuss für Dienst an Israel«

Persönlichkeiten aus dem Umfeld des Zentralvereins gründeten zusammen mit dem Leiter des 1948 an der Theologischen Fakultät in Münster – in der Tradition einer entsprechenden Einrichtung, die zuvor in Leipzig ihren Sitz hatte – installierten Institutum Judaicum Delitzschianum, Karl Heinrich Rengstorf, im Januar 1948 einen »Deutschen Evangelischen Ausschuss für Dienst an Israel«. Im Ausschuss arbeiteten Judenmissionsgesellschaften mit Hilfsstellen für ehedem ›rasseverfolgte‹ Christen zusammen. Man verständigte sich noch 1948 darauf, eine Tagung zur ›Judenfrage‹ zu organisieren, zu der der Ratsvorsitzende Wurm einlud: Man erhoffe »von ihr eine wesentliche Klärung und Förderung des Gespräches über die Judenfrage, auch über den kirchlichen Rahmen hinaus, aus dem Geist und der Schau der Bibel« [Hermle, 211]. Auch zu den nachfolgenden beiden Ausschusstagungen wurde jeweils vom Ratsvorsitzenden eingeladen, ab 1952 wurden die Tagungen dann ausschließlich in der Verantwortung des Ausschusses durchgeführt. Die Besonderheit dieser Veranstaltungen bestand darin, dass sie von ihrem Konzept her darauf angelegt waren, eine Begegnung zwischen Christen und jeweils mindestens einem jüdischen Referenten zu ermöglichen. An der ersten Tagung, die im Oktober 1948 in Darmstadt durchgeführt wurde, sprach Rabbiner Dr. Leo Baeck über »Das Judentum auf alten und neuen Wegen«. Er erinnerte eindrücklich an die gemeinsamen Wurzeln von Christentum und Judentum und verwies darauf, dass beide aufeinander angewiesen seien. Mit dieser ersten Tagung betrat der Ausschuss Neuland: Neben Informationen über die Lage der ehemals Verfolgten waren auch theologische Impulse greifbar, so vor allem im Vortrag von

Baeck, der sich nicht nur für eine erste persönliche Begegnung zwischen einem jüdischen Wissenschaftler und christlichen Theologen zur Verfügung stellte, sondern auch aufzeigte, wie das christlich-jüdische Gespräch weiterzuführen sei. Auffallenderweise wurde die Schuldfrage bei diesem ersten Treffen nicht thematisiert.

Ab 1950 fanden jährlich solche Tagungen statt, zu denen jeweils auch jüdische Referenten eingeladen waren. 1950 in Kassel trat Dr. Alfred Wiener aus London auf und sprach über »Judentum und Antisemitismus« und 1951 nahm Landesrabbiner Dr. Wilhelm Weinberg an einem Rundgespräch teil. Ab der 1952 in Ansbach durchgeführten Tagung deutete sich eine wesentliche Veränderung an, die im Tagungstitel greifbar wurde: »Der Mensch in christlicher und jüdischer Sicht«. Künftig sollte jeder Aspekt, der auf den Tagungen behandelt wurde, von einem christlichen und einem jüdischen Referenten beleuchtet werden. Damit wurden diese Tagungen zu einem Begegnungs- und Gesprächsort, wo gegenseitiges Verständnis ermöglicht wurde. Damit die dem Ausschuss wichtigen Fragen einer breiteren Öffentlichkeit zugänglich gemacht werden, suchte man das Thema »Judentum« auch auf den Kirchentagen zu Wort zu bringen.

Die »Judenfrage« auf den Kirchentagen

Im Vorfeld des Stuttgarter Kirchentages von 1952 regten Adolf Freudenberg und Fritz Majer-Leonhard beim »Deutschen evangelischen Ausschuss für Dienst an Israel« an, auf diesem Laientreffen eine Veranstaltung zur »Judenfrage« durchzuführen. Die beiden Protagonisten waren selbst von der NS-Rassenpolitik betroffen: Adolf Freudenberg war mit einer Christin jüdischer Herkunft verheiratet, hatte deshalb 1935 seine Stellung im Auswärtigen Dienst quittiert, Theologie studiert und dann ab 1937 als Sekretär des Flüchtlingskomitees beim Ökumenischen Rat der Kirchen (ÖRK) in London gewirkt; 1947 übernahm er eine Pfarrstelle in Bad Vilbel. Majer-Leonhard konnte als »Mischling 1. Grades« zwar 1937 noch sein erstes theologisches Examen ablegen, doch ein Vikariat war ihm verwehrt. Nachdem er aus dem Wehrdienst entlassen worden war, fand er eine Anstellung bei der Firma Bosch in Stuttgart. Nach Kriegsende wurde er als Vikar mit der Betreuung sogenannter nichtarischer Christen beauftragt. Zwar wollte der Ausschuss nicht selbst als Veranstalter auftreten, doch hatte er keine Einwände, dass Freudenberg und Majer-Leonhard »ein inoffizielles Treffen der Freunde der Judenmission« planen sollten. Freudenberg versuchte im Folgenden, die Kirchentagsleitung davon zu überzeugen, dass dieses Thema angesichts der antisemitischen Vorfälle in allen Arbeitsgruppen aufgenommen werden sollte. Allerdings waren die Versuche Freudenbergs nicht von Erfolg gekrönt, es blieb bei der Thematisierung des christlich-jüdischen Verhältnisses auf einem Sondertreffen am 30. August 1952. Die Veranstaltung wurde von 300 Zuhörern besucht. Herausgestellt wurde in den Vorträgen, dass die Verheißungen, die Gott seinem Volk gegeben habe, immer noch gelten. Sodann wurde ein nachdrücklicher Ruf zur Buße angesichts der schweren Schuld, die die Kirche im Blick auf die Jüdinnen und Juden auf sich geladen habe, laut und zugleich war ein eindringlicher Appell zu hören, dass man alles tun müsse, um den Antisemitismus zu überwinden.

Auch auf den nächsten Kirchentagen in Hamburg 1953 und Leipzig 1954 waren vergleichbare Veranstaltungen angesetzt. Das Treffen in Hamburg war mit 320 Besuchern sehr gut nachgefragt. Herauszuheben ist der Vortrag von Pastor Lothar Ahne, der nachdrücklich auf die Notwendigkeit der Buße hinwies und engagiert eine Neubesinnung der Christen im Blick auf ihr Verhältnis zum Judentum einforderte; es müsse nach den Wurzeln des Übels gefragt werden und man dürfe nicht nur an Auswirkungen herum laborieren. Wiederum von Freudenberg initiiert gab es auf dem Frankfurter Kirchentag 1956 erneut eine Sonderveranstaltung. In den drei Kurzreferaten wurde insbesondere auf die ökumenische Bedeutung der ›Judenfrage‹ verwiesen.

1958 ergriff das Präsidium des Deutschen Evangelischen Kirchentags selbst die Initiative für eine Veranstaltung zur »Judenfrage« für den Münchner Kirchentag 1959. Der überwältigende Zulauf, den das Treffen fand, machte den Beteiligten deutlich, dass dieses Thema künftig auf den Kirchentagen immer präsent sein sollte. Dies war die Initialzündung für die Gründung einer »Arbeitsgemeinschaft Juden und Christen beim Deutschen Evangelischen Kirchentag«.

4. Hilfsstellen für »Rasseverfolgte«

Eine systematische und gezielte Unterstützung der wegen ihrer rassischen Herkunft verfolgten Christinnen und Christen organisierte in Berlin der im Juli 1945 zum Propst ernannte Heinrich Grüber. Er war als Leiter des »Büro Pfarrer Grüber«, das von der BK 1938 zur Unterstützung von Christen jüdischer Herkunft eingerichtet worden war, mit der Materie vertraut. In einem am 10. September 1945 verfassten Bericht stellte Grüber heraus, dass es eine spezielle Betreuung von Rasseverfolgten evangelischen Glaubens geben müsse, da diese von der jüdischen Gemeinde nicht betreut würden. Es handele sich um mindestens 2.500 Christen jüdischer Herkunft protestantischer Konfession; weiter je 1.500 seien Katholiken oder Dissidenten. Weiter gelte es, sogenannten Mischlingen, von denen allein in Berlin 16-18.000 lebten, Unterstützung zukommen zu lassen. Es fehle an Lebensmitteln, Medikamenten, Aufbaustoffen und Kleidung, auch sollten Möglichkeiten zur Korrespondenz mit Angehörigen im Ausland ermöglicht werden.

Während Grüber in Berlin auf eine bereits vorgegebene Struktur zurückgreifen konnte, versuchten Majer-Leonhard in Stuttgart und der in Heidelberg wirkende Kreisdekan Hermann Maas für die württembergische bzw. die badische Landeskirche ähnliche Betreuungsangebote einzurichten. Maas beispielsweise wandte sich an die Militärregierung und machte deutlich, dass die Christen jüdischer Abstammung nicht nur im seelsorgerischen Bereich Begleitung benötigten, sondern auch materielle Hilfen. In vergleichbarer Weise suchte Majer-Leonhard in Schreiben vom Juni 1945 an den Stuttgarter Prälaten Karl Hartenstein und vom Juli an die Stadt Stuttgart die Aufmerksamkeit auf diesen Personenkreis zu lenken. Majer-Leonhard zielte zunächst darauf ab, eine interkonfessionelle Stelle einzurichten, musste sich dann jedoch nach einem Beschluss des Oberkirchenrats damit abfinden, dass die Evangelische Gesellschaft diese Aufgabe übernahm; ihm wurde die Leitung der Betreuungsstelle übertragen.

Zu einem massiven Konflikt kam es 1946 mit dem im Jahr zuvor gegründeten Hilfswerk der EKD. Grüber hatte beim Leiter des Hilfswerks, Eugen Gerstenmaier, darum gebeten, dass die Betreuung der Christen jüdischer Herkunft durch das Hilfswerk übernommen werde. Gerstenmaier wies dies zurück, da dadurch einem wichtigen Grundsatz des Hilfswerkes zuwidergehandelt würde: Eine besondere Betreuung von Menschen unterschiedlicher Kategorien sollte es nicht geben. Auch die Bitte, einen bestimmten Teil der beim Hilfswerk eingehenden Unterstützungsmittel an die Hilfsstellen für Rasseverfolgte weiterzuleiten, wurde abschlägig beschieden. Eingehende Hilfslieferungen würden gleichmäßig an die Außenstellen des Hilfswerks verteilt, wo »die nichtarischen Christen im Rahmen [... der] allgemeinen Nothilfe betreut werden.« [Hermle, 71] Obwohl verschiedene ausländische Unterstützer beim Hilfswerk protestierten, blieb dieses bei seiner Entscheidung. So war es dem Flüchtlingssekretariat des im Aufbau begriffenen ÖRK vorbehalten, durch gezielte Unterstützung der Hilfsstellen den von diesem betreuten Personenkreis beizustehen.

Blickt man auf andere Landeskirchen, so wurde in Bayern die 1936 eingerichtete »Hilfsstelle für rassisch Verfolgte« weitergeführt; das Hilfswerk in Nürnberg und die Innere Mission in München betrieben einschlägige Stellen. In Hessen wurden 1946 in Frankfurt und in Kassel entsprechende Stellen geschaffen. Im Bereich der sowjetischen Zone war die Berliner Hilfsstelle aktiv, aber auch in Dresden wurde ein kleines Büro eingerichtet, das 200 ehemalige Rasseverfolgte begleitete. Etwas anders strukturiert war die Arbeit für die ehedem rasseverfolgten Christinnen und Christen in der britischen Zone. Hier waren es vor allem Selbsthilfeorganisationen – in Hamburg beispielsweise die »Notgemeinschaft der durch die Nürnberger Gesetze Betroffenen« –, die die Hauptlast der Betreuung übernahmen; kleinere kirchliche Einrichtungen, die von örtlichen Büros des Hilfswerks oder der Inneren Mission betrieben wurden, standen begleitend zur Seite.

5. Die Gesellschaften für christlich-jüdische Zusammenarbeit

In Anlehnung an die 1927 in Amerika entstandene »National Conference of Christians and Jews« (NCCJ) suchte man nach dem Kriegsende in Deutschland seitens der amerikanischen Militärregierung die Gründung von Vereinigungen anzuregen, die Impulse zur christlich-jüdischen Versöhnung geben sollten. Der Aufbau in Deutschland wurde im Zusammenhang des Reeducation-Programms gefördert. Auf Initiative des amerikanischen Militärgouverneurs in Deutschland, Lucius D. Clay, und Vertretern des 1947 gegründeten »Internationalen Rates der Christen und Juden« kontaktierte man deutsche Persönlichkeiten, die für eine solches Unternehmen angesprochen werden konnten; besonders aktiv war der von der NCCJ nach Deutschland entsandte methodistische Pfarrer Carl F. Zietlow.

Die erste Gesellschaft wurde am 9. Juli 1948 in München ins Leben gerufen. Wie beim amerikanischen Vorbild teilten sich ein Katholik, ein Protestant und ein Jude den Vorsitz. Noch im November wurde eine Gesellschaft in Wiesbaden, im Dezember in Stuttgart und weitere in allen größeren Städten gegründet.

Im September 1949 konstituierte sich in Stuttgart ein Deutscher Koordinierungsrat der Gesellschaften, der dann seinen Sitz in Bad Nauheim hatte. Ihm oblag im Folgenden unter anderem die Durchführung der ab 1952 installierten Woche der Brüderlichkeit. Diese Woche suchte medienwirksam unter einem jeweils wechselnden Jahresthema auf Toleranz und brüderliches Miteinander hinzuwirken.

An dieser durch zivilgesellschaftliche Kräfte getragenen Bewegung waren die Kirchen als Institution nicht beteiligt. Die

Gesellschaften suchten durch öffentliche Vorträge, Bereitstellung von Materialien für Erwachsenenbildung und Schule, die Erinnerung an die Shoah wachzuhalten und für Menschenrechte einzutreten; man wandte sich gegen Rassismus und Intoleranz und speziell gegen Antisemitismus oder Antijudaismus.

6. Impulse aus der Ökumene

Wichtige Impulse, sich der Frage nach dem Verhältnis der Christen zum Judentum, zum Antisemitismus und zu Christen jüdischer Herkunft zu stellen, erfuhren die evangelischen Kirchen durch den vorläufigen Ausschuss des ÖRK bereits im Februar 1946. Dieser beschloss auf Initiative der Flüchtlingskommission zwei kurze Resolutionen. In der ersten wurden die Kirchen aufgefordert, dafür zu sorgen, dass die Kirchen den Christen jüdischer Herkunft überall Zufluchtsort und Heimat sein können; zudem wurde an den »kirchliche[n] Dienst für geistliche und materielle Hilfe« erinnert, die ihnen zukommen müsse [Rendtorff/Henrix, 324]. In der anderen Resolution, »Über Antisemitismus und die Judenfrage«, brachte der vorläufige Ausschuss »seinen tiefen Abscheu über die noch nie dagewesene Tragödie zum Ausdruck, deren Opfer das jüdische Volk bei dem Versuche der Nazis, die europäische Judenheit auszurotten, geworden ist«. Der Ausschuss rief »alle Christen in der Welt« auf, gegen das Übel des Antisemitismus vorzugehen und gegen ihn »als Gedanken und praktische Haltung zu zeugen, weil er Geist und Lehre unseres Herrn Jesus Christus verleugnet.« [ebd., 325] Es gelte, die Nöte der Menschen zu lindern, die an den Folgen dieser antisemitischen Entrechtung zu leiden hatten, Bestrebungen der Juden zu unterstützen, eine annehmbare Heimstätte zu finden, und das gegenseitige Verständnis zwischen Christen und Juden zu fördern.

Der im Spätsommer 1948 in Amsterdam gegründete ÖRK verabschiedete eine Erklärung über »Das christliche Verhalten gegenüber den Juden«, die noch ganz den traditionellen Sichtweisen verbunden war. So wird zwar herausgestellt, dass »Israel eine einzigartige Stellung« im Heilsplan Gottes habe, doch habe die Kirche »dies geistliche Erbe von Israel« empfangen und nun die Verpflichtung, den Juden das »Licht des Kreuzes [...] in demütiger Überzeugung zu verkünden« [ebd., 326]. Festgehalten war ferner, dass es die Kirchen »allzuoft unterlassen haben«, den »jüdischen Nächsten christliche Liebe zu beweisen«, und sie hätten auch »dazu geholfen, ein Bild des Juden als des alleinigen Feindes Christi entstehen zu lassen, das den Antisemitismus in der säkularen Welt gefördert hat.« [ebd., 327] Die Kirchen, so die eindringliche Forderung, müssten erkennen, dass der Antisemitismus »eine Sünde gegen Gott und Menschen« sei. Nach ausführlichen Überlegungen, wie die Missionsaufgabe der Kirche am jüdischen Volk zu bewerkstelligen sei, wurde das Staatswerden Israels als ein Problem beschrieben, das »den Antisemitismus durch politische Befürchtungen und Feindseligkeiten zu komplizieren droht.« [ebd., 328]

Der ÖRK blieb auch in den folgenden Jahren der Missionsforderung verhaftet. Ein Problem sollte im Folgenden die Agenda im Blick auf Israel bestimmen: Wie sollte man sich gegenüber dem jüdischen Staat angesichts der Situation der Palästinenser verhalten? Greifbar wird diese Spannung, als 1954 auf der Vollversammlung ein Passus aufgrund einer Intervention von Delegierten arabischer Kirchen abgelehnt wurde, in dem von der Treue Gottes gegenüber Israel gesprochen wurde und den man als Zustimmung zur Staatsgründung lesen konnte. Eine Gruppe von 24 Delegierten, darunter drei Deutsche, gab daraufhin eine Sondervotum ab: Gott habe Israel erwählt und deshalb bedeute, »Glied der Kirche Christi zu sein«, »mit den Juden zusammengeschlossen zu sein in unserer einen unteilbaren Hoffnung auf Jesus Christus.« [ebd., 330] In Aufnahme von Römer 11,11 wurde betont, dass die Christen »eingepfropft in den alten Baum Israel« seien und dass deshalb »das Volk des neuen Bundes und des alten Bundes nicht voneinander loskommen.« Allerdings standen auch in diesem Text Judenmission und Verurteilung des Antisemitismus unverbunden nebeneinander.

Abschließend bleibt noch auf eine Entschließung der Vollversammlung des ÖRK vom Dezember 1961 hinzuweisen, in der mit klaren Worten jede Form des Antisemitismus verurteilt wurde. Die Kirchen wurden aufgefordert, dafür zu sorgen, dass in der christlichen Unterweisung »die geschichtlichen Tatsachen, die zur Kreuzigung Jesu Christi führten«, nicht so dargestellt würden, »daß sie dem jüdischen Volk von heute eine Verantwortung auferlegen, die uns, der Menschheit als ganzer, zur Last fällt und nicht einer einzelnen Rasse oder Gemeinschaft.« [ebd., 340]

Der ÖRK sprach sich in zahlreichen Verlautbarungen entschieden gegen jeden Antisemitismus aus und erinnerte die Kirchen an ihre Verantwortung für die Christen jüdischer Herkunft. Zudem wurde vielfach auf die Verpflichtung der Kirche zur Mission hingewiesen und zugleich die heilsgeschichtliche Bedeutung Israels betont. Die theologische Frage, wie diese Einsichten für die Kirche und ihr Verhältnis zum Judentum bedeutsam sein könnte, wurde nicht weiter verfolgt.

7. Ein Neuansatz: Die Erklärung der EKD-Synode von 1950

Im Vorfeld der für April 1950 geplanten Synode der EKD in Berlin-Weißensee hatten zwei Ereignisse den Blick auf die Frage nach der Schuld an Israel gelenkt: Zum einen richtete die zweite Studientagung des Deutschen evangelischen Ausschusses für Dienst an Israel über Freudenberg die Bitte an die Synode, im Zusammenhang mit dem Synodalthema »Was kann die Kirche für den Frieden tun?« auch die ›Judenfrage‹ zu bedenken. Sodann war es an der Jahreswende 1959/60 zu massiven antisemitischen Ausschreitungen gekommen; neben Friedhofschändungen waren Schmierereien an der Kölner Synagoge zu Weihnachten 1959 ein unrühmlicher Höhepunkt. Auf diese Ereignisse Bezug nehmend erklärte Otto Dibelius in seiner Eröffnungspredigt, dass die Kirche ein stellvertretendes Schuldeingeständnis angesichts der aktuellen Schändungen jüdischer Friedhöfe aussprechen solle. Konkreter wurde der Synodale Heinrich Vogel. Er stellte heraus, dass ein Wort zum Frieden nicht gesprochen werden könne, ohne dass die Synode ein Bekenntnis im Blick auf die Schuld gegenüber Israel abgegeben habe. Am 26. April legte Vogel den Entwurf einer Erklärung vor, in der nicht nur die Schuld der Kirche nachdrücklich herausgestellt – man sei »vor dem Gott der Barmherzigkeit« »durch Unterlassen und Schweigen […] mitschuldig geworden […] an dem Frevel, der durch Menschen unseres Volkes an den Juden begangen worden ist« – und jedem Antisemitismus eine eindeutige Absage erteilt wurde, sondern etwas völlig Neues zum Ausdruck gebracht war: »Wir glauben, daß Gottes Verheißung über dem von ihm erwählten Volk Israel auch nach der Kreuzigung Jesu Christi in Kraft geblieben ist.« [ebd., 549]

Mit dieser Formulierung war der bis dahin in der Kirche üblichen Substitutions- oder Vererbungstheorie eine Absage erteilt. Die Verheißung, die Gott seinem Volk gegeben hatte, war nicht exklusiv auf die Kirche übergegangen, sondern sie galt weiter uneingeschränkt auch dem Volk Israel! Dieser Text wurde als »Magna Charta für die Einstellung der deutschen evangelischen Kirche zum Judentum« bezeichnet [Goldschmidt/Kraus, 255]. In der Tat klang in ihm eine theologische Position an, die Weiterungen haben und eine Revision der bisherigen Israel-Lehre der Kirche nach sich ziehen musste. Allerdings verging noch eine geraume Zeit, bis diese Aussage folgewirksam werden sollte.

Wie wenig die theologische Konsequenz dieses Beschlusses im Blick war, zeigt eine Erklärung der evangelischen Kirche von Westfalen vom Oktober 1957, in der die Verpflichtung zur Judenmission als »eine besondere Zuspitzung« der missionarischen Verantwortung bezeichnet wurde [Rendtorff/Henrix, 550]. Bezeichnenderweise wurde auch in einer – anlässlich der antisemitischen Ausschreitungen verabschiedeten – Erklärung der Provinzialsynode der evangelischen Kirche in Berlin-Brandenburg vom Januar 1960 zwar eine eindrückliche Absage an jeden Antisemitismus und auch Konkretionen, beispielsweise im Hinblick auf die unzureichende Unterweisung der Jugend, angeführt sowie ein Satz der Erklärung der EKD Synode von 1950 zur Mitschuld »an dem Frevel, der durch Menschen unseres Volkes an den Juden begangen worden ist«, übernommen [ebd., 552], doch fehlte jeder Hinweis auf die theologische Neuverortung, die die EKD-Synode vorgenommen hatte.

Erst 1961 wurde der Impuls von 1950 aufgenommen: Im Vorfeld des Berliner Kirchentags von 1961 wurde – von Freudenberg und Helmut Gollwitzer initiiert –, eine »Arbeitsgemeinschaft Juden und Christen beim Deutschen Evangelischen Kirchentag« gegründet. Diese stellte insoweit eine neue Etappe in der theologischen Reflexion über das Thema Christen und Juden dar, weil nun kontinuierlich an diesem Thema gearbeitet wurde, und vor allem, weil dies gemeinsam mit jüdischen Mitgliedern erfolgte, die völlig gleichberechtigt mitwirkten. Zentral war, dass nicht nur die Verbundenheit von Christen und Juden betont wurde, sondern auch, dass ein Zusammenhang von christlicher Judenfeindschaft und den Verfolgungen aufgezeigt wurde. Basis der Arbeit dieser Gruppe war die in einer Erklärung vom 22. Juli 1961 formulierte Einsicht:

»Gegenüber der falschen, in der Kirche jahrhundertelang verbreiteten Behauptung, Gott habe das Volk der Juden verworfen, besinnen wir uns neu auf das Apostelwort: ›Gott hat sein Volk nicht verstoßen, das er zuvor ersehen hat‹ (Röm 11,2). Eine neue Begegnung mit dem von Gott erwählten Volk wird die Einsicht bestätigen oder neu erwecken, daß Juden und Christen gemeinsam aus der Treue Gottes leben, daß sie ihn preisen und ihm im Lichte der biblischen Hoffnung überall unter den Menschen dienen.« [ebd., 554]

Einen besonderen Akzent im Blick auf eine Versöhnung zwischen Deutschland und den Völkern, insbesondere auch zwischen Christen und Juden setzte die im April 1958 ins Leben gerufene »Aktion Versöhnungszeichen« – später »Aktion Sühnezeichen«. In ihrem Aufruf hieß es, dass Deutsche »in frevelfrischem Aufstand gegen Gott Millionen von Juden umgebracht« hätten [ebd., 550]. Gebeten wurden jene Völker, die Gewalt von Deutschen erlitten haben, »daß sie uns erlauben, mit unseren Händen und mit unseren Mitteln in ihrem Land etwas Gutes zu tun«. Die Länder wurden gebeten, diesen Dienst »als Bitte um Vergebung und Frieden anzunehmen«. [ebd., 551]

Angefügt sei noch, dass bis Anfang der 1960er Jahre weder in der Gesellschaft noch in der Kirche das Gedenken an die Pogromnacht von erinnerungskultureller Bedeutung war.

Die Gründung der Arbeitsgemeinschaft markierte das Ende der Nachkriegsphase, in der die Verpflichtung zur Judenmission herausgestellt und zögerlich die Schuld der Kirche im Blick auf die Shoa bekannt wurde. Eine Notwendigkeit, den Ursachen des Versagens nachzugehen und theologische Folgerungen zu ziehen, wurde zunächst nicht erkannt. Erst die Synodalerklärung von 1950 und die Arbeitsgemeinschaft Christen und Juden setzten neue Akzente, die einerseits den Ansatz boten, die traditionelle christliche Israel-Lehre zu überwinden, und anderseits eine Neupositionierung vorzunehmen, die weiterführende theologische Reflexionen unabdingbar machten.

Greschat, Martin (Hg.): Die Schuld der Kirche. Dokumente und Reflexionen zur Stuttgarter Schulderklärung vom 18./19. Oktober 1945. München 1982.

Hermle, Siegfried: Evangelische Kirche und Judentum – Stationen nach 1945 (AKIZ. B 16). Göttingen 1990.

Herzig, Arno: Jüdische Geschichte in Deutschland. Von den Anfängen bis zur Gegenwart. Bonn 2005.

Rendtorff, Rolf / Henrix, Hans Hermann (Hg.): Die Kirchen und das Judentum. Dokumente von 1945–1985. Paderborn/München 1987.

Siegfried Hermle

Literaturverzeichnis

Adam, Gottfried: Oskar Hammelsbeck (1899–1975), in: Schröer/Zilleßen, Klassiker, 236–250.
Albrecht, Christian/Anselm, Reiner: Von der Selbstverständlichkeit zur Suche. Transformationen des Verantwortungsbewusstseins. Eine theologische Perspektive, in: Albrecht/Anselm, Verantwortung, 345–357.
Albrecht, Christian/Anselm, Reiner (Hg.): Aus Verantwortung. Der Protestantismus in den Arenen des Politischen (RBRD 3). Tübingen 2019.
Albrecht, Christian/Anselm, Reiner (Hg.): Teilnehmende Zeitgenossenschaft. Studien zum Protestantismus in den ethischen Debatten der Bundesrepublik Deutschland 1949–1989 (RBRD 1). Tübingen 2015.
Albrecht-Birkner, Veronika: Freiheit in Grenzen. Protestantismus in der DDR (CuZ 2). Leipzig 2018.
Altmannsperger, Dieter: Der Rundfunk als Kanzel? Die evangelische Rundfunkarbeit im Westen Deutschlands 1945–1949 (HTSt 4). Neukirchen-Vluyn 1992.

Baldermann, Ingo: Biblische Didaktik. Hamburg 1963, 11–20.
Barmer Theologische Erklärung: https://www.ekd.de/Barmer-Theologische-Erklarung-Thesen-11296.htm (Stand: 13.04.2021).
Baske, Siegfried: Allgemeinbildende Schulen, in: Handbuch VI.2, 159–202.
Basse, Michael: Korrelationen von Fußball und Religion, in: Karl-Heinrich Ostermeyer/Alexander Block (Hg.): Fußball – Kunst, Kultur, Religion: Elf akademische Beiträge rund um den Fußball. Münster 2020, 29–60.
Baumann, Arnulf (Hg.): Auf dem Wege zum christlich-jüdischen

Gespräch. 125 Jahre Evangelisch-lutherischer Zentralverein für Zeugnis und Dienst unter Juden und Christen (Münsteraner Judaistische Studien 1). Münster 1998.

Beckmann, Hans-Karl: Martin Stallmann (1903-1980), in: Schröer/ Zilleßen, Klassiker, 266-277.

Bergmann, Werner / Erb, Rainer (Hg.): Antisemitismus in der politischen Kultur nach 1945. Opladen 1990.

Berkemann, Karin: Nachkriegskirchen in Frankfurt am Main (1945-76). Herausgegeben vom Landesamt für Denkmalpflege Hessen. Stuttgart 2013.

Besier, Gerhard: Kirche, Politik und Gesellschaft im 20. Jahrhundert (EDG 56). München 2000.

Boberach, Heinz / Nicolaisen, Carsten / Papst, Ruth: Handbuch der deutschen evangelischen Kirchen 1918 bis 1949. Organe – Ämter – Verbände – Personen. Bd. 1: Überregionale Einrichtungen (AKIZ.A 18). Göttingen 2010.

Bonhoeffer, Dietrich: Widerstand und Ergebung, Briefe und Aufzeichnungen aus der Haft, hg. von Eberhard Bethge. München 1951.

Boyens, Armin: Das Stuttgarter Schuldbekenntnis vom 19. Oktober 1945 – Entstehung und Bedeutung, in: Vierteljahrshefte für Zeitgeschichte 19 (1971), 374-397.

Brumlik, Micha u. a. (Hg.): Jüdisches Leben in Deutschland seit 1945. Frankfurt/M. 1988.

Buchna, Kristian: Ein klerikales Jahrzehnt? Kirche, Konfession und Politik in der Bundesrepublik während der 1950er Jahre. Baden-Baden 2014.

Buske, Sybille: Fräulein Mutter und ihr Bastard. Eine Geschichte der Unehelichkeit in Deutschland 1900-1970 (Moderne Zeiten 5). Göttingen 2004.

Campenhausen, Axel Freiherr von: Der heutige Verfassungsstaat und die Religion, §2, in: Dietmar Pirson / Joseph Lists (Hg.):

Handbuch des Deutschen Staatskirchenrechts Bd. 1, Berlin ²1994, 47–84.

Darmstädter Wort: https://www.heiligenlexikon.de/Literatur/Darmstaedter_Wort.html (Stand: 13.04.2021).
Degen, Johannes: Diakonie und Restauration. Kritik am sozialen Protestantismus in der BRD. Neuwied 1975.
Denkschrift über die Einrichtung einer neuen apologetischen Zentralstelle (1.7.1959), in: Matthias Pöhlmann / Hans-Jürgen Ruppert / Reinhard Hempelmann: Die EZW im Zug der Zeit. Beiträge zu Geschichte und Auftrag evangelischer Weltanschauungsarbeit (EZW Texte 154). Berlin 2000, 77–82.
Dibelius, Otto: Obrigkeit. Stuttgart 1963 (als Privatdruck 1959).
Die Protokolle des Rates der Evangelischen Kirche in Deutschland. Bd. 1–8: 1945/46–1954/55. (AKIZ.A 5, 6, 8, 11, 13, 14, 16, 19). Göttingen 1995–2012.
Dienst, Karl: Bildungspolitik und Kirchen, in: Handbuch VI.2, 54–67.
Dienst, Karl: Die Rolle der evangelischen und der katholischen Kirche in der Bildungspolitik zwischen 1945 und 1990, in: Handbuch VI.1, 110–128.
Dombois, Hans Adolf / Schumann, Friedrich Karl: Familienrechtsreform. Dokumente und Abhandlungen. Witten-Ruhr 1955.

Erhart, Hannelore (Hg.): Lexikon früher evangelischer Theologinnen. Biographische Skizzen. Neukirchen-Vluyn 2005.

Fischer, Hermann: Protestantische Theologie im 20. Jahrhundert. Stuttgart 2002.
Fischer, Hermann: Systematische Theologie, in: Georg Strecker (Hg.): Theologie im 20. Jh. (UTB 1283). Tübingen 1983, 289–388.
Fleischmann-Bisten, Walter / Grote, Heiner: Protestanten auf dem Wege. Geschichte des Evangelischen Bundes. Göttingen 1986.

Foschepoth, Josef: Im Schatten der Vergangenheit. Die Anfänge der Gesellschaften für Christlich-Jüdische Zusammenarbeit. Göttingen 1993.

fowid: Kirchliches Leben Evangelische Kirche in Deutschland 1953–2017 [2019], online unter: https://fowid.de/meldung/kirchliches-leben-evangelische-kirche-deutschland-1953-2017 (zuletzt abgerufen am 26. Februar 2021)

Frey, Ulrich: Zur Entwicklung friedensethischer Positionen in den evangelischen Kirchen der alten Bundesrepublik und der DDR, in: Forschungsjournal Soziale Bewegungen – PLUS, Supplement zu Heft 3/2014.

Friedrich, Norbert / Kunze, Johannes: Diakonie, Ökonomie und Politik, in: Matthias Benad / Kerstin Winkler (Hg.): Bethels Mission (2). Bethel im Spannungsfeld von Erweckungsfrömmigkeit und öffentlicher Fürsorge (BWFKG 20). Bielefeld 2001, 57–82.

Frieling, Reinhard: Der Weg des ökumenischen Gedankens (Zugänge zur Kirchengeschichte 10). Göttingen 1992.

Fuchs, Ernst: Hermeneutik. Bad Cannstatt 1954.

Furck, Carl-Ludwig: Das Schulsystem: Primarbereich – Hauptschule – Realschule – Gymnasium – Gesamtschule, in: Handbuch VI.1, 282–356.

Gabriel, Karl: Christentum zwischen Tradition und Postmoderne. Freiburg 1992.

Gennrich, Paul-Wilhelm: Das Gustav-Adolf-Werk der Evangelischen Kirche in Deutschland, in: Kirchliches Jahrbuch für die Evangelische Kirche in Deutschland 82 (1955). Gütersloh 1956, 310–343.

Goldschmidt, Dietrich / Kraus, Hans-Joachim (Hg.): Der ungekündigte Bund. Neue Begegnung von Juden und christlicher Gemeinde. Stuttgart/Berlin ²1963.

Greschat, Martin: Die evangelische Christenheit und die deutsche

Geschichte nach 1945. Weichenstellungen in der Nachkriegszeit. Stuttgart 2002.

Greschat, Martin: Die Protestanten in der Bundesrepublik Deutschland 1945–2005. Leipzig 2011.

Greschat, Martin: Protestantismus im Kalten Krieg. Kirche, Politik und Gesellschaft im geteilten Deutschland 1945–1963. Paderborn 2010.

Greschat, Martin (Hg.): Die Schuld der Kirche. Dokumente und Reflexionen zur Stuttgarter Schulderklärung vom 18./19. Oktober 1945. München 1982.

Greschat, Martin (Hg.): Im Zeichen der Schuld. 40 Jahre Stuttgarter Schuldbekenntnis. Eine Dokumentation. Neukirchen-Vluyn 1985.

Greschat, Martin / Krumwiede, Hans-Walter (Hg.): Das Zeitalter der Weltkriege und Revolutionen (KTGQ V). Neukirchen-Vluyn 1999.

Großbölting, Thomas: Der verlorene Himmel. Glaube in Deutschland seit 1945. Göttingen 2013.

Halbrock, Christian: Evangelische Pfarrer der Kirche Berlin-Brandenburg 1945–1961. Amtsautonomie im vormundschaftlichen Staat? Berlin 2004.

Handbuch der deutschen Bildungsgeschichte, Bd. VI.1: 1945 bis zur Gegenwart. Bundesrepublik Deutschland. München 1998.

Handbuch der deutschen Bildungsgeschichte, Bd. VI.2: 1945 bis zur Gegenwart. Deutsche Demokratische Republik und neue Bundesländer. München 1998.

Haupt, Heinz-Gerhard / Torp, Claudius (Hg.): Die Konsumgesellschaft in Deutschland 1890–1990. Frankfurt / New York 2009.

Hauschild, Wolf-Dieter: Konfliktgemeinschaft Kirche. Aufsätze zur Geschichte der Evangelischen Kirche in Deutschland (AKIZ.B 40). Göttingen 2004.

Henkys, Reinhard: Wunschbild einer Gesellschaft ohne Widersprüche, in: Runge/Käßmann, Kirche, 37–46.

Hermle, Siegfried: Evangelische Kirche und Judentum – Stationen nach 1945 (AKIZ.B 16). Göttingen 1990.

Hermle, Siegfried/Oelke, Harry (Hg.): Kirchliche Zeitgeschichte_ evangelisch, Bd. 2: Protestantismus und Nationalsozialismus (1933–1945) (CuZ 7). Leipzig 2020.

Herzig, Arno: Jüdische Geschichte in Deutschland. Von den Anfängen bis zur Gegenwart. Bonn 2005.

Hielscher, Hans: Früherziehung, in: Handbuch VI.1, 276–282.

Hofmann, Beate: Gute Mütter – starke Frauen. Geschichte und Arbeitsweise des Bayerischen Mütterdienstes. Stuttgart 2000.

Hübner, Ingolf / Kaiser, Jochen-Christoph (Hg.): Diakonie im geteilten Deutschland. Zur diakonischen Arbeit unter den Bedingungen der DDR und der Teilung Deutschlands. Stuttgart 1999.

Hürten, Heinz: Zum Verhältnis von Katholiken und Protestanten im geteilten Deutschland – die katholische Perspektive, in: Joachim Mehlhausen / Leonore Siegele-Wenschkewitz (Hg.): Zwei Staaten – zwei Kirchen? Evangelische Kirche im geteilten Deutschland. Ergebnisse und Tendenzen der Forschung. Leipzig 2000, 135–144.

Janssen, Philipp Jost: Jugendforschung in der frühen Bundesrepublik: Diskurse und Umfragen, in: Historical Social Research / Historische Sozialforschung. Supplement 2010, No. 22, 1–365.

Jürgensen, Kurt: Die Schulderklärung der Evangelischen Kirche in Deutschland und ihre Aufnahme in Schleswig-Holstein, in: Klauspeter Reumann (Hg.): Kirche und Nationalsozialismus. Beiträge zur Geschichte des Kirchenkampfes in Schleswig-Holstein. Neumünster 1988, 381–406.

Kaiser, Jochen-Christoph: Eugen Gerstenmaier in Kirche und Gesellschaft nach 1945, in: Wolfgang Huber (Hg.): Protestanten in der Demokratie. Positionen und Profile im Nachkriegsdeutschland. München 1990, 69-92.

Kappel, Kai: Erinnerung aus Stein. Kirchbau aus Trümmern des Zweiten Weltkriegs, in: PTh 99 (2010), 357-373.

Kehlbreier, Dietmar: »Öffentliche Diakonie«. Wandlungen im kirchlich-diakonischen Selbstverständnis in der Bundesrepublik der 1960er- und 1970er-Jahre. Leipzig 2009.

Kienzle, Claudius: Mentalitätsprägung im gesellschaftlichen Wandel. Evangelische Pfarrer in einer württembergischen Wachstumsregion der frühen Bundesrepublik (Konfession und Gesellschaft 45). Stuttgart 2012.

Kirchliches Jahrbuch für die Evangelische Kirche in Deutschland 72/75 (1945-1948) - 88 (1961). Gütersloh 1950-1963.

Kleßmann, Christoph: Zur Sozialgeschichte des protestantischen Milieus in der DDR, in: Geschichte und Gesellschaft 19 (1993), 29-53.

Lähnemann, Johannes: Hellmuth Kittel (1902-1984), in: Schröer / Zilleßen, Klassiker, 250-265.

Lepp, Claudia: Entwicklungsetappen der Evangelischen Kirche, in: Dies. / Nowak, Kirche, 46-93.

Lepp, Claudia: Hat die Kirche einen Öffentlichkeitsauftrag? Evangelische Kirche und Politik seit 1945, in: Christoph Landmesser / Enno Edzard Popkes (Hg.): Kirche und Gesellschaft. Kommunikation Institution Organisation. Leipzig 2016, 107-130.

Lepp, Claudia / Nowak, Kurt (Hg.): Evangelische Kirche im geteilten Deutschland (1945-1989). Göttingen 2001.

Lilje, Hanns: Der theologische Ertrag der Weltkirchenkonferenz von Evanston, in: ThLZ 80 (1955), 65-74.

Lüpsen, Focko (Hg.): Amsterdamer Dokumente. Berichte und Reden auf der Weltkirchenkonferenz in Amsterdam 1948. Bethel o. J. [1948] (1. Beiheft zur Ev. Welt).

Lüpsen, Focko (Hg.): Evanston Dokumente. Berichte und Reden auf der Weltkirchenkonferenz in Evanston 1954. Witten ³1954.

Maaser, Wolfgang / Schäfer, Gerhard K. (Hg.): Geschichte der Diakonie in Quellen. Vom Anfang des 19. Jahrhunderts bis zur Gegenwart. Neukirchen-Vluyn 2016.

Maser, Peter: Die Kirchen in der DDR. Bonn 2000.

Mau, Rudolf: Der Protestantismus im Osten Deutschlands (1945–1990). Leipzig 2005.

Merkel, Ina: Im Widerspruch zum Ideal: Konsumpolitik in der DDR, in: Haupt/Torp, Konsumgesellschaft, 289–304.

Müller, Andreas: Ökumene, in: Hermle/Oelke, Zeitgeschichte, 163–180.

Müller-Rolli: Sebastian: Lehrerbildung, in: Handbuch VI.1, 398–411.

Munsonius, Henrik: Kirche und Recht. Stuttgart 2020.

Nicolaisen, Carsten / Schulze, Nora Andrea (Bearb.): Die Protokolle des Rates der Evangelischen Kirche in Deutschland. Bd. 1: 1945/46 (AKIZ.A 5). Göttingen 1995.

Nowak, Kurt: Geschichte des Christentums in Deutschland. Religion, Politik und Gesellschaft vom Ende der Aufklärung bis zur Mitte des 20. Jahrhunderts. München 1995.

Oelke, Harry: Bischof Lilje und die Gründungsvollversammlung des Lutherischen Weltbundes 1947 in Lund, in: MD 4 (1999), 67–73.

Oelke, Harry: Evangelische Kirche und Judentum nach 1945, in: PTh 95 (2006), 2–23.

Oelke, Harry: Die Kirchen und die Gründung der Bundesrepublik Deutschland, in: Jürgen Elvert / Friederike Krüger (Hg.), Deutschland 1949-1989. Von der Zweistaatlichkeit zur Einheit. HMRG-Beiheft 49. Stuttgart 2003, 168-189.

Oelke, Harry: Westdeutsche Kirchengeschichte 1945-1989, in: Katharina Kunter / Jens Holger Schjørring (Hg.): Europäisches und Globales Christentum. Herausforderungen und Transformationen im 20. Jahrhundert (AKIZ.B 54). Göttingen 2011, 171-202.

Oelke, Harry: Der äußere und der innere Wiederaufbau der evangelischen Kirche nach 1945, in: Arie Nabrings (Hg.): Reformation und Politik - Bruchstellen deutscher Geschichte im Blick des Protestantismus (SVRKG 186). Bonn 2015, 267-288.

Offerhaus, Ulrich: Die Neuansiedlung von Flüchtlingen und Vertriebenen in Rhens-Hünenfeld, in: Markus Dröge / Erich Engelke / Andreas Metzing / Ulrich Offerhaus / Thomas Martin Schneider / Rolf Stahl (Hg.): Pragmatisch, preußisch, protestantisch ... Die Evangelische Gemeinde Koblenz im Spannungsfeld von rheinischem Katholizismus und preußischer Kirchenpolitik (SVRKG 161). Bonn 2003.

Palm, Dirk: »Wir sind doch Brüder!« Der evangelische Kirchentag und die deutsche Frage 1949-1961 (AKIZ.B 36). Göttingen 2002.

Pollack, Detlef: Kirchenaustritte, in: RGG[4] 4 (2001), 1053-1056.

Pollack, Detlef: Säkularisierung - ein moderner Mythos? Studien zum religiösen Wandel in Deutschland. Tübingen 2003.

Quaas, Anne Kathrin: Evangelische Filmpublizistik 1948-1968. Beispiel für das kulturpolitische Engagement der evangelischen Kirche in der Nachkriegszeit. Erlangen 2007.

Rendtorff, Rolf: Hat den Gott sein Volk verstoßen? Die evangelische Kirche und das Judentum seit 1945. Ein Kommentar. München 1989.

Rendtorff, Rolf / Henrix, Hans Hermann (Hg.): Die Kirchen und das Judentum. Dokumente von 1945-1985. Paderborn/München 1987.

Rohde, Dieter: Art. Deutschland IV. Statistik zur Konfessionszugehörigkeit und zum kirchlichen Leben, in: TRE 8 (1981), 599-605.

Rohls, Jan: Protestantische Theologie der Neuzeit, Bd. II: Das 20. Jahrhundert. Tübingen 1997.

Runge, Rüdiger / Käßmann, Margot (Hg.): Kirche in Bewegung. 50 Jahre Deutscher Evangelischer Kirchentag. Gütersloh 1999.

Sauer, Thomas: Westorientierung im deutschen Protestantismus? Vorstellungen und Tätigkeit des Kronberger Kreises (Ordnungssysteme. Studien zur Ideengeschichte der Neuzeit 2). München 1999.

Scherf, David: Gesetz und Evangelium im Nachkriegsprotestantismus. Tübingen 2019.

Schild, Axel: Die Sozialgeschichte der Bundesrepublik Deutschland bis 1989/90 (EDG 80). München 2007.

Schjørring, Jens Holger / Kumari, Prasanna / Hjelm, Norman (Hg.): Vom Weltbund zur Gemeinschaft. Geschichte des Lutherischen Weltbundes 1947-1997. Hannover 1997.

Scheliha, Arnulf von: Der deutsche Protestantismus auf dem Weg zur Demokratie, in: Hermann-Josef Große Kracht / Gerhard Schreiber (Hg.): Wechselseitige Erwartungslosigkeit? Die Kirchen und der Staat des Grundgesetzes – Gestern, Heute, Morgen. Berlin/Boston 2019, 57-78.

Schneider, Thomas Martin: Wem gehört Barmen? Das Gründungsdokument der Bekennenden Kirche und seine Wirkungsgeschichte (CuZ 1). Leipzig 2017.

Schneider, Thomas Martin: Ökumene, in: Siegfried Hermle / Harry Oelke (Hg.): Kirchliche Zeitgeschichte_evangelisch, Bd. 1: Protestantismus und Weimarer Republik (1918-1932) (CuZ 5). Leipzig 2019, 173-195.

Schröer, Henning / Zilleßen, Dietrich (Hg.): Klassiker der Religionspädagogik: Klaus Wegenast zum 60. Geburtstag von seinen Freunden und Schülern. Frankfurt 1989.

Seiler, Jörg (Hg.): Matthias Laros 1882–1965. Kirchenreform aus dem Geiste Newmans (Quellen und Studien zur neueren Theologiegeschichte 8). Regensburg 2009.

Silomon, Anke: An der Nahtstelle. Evangelische Akademie in Berlin und Brandenburg seit 1945. Berlin 2019.

Simojoki, Henrik / Moschner, Sara / Müller, Markus / Schweitzer, Friedrich: Gesellschaftlicher Wandel und religionspädagogische Transformationen nach 1949 im Spiegel des zeitgenössischen Fachzeitschriftendiskurses, in: Michael Wermke (Hg.): Transformation und religiöse Erziehung. Kontinuitäten und Brüche der Religionspädagogik 1933 und 1945. Jena 2011, 315–342.

Statistisches Jahrbuch für die Bundesrepublik Deutschland, 1957 (1958) – 1965 (1966).

Steck, Wolfgang, Zur Religionspädagogik und zur Katechetik, in: Friedrich Wintzer: Praktische Theologie, unter Mitarbeit von Manfred Josuttis, Dietrich Rössler, Wolfgang Steck. Neukirchen-Vluyn 1982, 150–211.

Thielicke, Helmut: Theologische Ethik Bd. II/2. Tübingen 1958.
Trillhaas, Wolfgang: Ethik. Berlin 1959.

Vismann, Dieter (Hg.): Vom Gotteskasten zum Martin-Luther-Bund. 150 Jahre Diasporafürsorge in Hannover. Erlangen 2003.

Visser 't Hooft, Willem (Hg.): Neu-Delhi 1961. Dokumentarbericht über die dritte Vollversammlung des Ökumenischen Rates der Kirchen. Stuttgart ²1962.

Vogel, Johanna: Kirche und Wiederbewaffnung. Die Haltung der Evangelischen Kirche in Deutschland in den Auseinandersetzungen um die Wiederbewaffnung der Bundesrepublik 1949–1956 (AKIZ.B 4). Göttingen 1978.

Vollnhals, Clemens: Die Hypothek des Nationalprotestantismus.

Entnazifizierung und Strafverfolgung von NS-Verbrechen nach 1945, in: Geschichte und Gesellschaft 18, H. 1 Evangelische Kirche nach dem Nationalsozialismus (1992), 51-69.

Vollnhals, Clemens: Evangelische Kirche und Entnazifizierung 1945-1949. Die Last der nationalsozialistischen Vergangenheit (Studien zur Zeitgeschichte 36). Berlin/Boston 1989.

Wentker, Hermann: „Kirchenkampf" in der DDR. Der Konflikt um die Junge Gemeinde 1950-1953, in: Vierteljahrshefte für Zeitgeschichte 42 (1994), 95-127.

Wildt, Michael: »Wohlstand für alle«: Das Spannungsfeld von Konsum und Politik in der Bundesrepublik, in: Haupt / Torp, Konsumgesellschaft, 305-318.

Willenbacher, Barbara: Zerrüttung und Bewährung der Nachkriegs-Familie, in: Martin Broszat / Klaus-Dietmar Henke / Hans Woller (Hg.): Von Stalingrad zur Währungsreform. Zur Sozialgeschichte des Umbruchs in Deutschland (Quellen und Darstellungen zur Zeitgeschichte 26). München 1990, 595-618.

Wirtschaft und Statistik 1 (1949), Heft 2, 397*

Wischnath, Johannes Michael: Kirche in Aktion. Das Evangelische Hilfswerk 1945-1957 und sein Verhältnis zu Kirche und Innerer Mission (AKIZ.B 14). Göttingen 1986.

Zieger, Paul: Art. Deutschland V. Konfessionsstatistik, in: RGG³ 3 (1958), 151-154.

Ziemann, Benjamin: Martin Niemöller als Leiter des Kirchlichen Außenamtes 1945-1956, in: Andreas Gestrich / Siegfried Hermle / Dagmar Pöpping (Hg.): Evangelisch und deutsch? Auslandsgemeinden im 20. Jahrhundert zwischen Nationalprotestantismus, Volkstumspolitik und Ökumene (AKIZ.B 79). Göttingen 2020, 323-343.

Internetquellen

http://www.kathpedia.com/index.php?title=Cum_compertum_ (Wortlaut) (Zugriff: 27.01.2021).

https://research.uni-leipzig.de/agintern/CPL/PDF/Baetke_Walter.pdf (Zugriff: 27.01.2021).

Personenregister

Adenauer, Konrad; 1876-1967   15, 46, 74, 126
Ahne, Lothar; 1914-1992   220
Albertz, Heinrich; 1915-1993   45
Althaus, Paul; 1888-1966   25, 126f., 139
Asmussen, Hans; 1898-1968   58, 61, 80, 82-84, 165f., 186

Bach, Johann Sebastian; 1685-1750   162
Baeck, Dr. Leo; 1873-1956   217f.
Baetke, Walter; 1884-1978   169
Bannach, Horst; 1912-1980   111
Barth, Karl; 1886-1968   24, 40, 58, 83, 124-126, 132, 138, 169, 171
Bartning, Otto; 1883-1959   28, 156f., 196
Bassarak, Gerhard; 1918-2008   113
Bea, Augustin; 1881-1968   185
Becker, Hellmut; 1913-1993   121
Beckmann, Joachim; 1901-1987   84, 92
Bell, George Kennedy Allen; 1883-1958   166
Berg, Christian; 1908-1990   206
Berggrav, Eivind; 1884-1959   181
Bethge, Eberhard; 1909-2000   130, 137
Bismarck, Klaus von; 1912-1997   110
Bismarck, Otto von; 1815-1998   201
Bodelschwingh, Friedrich von; 1877-1919   191
Böll, Heinrich; 1917-1985   162
Bonhoeffer, Dietrich; 1906-1945   25, 70, 130f., 137f., 165
Borchert, Wolfgang; 1921-1947   164
Bornkamm, Heinrich; 1901-1977   107
Braune, Paul Gerhard; 1887-1954   192

Breit, Thomas; 1880-1966   105
Brunotte, Heinz; 1896-1984   46, 83, 85, 91
Bultmann, Rudolf; 1884-1976   25, 132-137

Clay, Lucius D.; 1897-1978   223
Conrad, George Bryan; 1898-1976   59

Dannemann, Christopher; 1938-2020   66
Degen, Johannes; geb. 1941   188
Dibelius, Otto; 1880-1967   38, 41, 46, 54, 80, 83, 88f., 91, 111, 113f., 139, 166, 168, 173, 186, 227
Diem, Hermann; 1900-1975   125
Diesterweg, Moritz; 1834-1906   152
Dietze, Constantin von; 1891-1973   70
Dostojewskij, Fjodor; 1821-1881   164
Dulles, John Foster; 1888-1959   170

Ebeling, Gerhard; 1912-2001   24, 134f.
Ehlers, Hermann; 1904-1954   45, 67, 85
Erhard, Ludwig; 1897-1977   75
Eidem, Erling; 1880-1972   179
Eiermann, Egon; 1904-1970   157
Elert, Werner; 1885-1954   105, 126f.
Ellenbeck, Hildegard; 1895-1974   120
Eppler, Erhard; 1926-2019   46
Eyl, Meta; 1893-1952   120

Fischer, Martin; 1911-1982   138f.
Fleisch, Paul; 1878-1962   105
Freudenberg, Alfred; 1894-1977   218f., 227f.
Frick, Constantin; 1877-1949   191-193
Frings, Joseph; 1887-1978   193
Fry, Franklin Clark; 1900-1968   181

Fuchs, Ernst; 1903-1983   134 f.
Funcke, Gottlieb; 1881-1967   212

Gensichen, Hans-Werner; 1915-1999   191
Gerber, Hans; 1889-1981   102
Gerstenmaier, Eugen; 1906-1986   45, 60, 82, 160, 163, 165, 171, 185, 193-195, 197, 199 f., 202, 221
Goes, Albrecht; 1908-2000   162
Gogarten, Friedrich; 1887-1967   131 f.
Gollwitzer, Helmut; 1908-1993   24, 126, 228
Grüber, Heinrich; 1891-1975   52, 87, 99, 196, 220 f.
Güldenberg, Otto; 1981-1975   149
Gülzow, Gerhard; 1904-1980   156
Gustav II., Adolf; 1594-1632   20, 101-103

Hafa, Herwig; 1910-2000   152
Hahn, Traugott; 1875-1919   80
Hammelsbeck, Oskar; 1899-1975   87, 148, 152
Händel, Georg Friedrich; 1685-1759   162
Harpprecht, Klaus; 1927-2016   160
Hartenstein, Karl; 1894-1952   221
Heckel, Theodor; 1894-1967   165
Heinemann, Gustav; 1899-1976   46, 67, 74, 80, 114, 186
Heinzelmann, Gerhard; 1884-1951   102 f.
Held, Heinrich; 1897-1957   80, 87, 92, 197
Henke, Wilhelm; 1897-1981   90
Herzog, Dagmar; geb. 1961   68
Heuss, Theodor; 1884-1963   76
Heuss-Knapp, Elly; 1881-1952   120
Hitler, Adolf; 1889-1945   113, 194
Hmyin, U Ba;   175
Howe, Günter; 1908-1968   121
Hromádka, Josef Lukl; 1889-1969   170
Hutten, Kurt; 1901-1979   109

Iwand, Hans-Joachim; 1899-1960   24, 58, 125f.

Jacob, Günter; 1906-1996   53, 138
Jaeger, Lorenz; 1892-1975   184

Kappel, Kai; geb. 1962   26
Käsemann, Ernst; 1906-1998   134
Keusen, Hellmut; 1909-1978   110
Kierkegaard, Søren; 1813-1855   129
Kittel, Helmuth; 1902-1984   28, 148
Kleßmann, Christoph; geb. 1938   185
Knef, Hildegard; 1925-2002   160
Koch, Karl; 1876-1951   89
Koechlin, Alphons; 1885-1965   166
Kramp, Willy; 1909-1986   110
Kreck, Walter; 1908-2002   24, 125
Kreyssig, Lothar; 1898-1986   112
Krimm, Herbert; 1905-2002   206
Krueger, Marie; gest. 1962   120
Krummacher, Friedrich-Wilhelm; 1901-1974   88, 181
Kunst, Hermann; 1907-1999   87
Kunze, Johannes; 1892-1959   201

Langmaack, Gerhard; 1898-1986   156
Laros, Matthias; 1882-1965   184
Lau, Franz; 1907-1973   103
Ledig, Gert; 1921-1999   163
Leich, Heinrich; 1894-1965   203
Lempp, Wilfried; 1889-1967   104, 106
Lilje, Hanns; 1899-1977   66, 80, 87f., 91, 111, 114, 160, 168, 174, 181, 186, 192, 207
Lund-Quist, Carl Elof; 1908-1965   181
Luther, Martin; 1483-1546   25, 127
Lüttichau, Siegfried Graf von; 1877-1965   190

Maas, Hermann; 1877-1970   221
Mager, Reimer; 1906-1966   87
Majer-Leonhard, Fritz; 1915-1995   218f., 221
Marahrens, August; 1875-1950   179
Mauersberger, Rudolf; 1889-1971   163
Maurer, Wilhelm; 1900-1982   107
McCrea Cavert, Samuel; 1888-1976   166
Meiser, Hans; 1881-1956   38, 80, 90, 105, 168
Metzger, Max Josef; 1887-1944   184
Meyer, Johann Peter; 1888-1967   80
Michelfelder, Sylvester Clarence; 1889-1951   166, 180f.
Mitzenheim, Moritz; 1891-1977   88
Müller, Eberhard; 1906-1989   61, 71f., 74, 111f.
Müller, Manfred; 1903-1987   87
Müller-Gangloff, Erich; 1900-1982   113
Münchmeyer, Friedrich; 1901-1988   192
Münkler, Herfried; geb. 1951   60

Niemöller, Martin; 1892-1984   41, 57f., 74, 80, 82f., 87, 114, 169, 171, 177, 185f., 212
Niesel, Wilhelm; 1903-1988   80, 93, 186
Nopitsch, Antonie; 1901-1975   118, 120
Nossack, Hans Erich; 1901-1977   163
Noth, Gottfried; 1905-1971   173, 176f.
Nygren, Anders; 1890-1978   180f.

Ohl, Otto; 1886-1973   191f., 197

Papst Johannes XXIII.; 1881-1963 (Papst ab 1958)   31, 184f.
Papst Pius XI.; 1857-1939 (Papst ab 1922)   30, 182
Papst Pius XII.; 1876-1958 (Papst ab 1939)   30, 182
Pfänder, Alexander; 1870-1941   141
Picht, Georg; 1913-1982   121
Probst, Gottfried; 1909-1972   106

Raiser, Ludwig; 1904-1980   121
Rau, Johannes; 1931-2006   46, 67
Rengstorf, Karl Heinrich; 1903-1992   217
Rinser, Luise; 1911-2002   162
Roth, Heinrich; 1906-1983   146

Scharf, Kurt; 1902-1990   46, 92
Schinkel, Karl Friedrich; 1781-1841   156
Schleiermacher, Friedrich Daniel Ernst; 1768-1834   128, 135, 141
Schlink, Edmund; 1903-1984   173f., 176
Schmid, Carlo; 1896-1979   73
Schmude, Jürgen; geb. 1936   46
Schnurre, Wolfdietrich; 1920-1989   164
Schütz, Heinrich; 1585-1672   162
Schwarzhaupt, Elisabeth; 1901-1986   84, 117
Seghers, Anna; 1900-1983   164
Simon, Helmut; 1922-2013   22
Smend, Rudolf; 1882-1975   80, 88
Stählin, Rudolf; 1911-2006   76
Stählin, Wilhelm; 1883-1975   184
Stalin, Josef; 1878-1953   49, 69, 116
Stallmann, Martin; 1903-1980   28, 149
Steck, Karl Gerhard; 1908-1983   24, 125
Steinlein, Reinhard; 1919-2006   108
Stoll, Christian; 1903-1946   105
Strauß, Franz Josef; 1915-1988   46
Sucker, Wolfgang; 1905-1968   107

Thadden-Trieglaff, Reinold von; 1891-1976   22, 71, 113f.
Thielicke, Helmut; 1908-1986   139-142
Tillich, Paul; 1886-1965   25, 128f.
Tillmanns, Robert; 1896-1955   87

Tödt, Heinz Eduard; 1918-1991   110
Trillhaas, Wolfgang; 1903-1995   141 f.

Ulmer, Friedrich; 1877-1946   106

Visser t' Hooft, Willem Adolf; 1900-1985   166 f.
Vogel, Heinrich; 1902-1989   125, 227
Vollnhals, Clemens; geb. 1956   154

Wagner, Ernst; 1769-1812   103
Weber, Otto; 1902-1966   125
Weigle, Maria; 1893-1979   118
Weinberg, Dr. Wilhelm; 1901-1976   218
Weizsäcker, Carl-Friedrich; 1822-1899   121
Wendland, Heinz-Dietrich; 1900-1992   142
Wenzel, Theodor; 1895-1954   191
Wichern, Johann Heinrich; 1808-1881   199
Wiener, Alfred; 1885-1964   218
Wildt, Michael; geb. 1954   18
Willmann, Heinz; 1906-1991   186
Wischmann, Adolf; 1908-1983   83, 186
Wölber, Hans-Otto; 1913-1989   67
Wolf, Erik; 1902-1977   70, 85
Wolf, Ernst; 1902-1971   126
Wurm, Theophil; 1868-1953   38, 80, 83 f., 111 f., 167 f., 185, 193, 211 f., 217

Zahrnt, Heinz; 1915-2003   160
Zeiß, Karl; 1912-1994   77
Zietlow, Carl F.;   223

Siegfried Hermle
Thomas Martin Schneider
(Hrsg.)

Protestantische Impulse

Prägende Gestalten in
Deutschland nach 1945

*Christentum und
Zeitgeschichte (CuZ)* | 8

232 Seiten | 12 x 19 cm
zahlr. Abb. | Paperback
ISBN 978-3-374-06889-0
EUR 20,00 [D]

Der Protestantismus gehört in Deutschland zu den starken kulturprägenden Kräften. Der neue Band der bekannten Reihe »Christentum und Zeitgeschichte« stellt ausgewählte Persönlichkeiten vor, die durch ihr herausragendes Wirken in Politik, Gesellschaft, Kirche, Wirtschaft oder in Kunst und Kultur einer breiten Öffentlichkeit bekannt geworden sind. Nicht in gleichem Maße bekannt ist, dass sie dezidiert protestantisch verwurzelt waren und ihr gesellschaftliches Wirken bewusst im Zeichen einer evangelischen Prägung entfalteten. In der Summe bieten die vorgestellten 25 Persönlichkeiten in kritischer Würdigung einen faszinierenden Blick in die Vielfalt und Prägnanz protestantischer Prägekraft in der deutschen Gesellschaft zwischen Kriegsende und jüngster Vergangenheit.

EVANGELISCHE VERLAGSANSTALT
Leipzig www.eva-leipzig.de

Tel +49 (0) 341/ 7 11 41 -44   shop@eva-leipzig.de

Siegfried Hermle
Harry Oelke (Hrsg.)

Kirchliche Zeitgeschichte_evangelisch

Band 2: Protestantismus und Nationalsozialismus (1933–1945)

Christentum und Zeitgeschichte (CuZ) | 7

248 Seiten | 12 x 19 cm
zahlr. Abb. | Paperback
ISBN 978-3-374-06662-9
EUR 22,00 [D]

Die Geschichte von Kirche und Christentum seit dem Ende des Ersten Weltkrieges rückt als Kirchliche Zeitgeschichte immer mehr in den Fokus des akademischen und öffentlichen Geschichtsinteresses. Im Rahmen einer in vier Bänden konzipierten handbuchartigen Gesamtdarstellung der Kirchlichen Zeitgeschichte bietet dieser zweite Band in zehn Kapiteln (u. a. Politik, Theologie, Bildung, Kultur, Diakonie, Judentum) einen Überblick über die vielfältige und spannungsvolle Beziehung des Protestantismus zum nationalsozialistischen Staat.

Das von fachwissenschaftlichen Expertinnen und Experten anschaulich verfasste Buch bietet eine profunde historische Grundlage und eröffnet Perspektiven für das kirchenhistorische Verstehen des gesamten 20. Jahrhunderts.

EVANGELISCHE VERLAGSANSTALT
Leipzig   www.eva-leipzig.de

Tel +49 (0) 341/ 7 11 41 -44   shop@eva-leipzig.de

Oliver Arnhold

»Entjudung« von Theologie und Kirche

Das Eisenacher »Institut zur Erforschung und Beseitigung des jüdischen Einflusses auf das deutsche kirchliche Leben« 1939–1945

Christentum und Zeitgeschichte (CuZ) | 6

248 Seiten | 12 x 19 cm
Paperback
ISBN 978-3-374-06622-3
EUR 20,00 [D]

Am 6. Mai 1939 wurde mit einem Festakt auf der Wartburg in Eisenach das »Institut zur Erforschung und Beseitigung des jüdischen Einflusses auf das deutsche kirchliche Leben« auf der Grundlage einer Entschließung von elf evangelischen Landeskirchen gegründet. Das Institut war eng mit der Ideologie und Organisation der aus Thüringen stammenden »Kirchenbewegung Deutsche Christen« verbunden. Ziel dieser kirchenpolitischen Bewegung war es, den christlichen Glauben und die Institution der Kirche den Vorgaben der nationalsozialistischen Weltanschauung anzupassen. Die »Forschungsarbeiten« des kirchlichen »Entjudungsinstituts« dienten dazu, die Ausgrenzungs- und Verfolgungspolitik der nationalsozialistischen Machthaber gegenüber den Juden zu unterstützen und den Antisemitismus als Grundpfeiler der nationalsozialistischen Rasseideologie zu legitimieren.

EVANGELISCHE VERLAGSANSTALT
Leipzig www.eva-leipzig.de

Siegfried Hermle
Harry Oelke (Hrsg.)

Kirchliche Zeitgeschichte_evangelisch

Band 1: Protestantismus und Weimarer Republik (1918–1932)

Christentum und Zeitgeschichte (CuZ) | 5

264 Seiten | 12 x 19 cm
Paperback
ISBN 978-3-374-06262-1
EUR 20,00 [D]

Die Geschichte von Kirche und Christentum seit dem Ende des Ersten Weltkrieges rückt als Kirchliche Zeitgeschichte immer mehr in den Fokus des akademischen und öffentlichen Geschichtsinteresses. Im Rahmen einer in vier Bänden konzipierten handbuchartigen Gesamtdarstellung der Kirchlichen Zeitgeschichte bietet dieser erste Band in zehn Kapiteln (u. a. Politik, Theologie, Bildung, Kultur, Diakonie, Judentum) einen Überblick über die vielfältige und spannungsvolle Beziehung des Protestantismus zur ersten deutschen Demokratie und deren gesellschaftlicher Erfahrbarkeit im Weimarer Staat. Das von fachwissenschaftlichen Experten und Expertinnen anschaulich verfasste Buch bietet eine profunde historische Grundlage und eröffnet Perspektiven für das kirchenhistorische Verstehen des gesamten 20. Jahrhunderts.

EVANGELISCHE VERLAGSANSTALT
Leipzig www.eva-leipzig.de

Siegfried Hermle
Claudia Lepp
Harry Oelke (Bearb.)

Christlicher Widerstand!?

Evangelische Kirche
und Nationalsozialismus

*Christentum und
Zeitgeschichte (CuZ) | 4*

280 Seiten | 12 x 19 cm
zahlr. Abb. | Paperback
ISBN 978-3-374-05933-1
EUR 24,00 [D]

Wie haben evangelische Christen in der Zeit des Nationalsozialismus ihre ablehnende Haltung gegen das Regime zum Ausdruck gebracht? Anhand konkreter Beispiele werden widerständige Handlungen von der partiellen Unzufriedenheit bis hin zur Verweigerung oder zur Beteiligung am Umsturzversuch dargestellt.

Neben bekannten Personen wie Dietrich Bonhoeffer, Martin Niemöller oder Elisabeth Schmitz werden auch bisher für den christlichen Widerstand kaum beachtete Gruppen wie die religiösen Sozialisten, die christlichen Mitglieder des Nationalkomitees Freies Deutschland oder Kriegsdienstverweigerer ins Blickfeld gerückt. Das Handeln der wenigen Widerständigen wird in die politische Entwicklung und das Verhalten des Mehrheitsprotestantismus eingeordnet.

EVANGELISCHE VERLAGSANSTALT
Leipzig www.eva-leipzig.de

Tel +49 (0) 341/ 7 11 41 -44   shop@eva-leipzig.de

Klaus Fitschen
Liebe zwischen Männern?
Der deutsche Protestantismus und das Thema Homosexualität

Christentum und Zeitgeschichte (CuZ) | 3

224 Seiten | 12 x 19 cm
Paperback
ISBN 978-3-374-05588-3
EUR 18,00 [D]

Erst mit dem gesellschaftlichen Wandel nach 1945 und speziell seit den 1960er Jahren konnte über das Thema Homosexualität in Kirche und Gesellschaft offen gesprochen werden. Ab den 1970er Jahren meldeten sich dann die »Betroffenen« selbst zu Wort. Dabei ist im deutschen Protestantismus ein Prozess von der Stigmatisierung von Homosexuellen als krank oder seelsorgebedürftig über ihre Akzeptanz als andersartig bis hin zu einem pragmatischen Umgang mit der Thematik zu beobachten. Freilich überlagern sich diese Entwicklungen, sodass sich keine reibungslose Geschichte einer Korrelation zwischen gesellschaftlicher und innerkirchlicher Entwicklung ergibt. Dabei spielen auch das kirchliche Dienstrecht und die Frage gleichgeschlechtlicher Trauungen eine wichtige Rolle.

EVANGELISCHE VERLAGSANSTALT
Leipzig   www.eva-leipzig.de

Tel +49 (0) 341/ 7 11 41 -44   shop@eva-leipzig.de